# Aspekte

## Mittelstufe Deutsch

### Arbeitsbuch 3



von
Ute Koithan
Helen Schmitz
Tanja Sieber
Ralf Sonntag

Langenscheidt

Berlin · München · Wien · Zürich · New York

Von
Ute Koithan, Helen Schmitz, Tanja Sieber, Ralf Sonntag

Redaktion: Carola Jeschke und Sabine Wenkums
Mitarbeit: Linda Grätz
Gestaltungskonzept und Layout: Andrea Pfeifer
Umschlaggestaltung: Andrea Pfeifer; Umschlagfotos: Getty
Zeichnungen: Daniela Kohl
Satz und Litho: kaltnermedia GmbH, Bobingen

Verlag und Autoren danken Margarete Rodi für die Begutachtung sowie allen weiteren Kolleginnen und Kollegen, die *Aspekte* erprobt und mit wertvollen Anregungen zur Entwicklung des Lehrwerks beigetragen haben.

**Aspekte Band 3 – Materialien**

| | |
|---|---|
| Lehrbuch 3 | 47491-0 |
| Lehrbuch 3 mit DVD | 47494-1 |
| Arbeitsbuch 3 mit CD-ROM | 47492-7 |
| Lehrerhandreichungen 3 | 47493-4 |
| Audio CDs 3 | 47496-5 |
| DVD 3 | 47495-8 |

**Symbole in Aspekte**

LB 1.10 Hören Sie auf der CD 1 zum Lehrbuch bitte Track 10.

Zu diesen Übungen finden Sie Lösungen im Anhang.

P Diese Aufgabe macht Sie mit den Aufgabenformaten des C1-Zertifikats des Goethe-Instituts P GI oder von TELC P TELC vertraut.

Übungstest *Österreichisches Sprachdiplom Deutsch (ÖSD)* auf der Homepage:
www.langenscheidt.de/Aspekte



Druck: Mercedes Druck, Berlin
Bindung: Stein+Lehmann, Berlin
Printed in Germany

Arbeitsbuch 3 978-3-468-47492-7

10010

# Inhalt

# Inhalt

# Inhalt

# Alltägliches

## Wortschatz wiederholen und erarbeiten

**1 Alltagsbereiche. Was gehört zu welchem Bereich? Ordnen Sie zu. Manchmal gibt es mehrere Möglichkeiten.**

einen Ausflug organisieren – unter Zeitdruck geraten – sich auf eine Prüfung vorbereiten – eine Mitgliedschaft im Fitnessstudio kündigen – den Wocheneinkauf erledigen – ein Referat halten – ein Vorstellungsgespräch absolvieren – die Freizeitgestaltung diskutieren – beruflichen Verpflichtungen nachkommen – im Stau stehen – einen Arzttermin vereinbaren – Freundschaften pflegen – Behördengänge erledigen – an einer Besprechung teilnehmen – einen Aufsatz verfassen – sich die Hausarbeit teilen – zur Ruhe kommen – eine Konferenz leiten – eine Bewerbung verschicken – Konzertkarten besorgen – sich an den Betriebsrat wenden – die Kinder versorgen – eine Verabredung absagen – durch eine Prüfung fallen – an einer Fortbildung teilnehmen – einem Verein beitreten – sich eine Sportverletzung zuziehen – eine Lerngruppe bilden – ein Protokoll schreiben – den Kundendienst anrufen – ein Abo (ab)bestellen

| Haushalt/Familie | Schule/Studium |
|---|---|
| | |

| Beruf | Freizeit |
|---|---|
| | |

## 2a Begriffe aus dem Alltag – notieren Sie den Artikel und das passende Adjektiv.

1. ______ Routine _routiniert_
2. ______ Verantwortung ______________
3. ______ Rhythmus ______________
4. ______ Monotonie ______________
5. ______ Stress ______________
6. ______ Eintönigkeit ______________
7. ______ Zerstreuung ______________
8. ______ Langeweile ______________
9. ______ Sicherheit ______________
10. ______ Sorglosigkeit ______________
11. ______ Spaß ______________
12. ______ Gewohnheit ______________
13. ______ Abwechslung ______________

**b Schreiben Sie in wenigen Sätzen, was Sie am Alltag mögen, was nicht so sehr. Verwenden Sie auch Wörter aus Übung 2a.**

______________________________________________

______________________________________________

______________________________________________

______________________________________________

______________________________________________

## 3 Welches Wort passt wo? Ergänzen Sie die Verben.

| abschalten | entfliehen | abgewinnen | meistern |
|---|---|---|---|

1. „Als berufstätiger und alleinerziehender Vater von drei Kindern ist es manchmal ganz schön schwierig, den Alltag zu ______________."
2. „Manchmal muss ich einfach dem Alltag eine Weile ______________. Dann fahre ich für ein Wochenende auf eine Hütte in den Bergen. Da kann ich so richtig ______________."
3. „Nach dem Urlaub freue ich mich immer auf zu Hause. Ich finde, man kann dem Alltag durchaus auch positive Seiten ______________."

# Die Zeit läuft …

**1 Sprichwörter und Redewendungen im Kontext. Was passt wo? Ergänzen Sie die Aussagen.**

mit der Zeit gehen — eine Frage der Zeit sein — sich Zeit lassen — Zeit ist Geld. — j-m. läuft die Zeit davon — Kommt Zeit, kommt Rat.

1. In drei Wochen ist die Messe. Ich muss noch so viel vorbereiten.
   *Mir* ____________________
2. Gute Ideen für ein Produkt kommen nicht auf die Schnelle. Da ist es besser, wenn man …
   ____________________
3. Im Moment sehe ich noch keine Lösung für das Problem. Ich warte erstmal ab.
   ____________________
4. Wie bitte? Sie haben keine Mailadresse? Das geht nicht, in Ihrem Beruf müssen Sie …
   ____________________
5. Dieses Modell verkaufen wir seit fünf Jahren. Aber dass die Kunden etwas Neues wollen, ist nur … ____________________
6. Jetzt beeilen Sie sich mal, Herr Müller.
   ____________________

**2a Alltagsstatistik: Notieren Sie in der Tabelle, mit welchen Aktivitäten Sie wie viele Minuten pro Tag verbringen. Ein Tag hat 1440 Minuten.**

| Aktivität | Minuten |
|---|---|
| Regeneration (Schlaf, Entspannen, Hygiene, …) | |
| Qualifikation/Bildung | |
| Haushaltsführung (Einkauf, Putzen, Finanzen, …) | |
| Betreuung der Familie (Erziehung, Versorgung, Aktivitäten, …) | |
| Ehrenamt/Freiwilligenarbeit | |
| Soziales Leben / Freunde und Bekannte | |
| Hobbys/Freizeitbeschäftigung/Sport | |
| Nutzung Massenmedien (Zeitung, Fernsehen, Internet, …) | |
| Erwerbstätigkeit | |
| Sonstiges: ____________________ | |

**b Vergleichen Sie mit Ihrem Nachbarn / Ihrer Nachbarin. Wo gibt es Unterschiede?**

**3a Welche Artikelwörter haben eine ähnliche/gleiche Bedeutung? Unterstreichen Sie.**

1. Etliche/Wenige/Viele berufstätige Eltern klagen über Zeitnot.
2. Laut Versuch langweilen sich manche/einige/sonstige Personen ohne Arbeit.
3. Man fand heraus, dass Ideen entstehen, wenn man etwas/genug/wenig freie Zeit hat.
4. Multitasking kann nicht bei allen/solchen/sämtlichen denkbaren Zeitproblemen helfen.
5. Wir müssen uns laufend weiterbilden, um weiteren/sonstigen/solchen beruflichen Herausforderungen gewachsen zu sein.
6. Heute gibt es sicher auch ein paar / einige / viele glückliche Menschen ohne Zeitnot.

**b Lesen Sie die Sätze und setzen Sie die passenden Artikelwörter ein.**

| | | | | | |
|---|---|---|---|---|---|
| manch ein- | irgendein- | kein- | welch- | dies- | jen- |

1. Multitasking ist ___________ echte Lösung bei chronischer Zeitnot.
2. „Wie soll ich Familie und Beruf nur unter einen Hut bekommen?", hat sich schon ___________ Arbeitnehmer gefragt.
3. ___________ berufstätige Mutter hat noch genug Zeit für sich?
4. ___________ modischen Theorie zum Thema Zeitmanagement zu folgen, bringt wenig.
5. ___________ zweckfreien Zeit, die man Langeweile nennt, verdanken wir viele geniale Einfälle.
6. ___________ besonderen Wert besitzt das Wochenende? Für viele ist ___________ wertvolle Zeit unschätzbar für Regeneration und soziale Kontakte.
7. ___________ innovativen Arbeitgeber ist es schon gelungen, seine Mitarbeiter z.B. durch Firmenkindergärten zu entlasten.
8. Man kann von ___________ kleinen Kind erwarten, nach Terminplan zu funktionieren.

**c Lesen Sie den Text und ergänzen Sie die Lücken.**

Fast jed___ arbeitend___ Person kennt das folgend___ alltäglich___ Szenario mit viel___ unerledigt___ Aufgaben: die Arbeit, die Familie, der Haushalt, das Hobby usw. Alle geliebt___ Aktivitäten brauchen ihre Zeit; aber auch alle ungeliebt___ Tätigkeiten müssen erledigt werden. Das macht etlich___ gestresst___ Menschen Sorgen. Sie fühlen sich gehetzt und unzufrieden, weil sie glauben, dass sie manch___ wichtig___ Aufgabe nicht so erledigen können, wie sie gerne möchten. Irgendein___ allgemein___ Patentlösung für dies___ bekannt___ Misere gibt es jedoch nicht. Hier muss individuell überlegt werden, wie man sich mehr verfügbar___ Zeit verschafft.

**d Erweitern Sie die Aussagen wie im Beispiel. Benutzen Sie Artikelwörter und Adjektive.**

Arbeitnehmer klagen über Zeitnot. → *<u>Viele</u> Arbeitnehmer klagen über Zeitnot.*
→ *<u>Viele gestresste</u> Arbeitnehmer klagen über <u>akute</u> Zeitnot, <u>weil</u> ....*

Menschen müssen Informationen verarbeiten. / Familien machen Termine. / Personen ertragen keine Pausen. / Neue Trends versprechen Zeit.

# Vereine heute

**1 Welche Wörter gehören zusammen? Ordnen Sie zu.**

| | | | |
|---|---|---|---|
| 1. | g einen Verein | a | beitreten |
| 2. | h Mitglieder | b | engagieren |
| 3. | e den Vorstand | c | bezahlen |
| 4. | a einem Verein | d | durchführen |
| 5. | c den Mitgliedsbeitrag | e | wählen |
| 6. | b sich in einem Verein | f | formulieren |
| 7. | d eine Versammlung | g | gründen |
| 8. | f eine Satzung | h | werben |

**2 Ein Verein stellt sich vor.**

**a Lesen Sie den Auszug aus einem Flyer. Wie finden Sie den Text? Spricht er Sie an?**

**ConsulGroup e.V. – Eine studentische Unternehmensberatung stellt sich vor**

Die Zielsetzung von ConsulGroup e.V. besteht darin, den Austausch zwischen Theorie und Praxis zu fördern. Verwirklicht wird dieses Ziel vor allem durch die Projektarbeit für Unternehmen und Institutionen. Die Studenten erhalten damit die Möglichkeit, ihr an der Hochschule erlangtes Wissen bereits während des Studiums in der Praxis umzusetzen und Einblicke in Unternehmen zu gewinnen. Im Gegenzug profitieren die Projektpartner von dem fundierten Wissen und den kreativen Ideen der Studententeams sowie von der preisgünstigen Beratung. Zudem fördert ConsulGroup e.V. den Praxisbezug bei der akademischen Ausbildung durch die Organisation von Fachseminaren, Workshops und Betriebsbesichtigungen. Mittlerweile zählt der Verein fast 40 Mitglieder. Wenngleich es sich gegenwärtig bei der Mehrheit der Mitglieder noch um Studenten der Betriebswirtschaftslehre handelt, steht die Mitgliedschaft Studenten aller Semester und Fachrichtungen offen. Der Verein ist bestrebt – u.a. durch Informationsveranstaltungen – zukünftig noch mehr Studenten anderer Disziplinen für sich zu begeistern. Die Philosophie des Vereins ist ausdrücklich auf die Förderung der interdisziplinären Zusammenarbeit ausgerichtet. Die Interdisziplinarität ist beispielsweise bei der Erarbeitung von kreativen Lösungsansätzen für die Mandanten sehr förderlich. Mehr Informationen unter www.CgeV.net oder 044321-909094.

**b Wählen Sie die wichtigsten Informationen und schreiben Sie den Text so, dass er persönlicher und ansprechender wird. Folgende Formulierungen können Ihnen helfen.**

| **etwas ansprechend präsentieren** | |
|---|---|
| Das Besondere an unserem Verein ist ... | Wichtig für uns ist ... |
| Ein besonderes Merkmal unseres Vereins ist ... | Unsere Philosphie lässt sich folgendermaßen beschreiben: ... |
| Wir suchen für unseren Verein ... | Rufen Sie uns doch einfach unter ... an. |
| Wer hat Lust ... | Wenn Sie sich näher informieren möchten, ... |
| Als sehr positiv hat sich gezeigt, dass ... | Wir würden uns freuen, wenn ... |
| Unser Verein zeichnet sich dadurch aus, dass ... | Die Vorteile für eine Mitgliedschaft liegen auf der Hand, weil ... |

3 **Lesen Sie den folgenden Text und wählen Sie bei den Aufgaben 1–10 die Wörter (a, b, c oder d), die in den Satz passen. Es gibt jeweils nur eine richtige Antwort.**

GI

### Wie gründet man einen Verein?

Ob Fußball, Kaninchen, Tauben oder Briefmarken – für so gut wie jede **(0)** gibt es in Deutschland einen Verein, in dem Menschen aller Altersgruppen zusammenkommen können, um sich über ihr Hobby auszutauschen. Vereine **(1)** ihren Mitgliedern ein ganz besonderes Zugehörigkeitsgefühl, **(2)** den Gemeinschaftssinn und stellen einen Zufluchtsort für die unsinnigsten Fanlieben dar. Wie aber gründet man einen Verein? Was muss man beachten und welche Voraussetzungen muss man erfüllen?
**(3)** für die Gründung eines Vereins ist in jedem Fall eine Mindestanzahl von sieben Mitgliedern. Der Verein muss für eine gewisse Dauer und zu einem gewissen Zweck gegründet werden. Sein Fortbestehen darf nicht vom Wechsel der Mitglieder abhängig sein. **(4)** muss für die Vertretung des Vereins ein Vorstand gewählt werden. Gründet man einen Verein, so muss dieser in das Vereinsregister eingetragen werden. **(5)** muss ein Name festgelegt werden, der auf jeden Fall den Zusatz „e.V." **(6)** muss. Wichtig ist auch die Formulierung einer Vereinssatzung, **(7)** muss eine protokollierte Gründerversammlung, mit mindestens sieben Teilnehmern, durchgeführt werden. Die Vereinssatzung muss den Vereinsnamen und -sitz, die Regelung zur Eintragung des Vereins und den Zweck des Vereins beinhalten. Der Ein- und Austritt von Mitgliedern, die Mitgliedsbeiträge, die Bildung des Vorstandes sowie Zeit und Ort der Mitgliederversammlung müssen ebenfalls in der Satzung **(8)** werden.
**(9)** die Eintragung in das Vereinsregister erlangt der Verein die Rechtsfähigkeit, d.h. dass er zu einer eigenen juristischen Person wird und eigene Rechte und Pflichten besitzt und Fördermittel **(10)** kann. Dem Verein ist es auch möglich, ein eigenes Vermögen zu bilden.

**Beispiel: (0)**

a Herzenswunsch
b Hobby
c Interesse
☒ d Leidenschaft

**Lösung: d**

**1**
a ausleihen
b entleihen
c leihen
d verleihen

**2**
a erbauen
b halten
c machen
d stärken

**3**
a Bedürftig
b Dringend
c Erforderlich
d Unbedingt

**4**
a Andernfalls
b Des Weiteren
c Sogar
d Sonst

**5**
a Hieraus
b Hierfür
c Hiermit
d Hiervon

**6**
a betragen
b einschließen
c enthalten
d verbinden

**7**
a außerdem
b besonders
c darüber
d sonst

**8**
a angeordnet
b beibehalten
c durchgesetzt
d festgehalten

**9**
a Durch
b Für
c Mittels
d Um

**10**
a auffordern
b beantragen
c bezahlen
d genehmigen

# Chaos im Wohnzimmer

**1a Lesen Sie die beiden Zusammenfassungen zu dem Text im Lehrbuch, Aufgabe 1b, und entscheiden Sie, welche besser gelungen ist. Begründen Sie Ihre Entscheidung.**

TIPP **Zusammenfassungen**
- Überschrift und Angaben zum Text nennen
- mit einem Einleitungssatz beginnen
- Hauptinformationen strukturieren und zusammenhängend darstellen
- sachlich und möglichst knapp formulieren
- keine direkte Rede benutzen
- Inhalt des Ausgangstextes nicht werten

A Eine Marktforschungsfirma hat auf einer Messe in Berlin Besucher die Bedienbarkeit und Alltagstauglichkeit neuer technischer Geräte testen lassen und ist zu einem erschreckenden Ergebnis gekommen: Acht von zehn Menschen können beispielsweise ihren DVD-Spieler nicht anschließen. Des Weiteren wurden ein Handy und die Fernbedienung eines Fernsehers getestet. Beide Male waren die Testpersonen aufgrund der Komplexität der Funktionen nicht in der Lage, die Geräte zu bedienen. In dem interessanten Interview meint Tim Bosenick, Geschäftsführer der Marktforschungsfirma, dazu: „Die Hersteller hoffen, ihr Produkt besser verkaufen zu können, wenn sie möglichst viele Funktionen haben. Mut zur Reduktion existiert in wenigen Unternehmen." Begründet ist dies in der deutschen Ingenieursmentalität, wo das Produkt häufig wichtiger als der Kunde ist. Die Firmen sollten zukünftig jedoch dem Wunsch der Konsumenten nach mehr Alltagstauglichkeit nachkommen.

B In dem Text „Chaos im Wohnzimmer" geht es um die Bedienbarkeit und Alltagstauglichkeit neuer technischer Geräte. Eine Marktforschungsfirma hat dazu auf einer Messe in Berlin Besucher Geräte testen lassen und ist zu einem erschreckenden Ergebnis gekommen. Demnach können z.B. acht von zehn Menschen ihren DVD-Spieler nicht anschließen. Außerdem wurden ein Handy und die Fernbedienung eines Fernsehers getestet. Beide Male waren die Testpersonen aufgrund der Komplexität der Funktionen nicht in der Lage, die Geräte zu bedienen. Laut Tim Bosenick, Geschäftsführer der Marktforschungsfirma, glauben die Hersteller fälschlicherweise, man könnte durch möglichst viele Funktionen ein Produkt besser verkaufen. Der Grund dafür liegt unter anderem in der deutschen Ingenieursmentalität, bei der das Produkt und nicht der Kunde im Vordergrund steht. In Zukunft sollten die Firmen aber den Wunsch der Konsumenten nach mehr Alltagstauglichkeit beachten.

**b Suchen Sie aus einer Zeitschrift/Zeitung einen Text, der Sie interessiert, und fassen Sie ihn schriftlich zusammen. Beachten Sie die Hinweise zu Zusammenfassungen in Übung 1a.**

**2 Vom Adjektiv zum Substantiv. Bilden Sie Substantive mit den Endungen *-(ig)keit*, *-heit* oder *-schaft*.**

1. bereit → ______
2. unabhängig → ______
3. neu → ______
4. gründlich → ______
5. verbraucherfreundlich → ______
6. empfindlich → ______
7. bekannt → ______
8. selten → ______

3 **Vom Verb zum Substantiv. Bilden Sie möglichst viele Substantive aus den angegebenen Verben.**

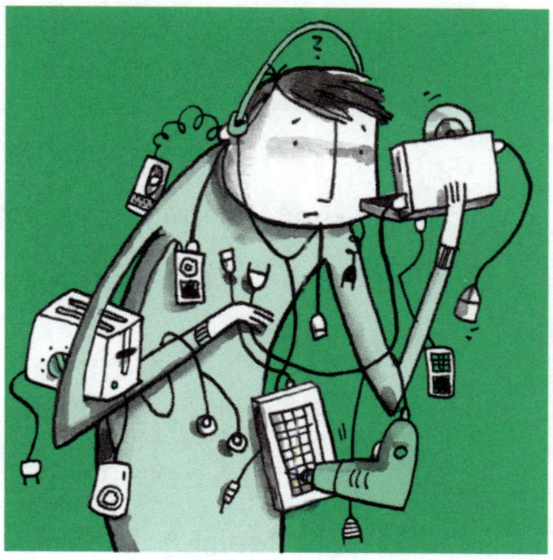

gewinnen → *das Gewinnen, der Gewinn, der Gewinner, der Gewinnende, die Gewinnung*

herstellen → ______

verstehen → ______

bilden → ______

verkaufen → ______

suchen → ______

besuchen → ______

kritisieren → ______

4 **Setzen Sie die Verben in substantivierter Form in die Lücken ein.**

interessieren | forschen | besuchen | analysieren | kaufen | meinen | streiten | verbinden | erfahren | wünschen

1. ______ der Universität Hamburg haben untersucht, welche Produkteigenschaften bei Käufern am besten ankommen und welche überflüssig sind.
2. Die ______ der Daten hat gezeigt, dass die meisten Konsumenten Probleme haben, die zahlreichen Funktionen eines technischen Gerätes zu verstehen.
3. Die ideale ______ von Design, Funktionalität und Alltagstauglichkeit findet man bei wenigen Produkten.
4. Der Leiter des Marktforschungsinstituts ist der ______, dass der Kunde und seine ______ mehr berücksichtigt werden sollten.
5. Zwischen den Fachleuten ist ein ______ darüber entbrannt, wie das Produkt auf dem Markt präsentiert werden soll.
6. Auch Menschen mit großer ______ in technischen Bereichen sind mit seitenlangen Bedienungsanleitungen oft überfordert.
7. Das ______ an modernen Geräten, die einfach zu bedienen sind, ist hoch.
8. Beim ______ einer Messe steht für die meisten Menschen der ______ eines Produktes nicht im Vordergrund.

# Alle zusammen

**1 Welche Wörter und Ausdrücke passen zur Jugend, welche zum Alter? Klären Sie die Bedeutung und ordnen Sie zu.**

Grünschnabel Wechseljahre
Weisheit ergraut halbstark
Stimmbruch senil Tanztee
Dreikäsehoch Tattergreis Göre
Dummer-Jungen-Streich
Leichtsinn im besten Alter
betagt Kaffeefahrt Pubertät
Pickel altklug erfahren
nicht trocken hinter den Ohren

**Jugend**

**Alter**

**2 Hören Sie noch einmal die Gespräche zu Aufgabe 2a im Lehrbuch. In welchem Gespräch wird das gesagt? Kreuzen Sie an.**

LB 1.10

| | 1 | 2 | 3 |
|---|---|---|---|
| 1. Ab einem bestimmten Alter bietet das Leben nichts Spannendes mehr. | ☐ | ☐ | ☐ |
| 2. Als junger Mensch begeistert man sich für seine Träume. | ☐ | ☐ | ☐ |
| 3. Auslandsaufenthalte sind ein Ziel für die eigene Zukunft. | ☐ | ☐ | ☐ |
| 4. Der Mensch sollte sich Zeit nehmen, um die schönen Dinge zu genießen. | ☐ | ☐ | ☐ |
| 5. Die Eltern fanden, dass Frauen nicht aufs Gymnasium gehen sollten. | ☐ | ☐ | ☐ |
| 6. Es ist wichtig, Themen von verschiedenen Standpunkten aus zu betrachten. | ☐ | ☐ | ☐ |
| 7. Um große Ziele zu erreichen, reicht Ehrgeiz allein nicht aus. | ☐ | ☐ | ☐ |
| 8. Es ist unvorstellbar, über Jahrzehnte immer nur das Gleiche zu machen. | ☐ | ☐ | ☐ |
| 9. Es ist erstrebenswert, in der Zukunft eine Familie zu haben. | ☐ | ☐ | ☐ |
| 10. Es liegt an einem selbst, ob man etwas Neues suchen und finden will. | ☐ | ☐ | ☐ |
| 11. Wer jung ist, soll vieles hinterfragen, aber auch das Positive sehen. | ☐ | ☐ | ☐ |
| 12. Unzufriedenheit kann entstehen, wenn andere für einen entscheiden. | ☐ | ☐ | ☐ |
| 13. Wenn es einem gut geht, kann das Alter voller Aktivität sein. | ☐ | ☐ | ☐ |
| 14. Ältersein ist schön, wenn man beruflich und privat schon etwas erreicht hat. | ☐ | ☐ | ☐ |

**3 Lesen Sie den folgenden Text. Der Text enthält einige Fehler in Grammatik, Wortschatz, Rechtschreibung oder Zeichensetzung. Pro Zeile gibt es nur einen Fehler. Manche Zeilen sind korrekt. Wenn Sie einen Fehler gefunden haben, schreiben Sie Ihre Korrektur rechts neben die Zeile. Wenn die Zeile korrekt ist, machen Sie ein Häkchen (✓).**

TELC

| | | |
|---|---|---|
| 0 | **Das neue Zusamenleben von Alt und Jung** | Zusammenleben |
| 1 | **Wien.** Das Europa langsam, aber unaufhaltsam altert, ist mittlerweile | dass |
| 2 | auch politisch ein brisantem Thema. Die Fakten sprechen für sich: Im | brisantes |
| 3 | Jahr 2000 hatte ein Drittel der jetzigen EU-Bevölkerung über 49 Jahre | war |

| | | |
|---|---|---|
| 4 | alt. Bis zum Jahr 2050 wird es der Hälfte sein. | die |
| 5 | Die Konsequenzen für den Arbeitsmarkt, das Gesundheitswesen, und die | kein Komma |
| 6 | Pensionssicherung gehören beim tagespolitischen Gesprächsstoff. Eine | zum |
| 7 | grundlegende Frage bleibt aber oft unberücksichtigt: Werden Alt und | |
| 8 | Jung noch gemeinsam leben oder werden sich die Jungen aufspalten? | abspalten |
| 9 | Aus Sucht des Kölner Bildungswissenschaftlers Hartmut Meyer Wolters | Sicht |
| 10 | fehlen uns für eine Bevölkung, in der die Alten die Mehrheit sind, die | Bevölkerung |
| 11 | geschichtlichen Erfahrungen. Mit einem Vertrag zum Thema eröffnete | Vortrag |
| 12 | Wolters den Konferenz „Methoden kulturwissenschaftlicher Altersfor- | die |
| 13 | schung" der Wiener Fakultät für Philosophie und Bildungswissenschaft. | |
| 14 | So wie bisher müssen wir nicht mehr leben, wissen aber auch nicht, was | können |
| 15 | wir ändern müssen. „Uns fehlen die Konzerte", so Wolter. | Konzepte |
| 16 | Bisher nur vereinzelte Lebensmodelle zu beobachten. Für die Pensionszeit | + sind |
| 17 | reiht das Spektrum von ausschließlich individuellen Zeitverwendungen bis | reicht |
| 18 | zum ehrenamtlichen Engagement. Je nach Beruf unterscheiden die Chancen | + sich |
| 19 | für Tätigkeiten im Alter. Handwerker hätten weniger Schwierigkeiten, seine | ihre |
| 20 | Tätigkeit weiterhin ausüben, als Büroangestellte. Wolters stellt fest, dass | auszuüben |
| 21 | man jedem Menschen die Entscheidung überlassen will, wie er seine Zeit | soll |
| 22 | verbringten möchte. Es muss nicht immer das Ehrenamt für die Alten sein. | verbringen |

**4 Sie sollen zu einem Thema (Karte A oder B, Lehrbuch, Aufgabe 6) einen Kurzvortrag halten. In der Einleitung sagen Sie zuerst allgemein etwas zum Thema, dann gehen Sie auf die fünf Inhaltspunkte ein. In der Prüfung haben Sie 15 Minuten Zeit für die Vorbereitung.**

**a Notieren Sie Stichworte, die Ihnen zum Thema allgemein und zu den einzelnen Inhaltspunkten einfallen.**

| |
|---|
| **Allgemein zum Thema** |
| **Beispiel aus meiner Erfahrung** |
| **Bedeutung in meinem Land** |
| **Argumente dafür** |
| **Argumente dagegen** |
| **Meine persönliche Ansicht** |

**b Redemittel strukturieren die freie Rede und geben die Inhalte klar wieder, sodass die Zuhörer Ihrem Vortrag gut folgen können. Ergänzen Sie je drei eigene Redemittel.**

| **ein Thema einleiten** | |
|---|---|
| Ich möchte über das Thema … sprechen.<br>In meinem Vortrag geht es um … | Mein Thema lautet … |
| **ein Beispiel / eine Erfahrung nennen** | |
| Ein Beispiel für … wäre …<br>Ich habe Erfahrungen mit …, weil … | Typisch für … ist/sind zum Beispiel … |
| **Bedeutung des Themas im eigenen Land erläutern** | |
| In meinem Land gibt es auch/keine …<br>… sind in meinem Land beliebt/selten/alltäglich/… | |
| **Argumente für/gegen etwas nennen** | |
| Für/Gegen … spricht …<br>Ein Vorteil/Nachteil von … ist/sind … | … ist/sind einerseits …, aber andererseits … |
| **die eigene Ansicht nennen** | |
| Ich persönlich denke, dass …, da … | Ich bin der Ansicht, dass …, weil … |

**c Sprechen Sie Ihren Vortrag einmal leise und achten Sie auf Überleitungen.**

**d Proben Sie Ihre Vorträge zu zweit. Eine Person spricht, die andere macht Notizen zu folgenden Fragen:**

- Ist der Vortrag verständlich?
- Ist der Vortrag ausführlich genug (Zeit, Inhalt)?
- Sprechen Sie flüssig (Sprechtempo, Übergänge)?
- Ist die Sprache korrekt (Grammatik, Aussprache)?
- Ist das Tempo zu langsam/schnell?
- Sind die Worte gut gewählt (Varianten, Wiederholungen, Phrasen)?

**e Korrigieren und wiederholen Sie Ihren Vortrag noch einmal.**

TIPP **Eine Redemittelkartei erstellen**
Schreiben Sie Redemittel für die mündliche und schriftliche Prüfung auf Karteikarten. Erstellen Sie z.B. eine Karteikarte zu „Kurzvortrag", zu „einen Vorschlag aushandeln" oder zu „eine Grafik beschreiben". Die Redemittel im Lehr- und Arbeitsbuch helfen.

# Selbsteinschätzung



| **So schätze ich mich nach Kapitel 1 ein: Ich kann …** | **+** | **0** | **–** | **Modul/ Aufgabe** |
|---|---|---|---|---|
| … Aussagen von Menschen, die sich in Vereinen engagieren, verstehen. | | | | M2, A2a–b |
| … Gespräche älterer und jüngerer Menschen über ihr Lebensalter und ihre Lebenserfahrungen verstehen, auch wenn nicht unbedingt Standardsprache gesprochen wird. | | | | M4, A2a |
| … einen komplexen Informationstext über das Thema „Zeit im Alltag" verstehen. | | | | M1, A1b |
| … ein Interview über die Benutzerfreundlichkeit von technischen Geräten detailliert verstehen und zusammenfassen. | | | | M3, A1b–c |
| … einen Informationstext zum Thema Mehrgenerationenhaus verstehen und positive Aspekte von Mehrgenerationenhäusern herausarbeiten. | | | | M4, A3a–b |
| … Gedanken und Meinungen zum Thema „Vereine" präzise und klar ausdrücken. | | | | M2, A1c, 2c |
| … Argumente für die Mitgliedschaft in einem Verein überzeugend einsetzen/formulieren und auf Argumentationen anderer reagieren, um jemanden von der Mitgliedschaft zu überzeugen. | | | | M2, A3 |
| … über Probleme in der Hausgemeinschaft diskutieren, meine Meinung vertreten und gemeinsam Lösungen finden. | | | | M4, A4a–b |
| … zu unterschiedlichen Wohnformen einen Vortrag halten, dabei den eigenen Standpunkt ausführlich darstellen und diesen durch Unterpunkte, geeignete Beispiele oder Begründungen untermauern. | | | | M4, A6 |
| … einen Kommentar zum Thema „Wohnen im Mehrgenerationenhaus" schreiben. | | | | M4, A5b–c |

| **Das habe ich zusätzlich zum Buch auf Deutsch gemacht: (Projekte, Internet, Filme, Texte, ...)** | | |
|---|---|---|
| | Datum: | Aktivität: |
| | | |
| | | |
| | | |
| | | |
| | | |

# An die Arbeit!

## Wortschatz wiederholen und erarbeiten

**1 Welcher Begriff passt nicht in die Reihe? Markieren Sie.**

1. Lehrling – Geselle – Doktor – Meister
2. gründen – vergrößern – erweitern – expandieren
3. Filiale – Zweigstelle – Zentrale – Niederlassung
4. Chef – Kollege – Filialleiter – Vorgesetzter
5. Produkte – Waren – Güter – Patent
6. negativ – unerfreulich – besorgniserregend – ansteigend
7. Werbung – Katalog – Sonderaktion – Reklame
8. Nachlass – Leasing – Preisreduzierung – Rabatt
9. laienhaft – erfahren – kompetent – spezialisiert

**2 Vom Stellenangebot zum Arbeitsplatz. Ergänzen Sie die Wörter aus dem Kasten. Bringen Sie die Sätze danach in eine sinnvolle Reihenfolge.**

| | | | | |
|---|---|---|---|---|
| Angebot | Arbeitsverhältnis | Bescheid | Betriebsrates | Führungsposition |
| Gehaltsvorstellungen | Karriereberater | ~~Unternehmen~~ | Vertrag | |

___ A Morgen fange ich also in dem neuen *Unternehmen* __________ an. Ich bin aufgeregt und glücklich, aber um meine netten Kollegen von der alten Firma tut es mir ein bisschen leid.

___ B Ich war aber bereits bei meiner alten Firma in einem festen __________. Was tun?

*1* C Vor einigen Wochen habe ich die Zeitung aufgeschlagen und bin bei den Stellenanzeigen auf ein interessantes __________ gestoßen.

___ D Prompt kam es zu einem Vorstellungsgespräch, das ich dann mit Vertretern der Personalabteilung, des __________ und auch des gehobenen Managements geführt habe. Nun ja, schließlich ging es um eine __________ in der Chefetage.

___ E Nach Gesprächen mit Freunden und einem __________ habe ich mich entschlossen, eine Bewerbung zu schicken.

___ F Daraufhin habe ich meinen neuen __________ natürlich mit Vergnügen unterschrieben und meinen alten gekündigt.

___ G Sie sind sogar auf meine __________ eingegangen und die waren nicht ohne.

___ H Dann kam das bange Warten auf eine Rückmeldung. Aber schon nach einer Woche habe ich einen positiven __________ bekommen. Sie wollten mich wirklich haben!

**3 Eine Firma – viele Abteilungen. Was wird wo gemacht? Manchmal gibt es mehrere Lösungen.**

~~Arbeitsabläufe überprüfen~~ · Arbeitsverträge aufsetzen · Stellenanzeigen formulieren · Dienstleister vergleichen · Bestellungen versenden · Aufträge an Firmen erteilen · Verpackung von Waren · Geschäftsziele überwachen · Rabatte verhandeln · Kaufverträge aufsetzen · Preise und Konditionen aushandeln · Güterströme organisieren · Kundengespräche führen · Lager verwalten · Kundenumfragen erheben · Weiterbildungen organisieren · Rechnungen schreiben · Marktanalysen auswerten · Mitarbeiter abmahnen · Bewerbungsgespräche führen · Produkte bewerben · Reklamationen bearbeiten · Broschüren erstellen · Verkaufszahlen zusammenstellen · Unternehmenszahlen zusammenstellen · Effizienz optimieren · Vorschläge für das Management erarbeiten · Waren für einen Kunden zusammenstellen · Warenbestand prüfen · Werbestrategien entwickeln · Waren zum Kunden transportieren

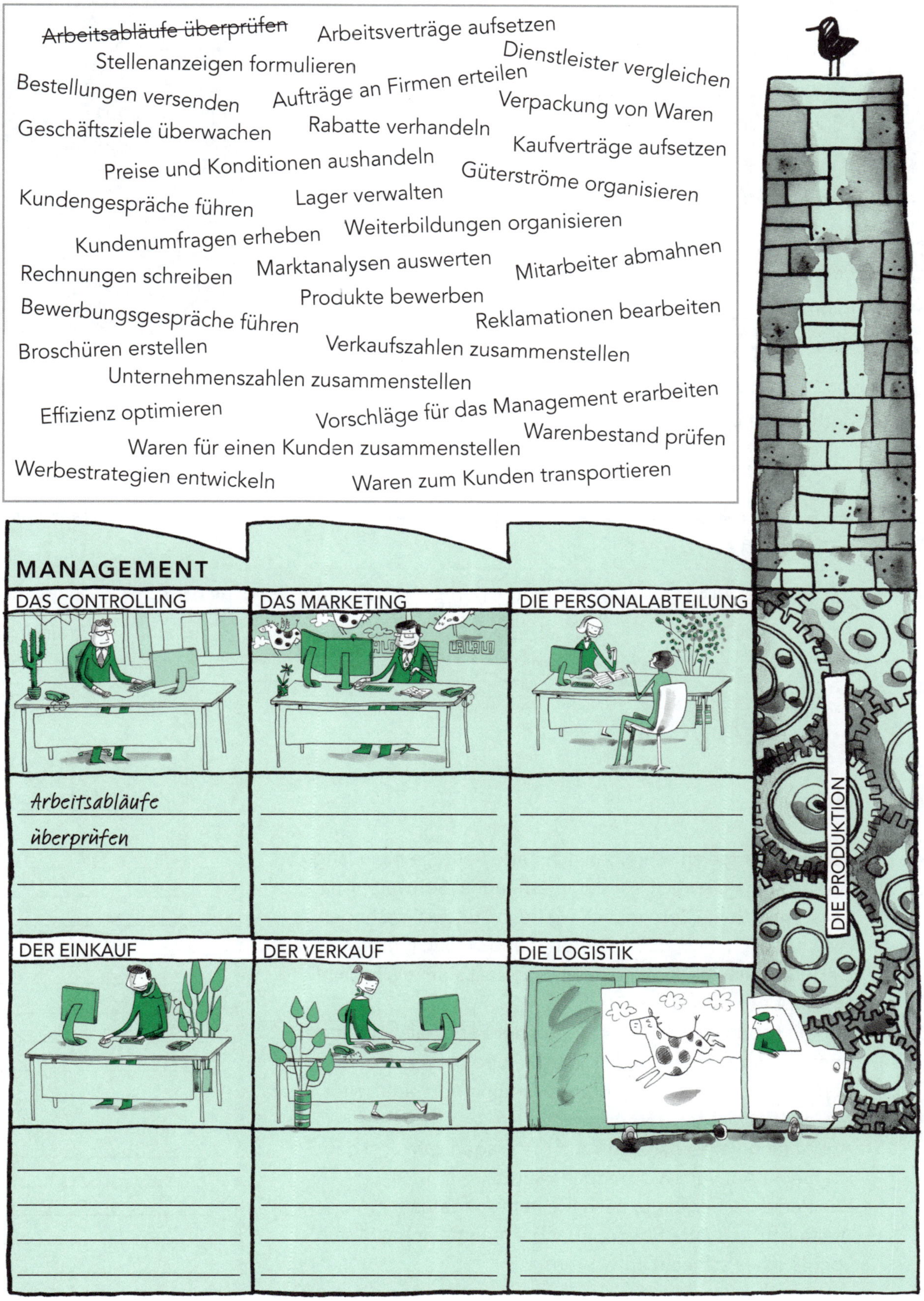

# Ein bunter Lebenslauf

**1 Lesen Sie die Aussagen zum Text im Lehrbuch, Aufgabe 2, und ergänzen Sie die Sätze 1 bis 6.**

1. Berufseinsteiger sind häufig verunsichert, wenn
   ______________________________ .
2. Für ältere Bewerber ist es in der Regel normal,
   ______________________________ .
3. Bewerber mit bisherigen beruflichen Richtungswechseln sollten
   ______________________________ .
4. Personalexperten sind in einem Gespräch vor allem daran interessiert, ______________________________ .
5. Fehlentscheidungen im Beruf müssen nicht unbedingt
   ______________________________ .
6. Berufserfahrungen, die mit dem Stellenangebot in keiner Verbindung stehen, sollten
   ______________________________ .

**2a Lesen Sie die E-Mail von Sophie und ergänzen Sie Adjektive und Partizipien aus dem Kasten wie im Beispiel.**

| | | | | | | |
|---|---|---|---|---|---|---|
| bekannt | blöd | ~~lieb~~ | interkulturell | konkret | ersehnt | halbjährig |
| nebensächlich | sympathisch | einzigartig | riesig | pur | vorbereitet | |

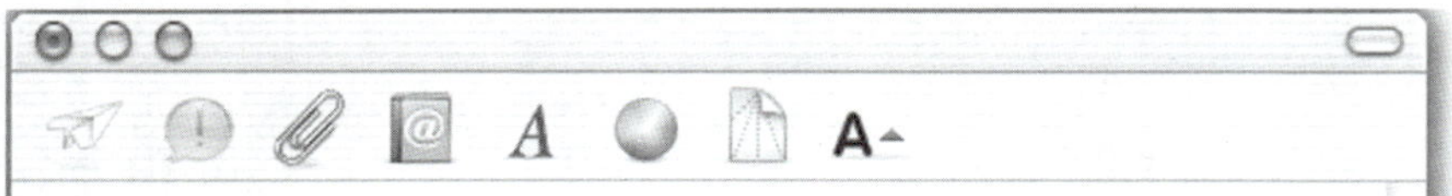

Meine Bea,

ich muss dir gleich schreiben. Ich hatte heute ja mein lang Bewerbungsgespräch bei der international Softwarefirma. Es ist wirklich ein Job und ich wollte ihn unbedingt haben. Also habe ich mich gut vorbereitet und war echt motiviert. Das Gespräch fand in einem Sitzungssaal statt. Wahnsinn! Ich war beeindruckt.
Vor mir saßen ein Abteilungsleiter, der Personalchef mit der Stimme (die kannte ich vom Telefon) und noch zwei Personen, ich glaube, ein Betriebsrat und ein Mitarbeiter aus der Entwicklungsabteilung.
Am Anfang lief es ganz gut. Auf die Fragen zum Job gab ich meine Antworten. Aber dann kam's:
Der Personalchef fragte nach meinem Aufenthalt in Australien. „Urlaub, Sonne, Strand – monatelang faul sein", konnte ich ja schlecht antworten.

*Meine liebe Bea,*
______________________________
______________________________
______________________________

Also hörte ich mich sagen: „Der Austausch mit Land und Leuten hat mir Erfahrungen ermöglicht, die ich gerne bei meiner Stelle einbringen möchte."
„Aha", sagte der Abteilungsleiter: „Sie haben also kein Praktikum oder irgendeine Tätigkeit gesucht oder absolviert. Sehe ich das richtig?"
Damit hatte ich nicht gerechnet. Ich muss so ein Gesicht gemacht haben. Wie peinlich!!!
Danach sprachen wir noch über Themen, aber mit meiner Konzentration war es vorbei. Ich hörte mich nur noch Unsinn reden. Ich wollte einfach nur noch raus und weg. Ich glaube, von der Firma höre ich nichts mehr. So ein Mist, ich hätte besser …

**b Wie hätte Sophie auf die Frage nach ihrem Australienaufenthalt besser antworten können? Schreiben Sie einen Vorschlag für eine Antwort auf die Frage des Personalchefs oder auf die Nachfrage des Abteilungsleiters.**

**3a Ergänzen Sie die folgenden Sätze.**

1. Ob ein Bewerber mit buntem Lebenslauf genommen wird, ist eine Frage der/des …
2. Berufliche Richtungswechsel müssen kein Nachteil sein. Im Gespräch ist die Nennung von … entscheidend.
3. Jeder trifft auch einmal eine Fehlentscheidung, die …
4. Im Bewerbungsgespräch sollte man konkret bleiben und keine Phrasen verwenden, die …
5. Die Antworten eines/einer … sollten immer ehrlich sein.
6. Ein Personaler, der … erfahren ist, merkt sofort, wann ein Bewerber etwas beschönigen möchte.
7. Nur in den seltensten Fällen entsprechen die Stellenausschreibungen der/des … Unternehmen/s den Lebensläufen der …
8. Im Hinblick auf … können bunte Lebensläufe auch von Vorteil sein.

**b Schreiben Sie nun fünf eigene Sätze, in denen Attribute ergänzt werden sollen, auf Karten. Notieren Sie auf der Rückseite eine mögliche Lösung.**

*Auf ein Bewerbungsgespräch, in dem ____________________, sollte man sich gut vorbereiten.*

*man sich gut präsentieren will*

*Reaktionen auf die Fragen eines / einer ____________________ sollte man zu Hause proben.*

*Personalexperten/in / Gesprächspartners/partnerin*

**c Tauschen Sie im Kurs die Karten aus und üben Sie mit den Karten anderer Kursteilnehmer/ Kursteilnehmerinnen.**

# Probieren geht über Studieren?

LB 1.13

**1 Hören Sie noch einmal das Telefongespräch aus Aufgabe 3 im Lehrbuch und notieren Sie wichtigen Wortschatz zum Thema „Studieren in Deutschland".**

*Fachhochschule, Studienberatung, Wintersemester, ...*

**2a Frau Novotná hat einen Praktikumsplatz bei einem Reisebüro in Regensburg gefunden. Das Unternehmen hat ihr einen Praktikumsvertrag geschickt. Dazu hat sie einige Fragen. Lesen Sie den Vertrag. In welchem Paragraphen werden folgende Fragen beantwortet?**

1. Wie viele Stunden muss ich pro Tag in dem Unternehmen arbeiten? *§ 1*
2. Was muss ich tun, wenn ich krank bin und nicht arbeiten kann? ____
3. Welchen Arbeitsschutz habe ich im Unternehmen? ____
4. Kann ich mir auch einmal einen Tag frei nehmen? ____
5. Was darf ich anderen von den Abläufen in dem Unternehmen erzählen? ____
6. An wen kann ich mich während des Praktikums mit Fragen wenden? ____
7. Bekomme ich Geld für das Praktikum? ____
8. Kann ich einfach aufhören, wenn mir das Praktikum nicht gefällt? ____
9. Wo regelt der Vertrag, dass ich auch etwas Sinnvolles für das Studium lerne? ____

## Praktikantenvertrag

Zwischen dem Unternehmen *Brand Reisen GmbH*, Alte Höfe 5, Regensburg (im Folgenden: das Unternehmen) und Frau *Anna Novotná*, Fritz-Weber-Str. 18a, Regensburg

Frau Anna Novotná (im Folgenden: die Praktikantin) ist daran interessiert, ihr Vorpraktikum in unserem Unternehmen abzuleisten. Daher schließen die Vertragsparteien den nachfolgenden Vertrag:

**§ 1 Vertragsgegenstand/Vertragsdauer:** Das Unternehmen wird der Praktikantin ihr Fachgebiet betreffende praktische Kenntnisse und Erfahrungen vermitteln, soweit dies im Rahmen der betrieblichen Möglichkeiten liegt. Dazu stellt das Unternehmen ihr kostenlos die erforderlichen betrieblichen Arbeitsmittel zur Verfügung. Die Praktikantin wird bei dem Unternehmen für die Zeit vom 01. Mai bis zum 31. Juli in der Zentrale von Brand Reisen eingesetzt und, falls nicht betriebliche Gründe anderes ergeben, von Herrn Wölke betreut. Die tägliche Arbeitszeit beträgt 7,5 Std. Die Praktikantin erhält nach erfolgreicher Beendigung des Vertrages eine Praktikumsbescheinigung sowie ein Zeugnis.

**§ 2 Vergütung:** Die Praktikantin erhält eine monatliche, nachträglich fällig werdende Vergütung von 200 € brutto. Eine Erstattung von Fahrtkosten erfolgt nicht.

**§ 3 Urlaub:** Die Praktikantin erwirbt monatlich einen Urlaubsanspruch von 2 Arbeitstagen. Diese können schriftlich auf Antrag während des Praktikums in Anspruch genommen werden.

**§ 4 Dienstverhinderung/Arbeitsunfähigkeit:** Im Falle jeder Verhinderung hat die Praktikantin das Unternehmen unverzüglich zu unterrichten. Bei krankheitsbedingter Verhinderung ist dem Unternehmen innerhalb von drei Tagen ab Beginn der Erkrankung eine ärztliche Arbeitsunfähigkeitsbescheinigung vorzulegen. In beiderseitigem Einvernehmen kann sich die Praktikumsdauer nach § 1 um die Krankheitstage verlängern.

**§ 5 Geheimhaltung:** Die Praktikantin ist verpflichtet, gegenüber Dritten über sämtliche betrieblichen Vorgänge, die der Geheimhaltung unterliegen, Stillschweigen zu bewahren. Die Praktikantin hat darüber hinaus Akten, Aufzeichnungen oder sonstige Dokumente des Unternehmens, die nicht öffentlich zugänglich sind, sorgsam zu verwahren und Dritten gegenüber zu schützen.

**§ 6 Sonstige Bestimmungen:** Ergänzend zu diesem Vertrag gelten die Arbeitsordnung unseres Unternehmens und die gesetzlichen Arbeitsschutzbestimmungen. Über beides wird die Praktikantin zu Beginn des Vertragsverhältnisses entsprechend informiert.

**§ 7 Beendigung des Praktikumsverhältnisses:** Dieser Vertrag endet nach Ablauf der in § 1 oder nach § 4 veränderten Frist. Während der ersten vier Wochen können beide Parteien ohne Angabe von Gründen den Vertrag mit sofortiger Wirkung kündigen. Ab dem Beginn der fünften Woche kann der Vertrag von beiden Parteien mit einer Frist von einem Monat beendet werden. Die Möglichkeit, den Vertrag aus einem besonderen Grund ohne Einhaltung einer Frist zu beenden, bleibt davon unberührt. Die Kündigung bedarf der Schriftform.

**§ 8 Schlussvorschriften:** Änderungen und Ergänzungen dieses Vertrages bedürfen grundsätzlich der Schriftform.

**§ 9 Besondere Vereinbarungen:** Das Zustandekommen dieses Vertrages ist abhängig von einer ärztlichen Unbedenklichkeitsbescheinigung.

**TIPP Fragengeleitetes Lesen**

Sammeln Sie vor dem Lesen von komplexen Texten (Verträge, Anleitungen, Fachartikel, ...) zuerst Fragen, auf die Sie eine Antwort aus dem Text erhalten möchten. Lesen Sie dann den Text vor allem in Hinsicht auf Ihre Fragen und notieren Sie die Antworten.

**b Verträge haben eine eigene Sprache. Was bedeuten die Begriffe? Kreuzen Sie an.**

1. „gesetzliche Arbeitsschutzbestimmungen" (§ 6)
   - ☐ a) Die juristischen Regelungen, um bei der Arbeit keinen Gefahren ausgesetzt zu sein.
   - ☐ b) Die Gesetze, die den Erhalt des Arbeitsplatzes sichern.
2. „im Rahmen der betrieblichen Möglichkeiten" (§ 1)
   - ☐ a) Praktische Kenntnisse werden vermittelt, soweit dies der Firma mit ihren Mitteln möglich ist.
   - ☐ b) Der Betrieb schafft Rahmenbedingungen, die die Vermittlung praktischer Kenntnisse ermöglichen.
3. „krankheitsbedingte Verhinderung" (§ 4)
   - ☐ a) Menschen mit chronischen Einschränkungen können das Praktikum nicht durchführen.
   - ☐ b) Die Praktikantin kann wegen Krankheit nicht zur Arbeit erscheinen.
4. „beiderseitiges Einvernehmen" (§ 4)
   - ☐ a) Beide Parteien sind mit der Praktikumsverlängerung einverstanden.
   - ☐ b) Beide Parteien müssen das Praktikum verlängern.

**c Fassen Sie die wesentlichen Inhalte des Vertrags mithilfe der Fragen von Frau Novotná schriftlich zusammen und ergänzen Sie zwei weitere Informationen.**

**3 Lesen Sie noch einmal § 1 des Vertrages. Welche Attribute finden Sie im Text? Wie kann man § 1 einfacher formulieren? Machen Sie einen schriftlichen Vorschlag.**

# Multitasking

**1a Die Wörter links finden Sie in dem Text im Lehrbuch, Aufgabe 1b. Welche Wörter in der rechten Spalte haben eine sehr ähnliche Bedeutung? Ordnen Sie zu.**

| | |
|---|---|
| 1. _c_ erledigen (Z. 18) | a auslösen |
| 2. ____ verplempern (Z. 26) | b durcheinanderbringen |
| 3. ____ gelingen (Z. 42) | c bewältigen |
| 4. ____ scheitern (Z. 54) | d verschwenden |
| 5. ____ verursachen (Z. 72) | e misslingen |
| 6. ____ verwechseln (Z. 85) | f schaffen |

**b Welches Verb passt nicht? Streichen Sie durch.**

| | | | |
|---|---|---|---|
| 1. eine Aufgabe | erledigen | stellen | leisten |
| 2. Stress | verursachen | durchführen | bewältigen |
| 3. einen Fehler | ausüben | ausbügeln | begehen |
| 4. eine Veränderung | feststellen | herbeiführen | leiten |
| 5. auf Reize | funktionieren | reagieren | antworten |

**2 Ergänzen Sie die Zusammenfassung des Textes aus dem Lehrbuch (Aufgabe 1b).**

In dem Text „Schön der Reihe nach statt Multitasking" geht es darum, wie das menschliche (1) ________________ mit der gleichzeitigen (2) ______________________ mehrerer Aufgaben klar kommt. Multitasking gilt als Rezept gegen (3) __________________________, bewirkt jedoch laut Fachleuten das Gegenteil. Viele Fehler, die später wieder korrigiert werden müssen, entstehen durch die (4) _____________________. Das Gehirn kann zwar vieles gleichzeitig wahrnehmen, ist aber mit einer sofortigen (5) ______________________ überfordert. Um sich für eine Handlung entscheiden zu können, benötigt das Gehirn (6) _______________, sonst entsteht ein (7) __________________________________. Dem Hirnforscher Ernst Pöppel zufolge bedeutet Multitasking vor allem die (8) _____________________________ wertvoller Ressourcen.

### 3 Weiterführende Nebensätze. Was passt zusammen? Ordnen Sie zu.

1. ____ Für mein Privatleben bleibt mir wenig Zeit,
2. ____ Wir haben im Büro viele neue Aufträge bekommen,
3. ____ Gestern musste ich noch um 17 Uhr zu einer Präsentation,
4. ____ Es waren ziemlich viele Mitarbeiter gekommen,
5. ____ Im Konferenzraum war es ziemlich laut,
6. ____ Danach habe ich noch mit Kollegen über ein Projekt diskutiert,

a was ich fast vergessen hätte.
b weshalb ich keinen Platz fand und stehen musste.
c weshalb man kaum etwas von der Präsentation verstehen konnte.
d was ich auf Dauer nicht so gut finde.
e was bis zum späten Abend gedauert hat.
f weshalb ich ständig Überstunden machen muss.

### 4 Ergänzen Sie *was, wo(r) + Präposition* oder *weshalb/weswegen.*

Meine Kollegen sind wirklich nett und sympathisch, (1) ______________ ich mich ja eigentlich freuen müsste, das ist ja auch keine Selbstverständlichkeit. Allerdings ist es oft unmöglich, ohne Unterbrechungen zu arbeiten, (2) ______________ ich oft ziemlich gestresst bin. Kaum habe ich angefangen, mir in Ruhe ein Angebot durchzulesen, klopft es an meiner Bürotür und meine Kollegin Gabi will mir von ihrem neuen Freund erzählen, (3) ______________ ich natürlich gleich wieder von dem Angebot ablenkt bin. Also fange ich wieder von vorne an. Kurz darauf klingelt dann mein Telefon und der Praktikant will wissen, wo er die Lieferscheine ablegen soll, (4) ______________ ich ihm auch schon mehr als einmal gesagt habe. Wenn ich Glück habe, schaffe ich es dann, mal eine halbe Stunde am Stück zu arbeiten. Dann trifft sich die Abteilung zur täglichen Besprechung, (5) ______________ ich ja auch eher überflüssig finde. Zweimal pro Woche würde meiner Ansicht nach völlig reichen. Zurück am Schreibtisch versuche ich, mich wieder in meine Arbeit zu vertiefen, (6) ______________ ich aber wieder scheitere. Denn spätestens jetzt kommt mein Kollege Klaus und will mit mir seine Urlaubspläne besprechen, (7) ______________ er doch eigentlich auch bis zur Mittagspause warten könnte. Nun, am frühen Nachmittag habe ich dann meistens wieder verschiedene Meetings und danach bespreche ich alles Mögliche mit meiner Assistentin, (8) ______________ mich auch wieder viel Zeit kostet. Sitze ich dann wieder am Schreibtisch, führt mein Büronachbar meistens sehr laute Telefongespräche, (9) ______________ ich mich wieder nicht konzentrieren kann. Oft komme ich am Samstag ins Büro. Das passt wiederum meiner Familie nicht. Aber dann kann ich endlich in Ruhe arbeiten ...

### 5 Formulieren Sie die Nebensätze.

1. Gestern wurde in der Mitarbeiterversammlung über Multitasking und Stress diskutiert, *was ich sehr interessant fand.* (sehr interessant finden)
2. Viele Leute denken, dass man durch Multitasking Zeit spart, ____________________ (Trugschluss sein)
3. Durch zu viele Aufgaben arbeitet man unkonzentriert, ____________________ (viele Fehler verursachen)
4. Das Gehirn kann nicht gleichzeitig wahrnehmen und reagieren, ____________________ (viele Studien informieren über)
5. Ohne Unterbrechungen könnte man viel effektiver arbeiten, ____________________ (den meisten nicht bewusst sein)
6. Jetzt soll in der Firma einiges umstrukturiert werden, ____________________ (sehr gespannt sein auf)

### 6 Ergänzen Sie die Nebensätze.

1. Durch ein Praktikum kann man eine feste Stelle bekommen, weshalb *Praktikumsstellen bei großen Firmen oft sehr begehrt sind*.
2. Die Mitarbeiter vieler Firmen können regelmäßig Fortbildungen besuchen, was ____________________.
3. In einer Wirtschaftskrise müssen Unternehmen Kosten sparen, weswegen ____________________.
4. Manager bekommen oft hohe Abfindungen, was ____________________.

### 7 Ergänzen Sie den Satzanfang.

1. *Der Chef hat gekündigt*, was alle in der Firma sehr überrascht hat.
2. ____________________, weshalb ich ganz schön enttäuscht war.
3. ____________________, worüber ich mich immer wieder wundere.
4. ____________________, was allen schon lange bekannt war.

## 1 Welcher Begriff aus Aufgabe 2 im Lehrbuch passt?

Welche Fähigkeit/Eigenschaft besitzt ein Mensch, der ...

1. fantasievoll ist, neue Ideen entwickelt? *Kreativität*
2. fähig ist, andere Personen zu leiten? ______
3. gut in einer Gruppe von Mitarbeitern arbeiten kann? ______
4. auch unter Stress noch gut und effizient arbeitet? ______
5. erreicht, dass etwas gemacht wird, obwohl andere dagegen sind? ______
6. sich schnell auf neue Situationen einstellen kann? ______
7. von sich aus aktiv wird? ______
8. den Kunden bei der Arbeit in den Vordergrund stellt? ______

## 2 Ergänzen Sie im folgenden Text die fehlenden Informationen. Lesen Sie dazu den Artikel auf der nächsten Seite.

GI

Nach der Uni beginnt für Studenten die Zeit der __(0)__ , wozu oft die Teilnahme an Assessment Centern gehört. Der Workshop „Der Alptraum hat einen Namen: Assessment Center" trainiert Studenten unterschiedlicher Fachrichtungen, die sich auf den __(1)__ vorbereiten wollen. Die Studenten bekommen unterschiedliche Aufgaben gestellt, so müssen sie beispielsweise in der Gruppe ein Problem diskutieren und eine passende __(2)__ finden. Leider gibt es keine eindeutige Regel, wie man sich in einem Assessment Center am besten __(3)__, denn dabei kommt es immer auf die __(4)__ an, die man anstrebt. Als nächste Aufgabe sollen die Studenten einen Kurzvortrag im Workshop halten. Zeit zur __(5)__ bleibt nicht viel, dann geht es auch schon an die Präsentation. Doch kurz vorher __(6)__ der Seminarleiter plötzlich das Thema und die Teilnehmer müssen über etwas völlig anderes referieren. Durch den bei den Aufgaben erzeugten Stress wollen die Firmen erfahren, welche __(7)__ die Bewerber besitzen. Unternehmen veranstalten Assessment Center, weil sie kein __(8)__ mehr an dem reinen Notendurchschnitt haben, sondern mehr über den zukünftigen Mitarbeiter erfahren wollen. Und auch die __(9)__ sollten das Assessment Center eher positiv sehen, bietet es doch die __(10)__, das Untenehmen und seine Erwartungen besser kennen zu lernen.

0 *Bewerbungen*
1 ______
2 ______
3 ______
4 ______
5 ______
6 ______
7 ______
8 ______
9 ______
10 ______

## Der Albtraum hat einen Namen

Raus aus der Uni, rein in die Bewerbungsmühle: Unternehmen rösten interessante Kandidaten gern im Assessment Center.

Wer nervenstark und erfahren genug ist, umkurvt auch Stolpersteine. Darum absolvierten Freiburger Studenten ein Training für den Ernstfall Berufsstart.

Jan Berner bietet an diesem Abend gemeinsam mit seinem Kollegen Thomas Woskowiak den Workshop „Der Alptraum hat einen Namen: Assessment Center“ an. Es ist eine Art Coaching für den Ernstfall – für den Berufseinstieg.

„Die Nachfrage“, so Volkswirt Berner, „ist enorm gestiegen. Vom Romanisten über den Informatiker hin zum Forstwirtschaftler schaut mittlerweile jeder bei uns vorbei.“

Im Freiburger Seminarraum sitzen angehende Biologen, Psychologen, Volkswirte – und ein Physikstudent. Er heißt Tycho Stange und ist gerade 21 Jahre alt geworden. Im Nebenfach studiert er BWL und steht bald vor der Entscheidung: „Arbeite ich in der Wirtschaft oder bleibe ich in der Wissenschaft?“

Im Seminar wird die Wirtschaft erst mal von der Wissenschaft überrumpelt: Jan Berner kündigt den „Brain Teaser“ an, ein beliebtes Mittel im Assessment Center. Die Teilnehmer bekommen ein Problem – natürlich mit mathematischen Stolpersteinen – und sollen es vor den Augen der Chefs in fünf Minuten gemeinsam lösen. Die Aufgabe für die Studenten: Wie viel Zeit hat der Weihnachtsmann an Heiligabend pro Kind?

Das Team rauft sich schnell zusammen und schleudert Fragen in die Runde: Kommt der Weihnachtsmann nur zu den Kindern, die an ihn glauben? Gehen wir überhaupt vom echten Weihnachtsmann aus? Was ist mit Kindern anderer Ethnien? „Ich glaube“, flüstert einer in die Runde, „wir verzetteln uns gerade.“

„Die Tücken bei einem Assessment Center sind breit gestreut“, erklärt Berner. Es gebe keinen einfachen Weg, kein richtiges Verhalten – „wie man sich präsentiert, hängt stark von der Stelle ab, auf die man sich bewirbt“. So solle man zum Beispiel bei Gruppenarbeiten zwischen dem Moderator, dem Ideengeber oder dem Koordinator wechseln können. Oder anders: „Sich mal ins Spiel bringen und auch mal zurücknehmen.“

Zeit zum Durchatmen bleibt nicht. Physikstudent Tycho wird von den Trainern gleich nach der Gruppenarbeit erneut ins kalte Wasser geschubst. Er soll einen Kurzvortrag halten. Zehn Minuten hatte jeder Teilnehmer, um sich auf sein Thema vorzubereiten. Tycho schrieb ein Konzept zu „Globalisierung – Segen oder Fluch?“

Dann der Schock: Als der Vortrag losgeht, tauscht Dozent Jan Berner augenblicklich das geplante Thema aus und verlangt eine Präsentation zum Thema „Sollte der Liter Benzin bald fünf Euro kosten?“ Und Tycho stammelt los, zuerst mit gequältem Lächeln, dann schnell gefasster.

Aber der Druck hat Methode: Unternehmen überlegen sich sorgfältig, wen sie warum einstellen. Sie wollen bei jedem einzelnen Bewerber zuerst „die Soft Skills rauskitzeln“, sagt Jan Berner. Für den Einserschüler interessiere sich schon lange keine Firma mehr. Spannend sei dagegen ein Bewerber, der „neben der Uni jobbt, ehrenamtlich arbeitet und über den Tellerrand schaut.“ Aber das will kein Personaler im Bewerbungsschreiben lesen. Er will es erleben.

Gerade wegen solch harscher Auswahlkriterien, wegen Einzel- und Gruppentests mit der Garantie zum Straucheln, haftet dem Assessment Center ein negativer Beigeschmack an.

Dabei hat diese Form der Bewerbung nach Auffassung von Berner auch für Job-Einsteiger einen entscheidenden Vorteil: Das Unternehmen definiert seine Erwartungen, und der Bewerber erfährt seine Grenzen. So können sich beide Seiten beschnuppern, bevor sie den Arbeitsvertrag unterschreiben.

# Selbsteinschätzung



| **So schätze ich mich nach Kapitel 2 ein: Ich kann …** | **+** | **0** | **–** | **Modul/ Aufgabe** |
|---|---|---|---|---|
| … Informationen, Anweisungen und Richtlinien bei einem Studienberatungsgespräch verstehen und Stichworte dazu notieren. | | | | M2, A3 |
| … viele komplexe Informationen eines Radiointerviews zum Thema „Soft Skills" verstehen und Notizen dazu machen. | | | | M4, A3 |
| … einem Text über Bewerbungen mit „buntem" Lebenslauf Ratschläge entnehmen. | | | | M1, A2 |
| … einen Text zum Thema „Multitasking" verstehen und zusammenfassen. | | | | M3, A1b–c |
| … die wichtigsten Informationen eines Textes über „Soft Skills bei der Bewerbung" bzw. „Assessment Center" herausarbeiten und mir dazu Notizen machen. | | | | M4, A4a |
| … zum Thema „Lebenslauf" Gedanken und Meinungen präzise und klar ausdrücken. | | | | M1, A1, A3 |
| … über Vor- und Nachteile von Studium und Berufsausbildung sprechen und meine Meinung begründen. | | | | M2, A2 |
| … komplexe Informationen und Ratschläge verstehen und austauschen. | | | | M4, A4b |
| … Bewerbungstrainings vergleichen, meine Meinung präzise und klar ausdrücken, Argumente überzeugend einsetzen und auf Argumentationen anderer reagieren und eine Entscheidung aushandeln. | | | | M4, A6 |
| … Argumente aus verschiedenen Quellen in einem Text aufgreifen und gegeneinander abwägen und einen Beitrag zum Thema „Soft Skills" schreiben. | | | | M4, A5 |

**Das habe ich zusätzlich zum Buch auf Deutsch gemacht: (Projekte, Internet, Filme, Texte, ...)**

| Datum: | Aktivität: |
|---|---|
| | |
| | |
| | |
| | |
| | |

# Hast du Worte?

Wortschatz wiederholen und erarbeiten

## 1 Was passt wo? Ergänzen Sie.

wortwörtlich | kein Wort über etwas verlieren | Worte | wortlos | sich zu Wort melden | j-n. beim Wort nehmen | Wörter | wortkarg | zu Wort kommen | wortgewandt

1. Der Text, den wir schreiben sollen, umfasst ca. 250 __________________.
2. Die Chefin sprach gestern bei der Versammlung deutliche __________________.
3. Susanne spricht so viel, da __________________ ich nie __________________.
4. „Was hat denn Peter zu dem Problem gesagt?" – „Nichts, der hat sich bei der Diskussion kein einziges Mal ________________________."
5. „Wenn du Hilfe bei deiner Seminararbeit brauchst, sag Bescheid." – „Gut, danke, ich werde dich ________________________________."
6. „Du, sag mal, hast du eigentlich mit Sarah noch mal über euren Streit gesprochen?" – „Nee, ich habe sie gestern zufällig getroffen, aber sie hat darüber ____________________________."
7. „Ich finde, der neue Kollege ist ein brillanter Redner." – „Stimmt, er ist wirklich sehr ________________________."
8. „Jetzt sag doch auch mal was! Sei nicht immer so ________________________."
9. Nach der unerfreulichen Bekanntmachung verließen viele Teilnehmer __________________ den Raum.
10. „Was hat er denn genau gesagt?" – „Habe ich dir doch schon erzählt." – „Ja, aber du sollst es mir ganz genau sagen." – „Also gut, ______________________ hat er gesagt, dass ..."

## 2 Welches Wort passt nicht? Streichen Sie es durch.

1. grinsen – schluchzen – schmunzeln – kichern
2. sich streiten – sich auseinandersetzen – sich beschimpfen – sich vertragen
3. kooperieren – referieren – vortragen – präsentieren
4. versprechen – beweisen – versichern – beteuern
5. flüstern – nörgeln – wispern – raunen
6. schreien – brüllen – kreischen – jammern

## 3 Erstellen Sie eine Sammlung von Wörtern zum Thema „Sprechen" in einer Mindmap.

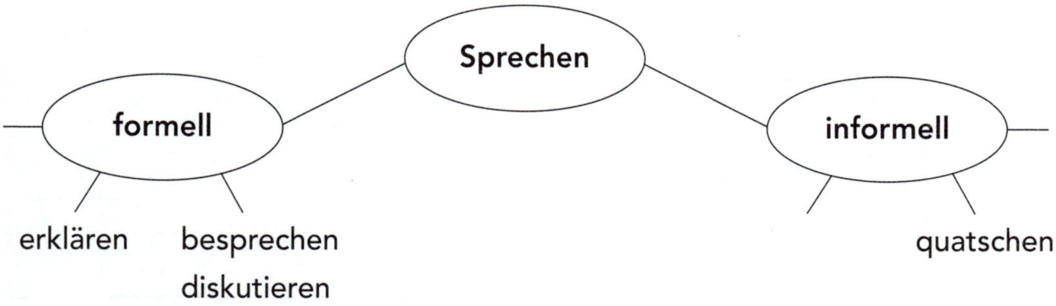

**4a Lesen Sie den Dialog zwischen Mutter (M) und Tochter (T). Unterstreichen Sie Ausdrücke aus der Umgangssprache.**

*M:* Hallo, Pia, wie war dein Tag?
*T:* Na ja, so lala. Heute Nachmittag hab ich Irina getroffen und wir haben stundenlang über ihre Beziehung gequatscht.
*M:* Und was hat sie an Neuigkeiten berichtet?
*T:* Sie ist nicht mehr mit Robert zusammen.
*M:* Aber die beiden waren doch ein Herz und eine Seele!
*T:* Ja, total krass und jetzt ist Schluss. Bei denen muss es voll gekracht haben. Irina hat mir brühwarm jedes Detail erzählt.
*M:* Und was sagst du dazu?
*T:* Nix. Ich weiß ja, wie nervig Irina manchmal ist. Und vor einer Stunde hat Robert angerufen. Der war fix und fertig.
*M:* Und du warst so nett und hast ihn getröstet.
*T:* Weiß nicht … ich hab nur zugehört. Ich musste Irina versprechen, dass ich alles für mich behalte, was sie erzählt hat.
*M:* Das hört sich kompliziert an.
*T:* Das kannst du wohl laut sagen. Total ätzend … Jetzt hab ich voll Hunger. Wann gibt's Essen?
*M:* Hey, mach bloß keinen Stress, ich komme gerade von der Arbeit.
*T:* Na toll – und ich schiebe Kohldampf …

**b Formulieren Sie die markierten Ausdrücke so um, dass sie nicht mehr umgangssprachlich sind.**

**5a Lesen Sie die Redewendungen, um über Witze zu sprechen. Welche sind positiv (+), welche negativ (–)?**

____ 1. Ich finde das brüllend komisch.
____ 2. Das trifft den Nagel auf den Kopf.
____ 3. Darüber kann ich nur müde lächeln.
____ 4. Das ist zum Schießen.
____ 5. Ich könnte mich darüber kaputtlachen.
____ 6. Na ja, wer's mag.
____ 7. Selten so gelacht.
____ 8. Das ist doch an den Haaren herbeigezogen.

**b Wie gefallen Ihnen die Witze und Cartoons im Lehrbuch (Aufgabe 1)? Wählen Sie je eine passende Redewendung aus und formulieren Sie Ihre Bewertung.**

*Ich finde den Cartoon beim Friseur … Darüber kann/könnte ich …*

# Immer erreichbar

## 1 Formen Sie die Sätze um und verwenden Sie präpositionale Ausdrücke zur Redewiedergabe.

1. Miriam Meckel meint, Kommunikationspausen sind notwendig. (laut)
   *Laut Miriam Meckel sind Kommunikationspausen notwendig.*
2. Kerstin Cuhls sagt, dass es ein Vorteil ist, jederzeit auf alle Daten Zugriff zu haben. (*nach*)
   ______________________________
   ______________________________
3. Wie die Tageszeitung berichtet, besitzt in Deutschland fast jeder ein Handy. (*laut*)
   ______________________________
   ______________________________
4. Eine Umfrage hat gezeigt, dass immer mehr Menschen auf ihren Festnetzanschluss verzichten. (*zufolge*) ______________________________
   ______________________________
5. Wir haben beschlossen, dass Handys während der Besprechungen ausgeschaltet werden. (*gemäß*) ______________________________
   ______________________________
6. Eine Studie hat gezeigt, dass aufgrund von Handy und Internet immer öfter auf feste Arbeitszeiten verzichtet wird. (*laut*) ______________________________
   ______________________________

## 2 Verben zur Redewiedergabe. Welches Verb passt? Ergänzen Sie.

1. *beschreiben – behaupten – äußern:* Die bekannte Politikerin ________________, nichts von den Unterschlagungen ihres Büros gewusst zu haben.
2. *kritisieren – hervorheben – beschreiben:* In dem Interview ________________ der Journalist seinen Versuch, vier Wochen ohne Internet und Handy zu leben.
3. *betonen – erzählen – berichten:* Auf den Skandal angesprochen, ________________ der Bürgermeister mehrmals, man bemühe sich um eine lückenlose Aufklärung.
4. *melden – erläutern – bestätigen:* Der Wissenschaftler ________________ genau, wie er bei der Untersuchung vorgegangen ist.

5. *erzählen – bestätigen – sagen:* Bei ihrer Dankesrede ________________ die Schauspielerin, wie sie vor Jahren an der Aufnahmeprüfung der Schauspielschule gescheitert sei.
6. *entgegnen – bezweifeln – melden:* Die Presseagentur ________________ vor zwei Stunden, dass der Präsident des Fußballclubs zurückgetreten sei.
7. *hervorheben – erklären – behaupten:* Der Stadtrat sagte, er wolle ________________, dass er alles in seiner Macht Stehende versucht habe.
8. *kommentieren – bezweifeln – versichern:* Auf der Pressekonferenz ________________ der Ministerpräsident, dass man alles tun wolle, um weitere Steuererhöhungen zu vermeiden.
9. *entgegnen – aussagen – sprechen:* Als die Journalistin nach den Ursachen des schlechten Wahlergebnisses fragte, ________________ der Abgeordnete, er wolle jetzt nichts zu diesem Thema sagen.
10. *widersprechen – mitteilen – erzählen:* Das zuständige Amt ________________, dass es die aktuellen Zahlen noch in dieser Woche veröffentlichen wolle.

## 3 Bilden Sie Nebensätze mit *wie*.

1. Laut einer Mitteilung der Bundesregierung soll im kommenden Jahr mehr Geld in Bildung investiert werden.
   *Wie die Bundesregierung mitteilte, soll im kommenden Jahr mehr Geld in Bildung investiert werden.*
2. Nach einer Meldung der Nachrichtenagentur hat die Bundesregierung eine erneute Steuererhöhung beschlossen.
   ________________________________________
   ________________________________________
3. Dem Bericht der Zeitschrift zufolge entlässt das Unternehmen die Hälfte der Belegschaft.
   ________________________________________
   ________________________________________
4. Gemäß der Vereinbarung wird im nächsten Quartal ein neuer Betriebsrat gewählt.
   ________________________________________
   ________________________________________
5. Einer Umfrage zufolge haben die meisten Deutschen Angst vor einer Wirtschaftskrise.
   ________________________________________
   ________________________________________
6. Laut vieler Experten wird die momentane Krise noch länger andauern.
   ________________________________________
   ________________________________________

## 4 Geben Sie die Aussagen im Konjunktiv wieder.

1. „Immer erreichbar zu sein, ist in manchen Berufen sehr wichtig."
2. „Manchmal finde ich es stressig, dass man mich immer anrufen kann."
3. „Im Urlaub schaltet mein Mann sein Handy auch mal ab."
4. „Für Notfälle hat meine Tochter ihr Handy immer dabei."
5. „Manche Leute geraten in Panik, wenn sie mal ihre E-Mails nicht kontrollieren können."
6. „Früher ging es doch auch ohne Handy."
7. „Gestern kam ich nicht ins Netz und konnte deshalb die Nachricht nicht beantworten."
8. „Ich will mich auch mal in Ruhe unterhalten, ohne dass ständig das Handy klingelt."
9. „Wer heutzutage Karriere machen will, muss immer zu erreichen sein."

*Er sagt, immer erreichbar zu sein, sei in manchen Berufen sehr wichtig.*

## 5 Lesen Sie das Interview und geben Sie die wichtigsten Aussagen wieder. Verwenden Sie alle Möglichkeiten der Redewiedergabe.

### Permanente Überlastung

**Bruce McEwen ist Professor an der New Yorker Rockefeller Universität und einer der führenden Stressforscher weltweit. Im Interview spricht er über den alltäglichen Technikterror und erfolgreiche Strategien zur Bekämpfung von ungesundem Stress in den Unternehmen.**

*Wirtschaftswoche: Herr Professor McEwen, wie bewältigen Sie Ihren Stress?*

Bruce McEwen: Ich habe einen Hund, der regelmäßig ausgeführt werden will. Der hält mich auf Trab mit seiner Begeisterung für Eichhörnchen. Außerdem wohne ich nicht weit vom Institut entfernt, das erspart mir einen der größten Stressfaktoren, mit dem die Leute heute zu kämpfen haben: das Pendeln zum Arbeitsplatz und wieder nach Hause.

*In Ihrer Position müssen Sie sicher ständig erreichbar bleiben. Dennoch sagen Sie, dass uns Blackberry und Mobiltelefon mittlerweile an einen Punkt gebracht haben, der unerträglich ist.*

Wir können es doch tagtäglich beobachten: Wer alle fünf Minuten auf seinen Blackberry schaut, hat möglicherweise ein Problem. Wir nennen das Obsessive Compulsive Disorder – eine Zwangsstörung. Man braucht viel Selbstkontrolle und Selbstbewusstsein, um mit diesen Geräten vernünftig umzugehen.

*Was meinen Sie damit?*

Dank dieser elektronischen Helfer schlagen sich viele Leute heute mit lächerlichen Sachen herum, die sich ohne diese Geräte womöglich von alleine erledigt hätten. Man braucht große mentale Stärke, um sich dem zu entziehen.

*Wie wirkt sich diese Erreichbarkeitsfalle auf die Unternehmen aus?*

Wenn die ständige Präsenz in ungesunden Stress umschlägt, beeinflusst das die Leistungskraft der Mitarbeiter und damit die gesamte Produktivität. Die Unternehmen müssten eigentlich ein Interesse daran haben, dass sich ihre Mitarbeiter wohl fühlen und ihre persönlichen Freiräume behalten. Fehlen diese, riskieren die Unternehmen, dass bald die Kosten steigen, weil die Mitarbeiter krank werden und zu Hause bleiben. Nur wenige Unternehmen haben den Zusammenhang bisher begriffen.

LB 1.23

**1a Hören Sie noch einmal den dritten Teil des Interviews mit Dr. Traber und notieren Sie Stichworte zu den folgenden Fragen.**

1. Wie kann man Schlagfertigkeit trainieren?

   ______________________________

   ______________________________

2. Worauf sollte jede Person für sich selbst achten?

   ______________________________

   ______________________________

3. Welche Phasen gibt es in den Kommunikationsseminaren?

   ______________________________

   ______________________________

4. Welche Rolle spielt die Körperhaltung bei dem Training?

   ______________________________

   ______________________________

**b Fassen Sie nun schriftlich zusammen, wie man Schlagfertigkeit trainieren kann und wie die Seminare von Dr. Traber aufgebaut sind.**

**2a Dr. Traber spricht über den Schlagfertigkeitstrainer Matthias Pöhm. Lesen Sie zuerst den folgenden Text von dessen Homepage und ergänzen Sie dann die Sätze.**

### Warum Schlagfertigkeit lernbar ist

Sie können das (…) mit der Grammatik der Deutschen Sprache vergleichen. Sie sagen vollkommen korrekt „ich habe gespielt" und nicht „ich habe gespielen". – Andererseits sagen Sie korrekt „ich habe geholfen" und nicht etwa „ich habe gehilft". Wenn man Sie aber fragen würde, nach welcher Grammatikregel man in einem Fall „gespielt" und im anderen Fall „geholfen" sagt, stünden wohl 95 % meiner Leser auf der Leitung. Irgendwann ist ein Mensch an die deutsche Sprache herangegangen und hat das „intuitive Sprechverhalten" der Deutschen analysiert. Und er hat herausgefunden, dass zum Großteil massive Regeln dahinterstecken, die dem Deutschen zwar nicht klar sind, die er aber unterbewusst einhält. Dann hat er sich drangemacht, diese Regeln aufzuschreiben. Eine Grammatik ist entstanden. Und auf diese Weise ist Deutsch für Ausländer lernbar gemacht worden. So ist es nun auch mit der Schlagfertigkeit: Ich habe quasi die Grammatikregeln der Schlagfertigkeit aufgeschrieben und für „Nichtschlagfertige" lernbar gemacht. Obwohl sich natürlich Naturtalente wie Thomas Gottschalk und Konsorten keine Gedanken um Regeln machen.

1. Muttersprachler sprechen grammatisch richtig, ohne …
2. Schlagfertigkeit scheint ein Talent zu sein, aber …
3. Würde man schlagfertige Menschen danach fragen, wie sie das machen, dann …
4. Menschen, die verbal nicht so schnell reagieren, können …

**b Wann sollte man schlagfertig sein? Beschreiben Sie mögliche oder erlebte Situationen.**

# Sprachen lernen

**1 Bilden Sie aus den Verben Substantive und aus den Substantiven Verben.**

1. erwerben ______
2. kennen ______
3. vermitteln ______
4. erinnern ______
5. teilnehmen ______
6. verbessern ______
7. aneignen ______
8. Kommunikation ______
9. Auseinandersetzung ______
10. Plauderei ______
11. Darstellung ______
12. Gespräch ______
13. Vortrag ______
14. Korrektur ______

**2a Verbalisieren Sie die folgenden Ausdrücke.**

1. das schnelle Erlernen einer Sprache
   *eine Sprache schnell erlernen*
2. die guten Kenntnisse der Grammatik
   ______
3. die Aufrechterhaltung der sozialen Kontakte
   ______
4. die Korrektur der ersten Fehler
   ______
5. die erfolgreiche Kommunikation der Schüler
   ______
6. der klare Aufbau der Sätze
   ______

**b Bilden Sie Nominalisierungen wie im Beispiel.**

1. Die Muttersprache wird mühelos erworben.
   *Der mühelose Erwerb der Muttersprache*
   ______
2. In der Schule werden Fremdsprachen vermittelt.
   *Die* ______
   ______
3. Viele Menschen eignen sich eine andere Sprache mühevoll an.
   ______
4. Im Kindesalter lernen wir Sprachen leicht.
   ______
5. Später erinnert man sich nur mühevoll an die Regeln.
   ______
6. Die Sprachkompetenz bei Erwachsenen optimiert sich nicht allein durch Sprachkontakte.
   ______
7. Die Sprachkenntnisse von Schülern werden durch mehr Sprachkontakte verbessert.
   ______

## 3a Ergänzen Sie die Präpositionen zu den Verben und Substantiven.

| | | | |
|---|---|---|---|
| sprechen *über, mit,* | die Unterhaltung | diskutieren | die Rede |
| antworten | sich aufregen | der Bericht | sich beschäftigen |
| die Beschwerde | reagieren | hinweisen | der Streit |

**b Schreiben Sie je drei Sätze zu Verben und Substantiven mit Präpositionen.**

*sprechen über: Wir haben lange über den Vortrag gesprochen.*

## 4 Von Nominalstil zu Verbalstil. Formen Sie die Präpositionalattribute um.

1. Es gibt eine Unterscheidung zwischen dem Lernen und dem Erwerben einer Sprache.
   Die Wissenschaft ______________________________ dem Lernen und Erwerben einer Sprache.
2. Die Antworten auf die Frage nach dem Zusammenhang zwischen Alter und Spracherwerb stehen teilweise noch aus.
   Die Frage _________ dem Zusammenhang zwischen Alter und Spracherwerb _______________ teilweise noch nicht ________________________.
3. Die Diskussion über das optimale Lernen einer Sprache wird weiter fortgesetzt werden.
   Es wird weiter _________ das optimale Lernen einer Sprache
   __________________________________.
4. Die Fachdisziplinen treiben ihre Forschungen zu diesem Thema weiter voran.
   Die Fachdisziplinen ________________________ diesem Thema weiter.
5. Unser Wissen über die Funktionen der Sprache ist immer noch gering.
   Wir _______________ noch wenig ________ die Funktionen der Sprache.

## 5 Personalpronomen im Verbalstil werden im Nominalstil zu Possessivpronomen. Verändern Sie die Pronomen bei der Umformung.

1. Wir kommunizieren täglich mit anderen. *Unsere (tägliche) Kommunikation*
2. Er telefoniert viel. ______________________
3. Ihr präsentiert interessant. ______________________
4. Wir sprachen über die Ausstellung. ______________________
5. Kinder lernen mühelos. Sie beherrschen eine Sprache schnell. ______________________
6. Was empfehlen Sie für einen guten Vortrag? ______________________

# Sag mal was!

**1 Lesen Sie den Text im Lehrbuch, Aufgabe 2a, noch einmal. Welche Wörter/Ausdrücke aus dem Text entsprechen den folgenden Wörtern/Ausdrücken? Die gesuchten Wörter/ Ausdrücke kommen im Text in der Reihenfolge wie unten vor.**

1. Angst haben: ______
2. auf seinen guten Ruf achten: ______
3. unterlassen: ______
4. lehren: ______
5. unterdessen: ______
6. nur: ______
7. großen Eindruck machen: ______
8. Möglichkeit: ______
9. aussehen: ______
10. bemerken: ______
11. eigentlich: ______
12. überraschen: ______
13. augenscheinlich: ______
14. annehmen: ______
15. hervorheben: ______
16. den Wunsch hegen: ______

**2a Lesen Sie die Forumsbeiträge. Wo passt welches Wort? Notieren Sie die passende Zahl.**

☐ rückständig ☐ auswärts ☐ Erinnerung ☐ verbunden ☐ Ausnahme
☐ Private ☐ unterdrücken ☐ verpönt ☐ Identität ☐ Ursprungs

| | |
|---|---|
|  | **Die Heimat auf der Zunge tragen**<br>Paul B., 29 Jahre, Redakteur aus dem Vorarlberg<br>Ist man mit einem Dialekt aufgewachsen, ist man an jedem Ort mit seiner Heimat (1). Schließlich trägt man sie ja auf der Zunge. Entdeckt habe ich meine Heimat aber erst so richtig, als ich von daheim weggezogen bin. Ich habe mich zu einem leidenschaftlichen Vertreter meines (2) entwickelt, und jetzt verstehe ich Leute, die immer so einen großen Wert auf ihre kulturelle (3) legen. Mit Akzent sprechende Menschen sollten aber auf die Situation achten: Im Seminar an der Uni kommt Dialekt nicht so gut an, und auch mancher Nachrichtensprecher sollte noch mal einen Sprecherkurs belegen – Dialekt im Radio klingt einfach schrecklich ;-)! |
|  | **Diese Leute kommen mir etwas altmodisch vor**<br>Johannes S., 17 Jahre, Gymnasiast, München<br>Bei uns am Gymnasium wird nicht viel Bayrisch gesprochen. Die Kinder und Jugendlichen, die Bayrisch sprechen, sind komischerweise meist nicht so besonders gut in der Schule, vor allem nicht in Deutsch. Eigentlich finde ich es ganz schön, wenn jemand Dialekt spricht, aber irgendwie kommen mir diese Leute auch ein bisschen (4) und unmodern vor. Auch das Elternhaus stelle ich mir immer total altmodisch vor. In jeder Klasse gibt es bei uns ungefähr ein bis zwei Leute, die Dialekt sprechen. Das sind häufig auch die, die immer einen Spaß machen. |

**Öcher Platt – Dialekt ist „in“**
Sigrid W., 45 Jahre, Geschäftsfrau in Aachen

Das Öcher Platt ist absolut "in". So wird der Dialekt genannt, den wir bei uns in Aachen sprechen. Die Älteren sprechen den Dialekt eigentlich immer, ohne (5). Er ist auch nicht (6) wie vielleicht der Dialekt in anderen Städten oder Regionen. In meinem Beruf geht es natürlich nicht, dass ich mit Kunden oder Geschäftspartnern, die von (7) kommen, Platt rede. Ich selbst spreche es auch gar nicht so gut. Es ist aber hoch angesehen und wird auch sehr gefördert. Auch die Theater bringen Stücke auf Öcher Platt. Die Karten sind oft so begehrt, dass manche Leute sich schon morgens um 5 Uhr beim Vorverkauf anstellen.

**Ich bin oft ausgelacht worden**
Maria I., 39 Jahre, Lehrerin, Nürnberg

Einerseits habe ich mich immer sehr wohl gefühlt mit meinem Dialekt. Meine Eltern haben ihn zu Hause gesprochen. Ich bin also damit aufgewachsen und ich habe ihn auch ziemlich gern gesprochen. Aber schon bei meinem Vater konnte ich sehen: Sobald er beruflich mit Leuten sprach oder sobald wir in einer anderen Stadt waren, hat er nur Hochdeutsch gesprochen. Erst fand ich das komisch, aber ich habe schnell begriffen: Dialekt, das war mehr für das (8), für zu Hause. Ich habe auch noch genau in (9), dass ich früher oft von anderen Kindern ausgelacht wurde. Deshalb habe ich immer versucht, meinen Dialekt möglichst zu (10). Umso schöner und befreiender ist es, wenn ich unter Leuten bin, die meinen Dialekt sprechen und bei denen ich sicher weiß, dass sie mich so akzeptieren, wie ich eben spreche.

**b Schreiben Sie einen eigenen Forumsbeitrag zu dem Thema.**

**3 Neben Dialekten und Umgangssprache ist auch das Thema „Sprachen in Europa" interessant. Bearbeiten Sie dazu folgende Prüfungsaufgabe.**

> **TIPP**
> **Schriftliche Prüfung**
> In der Prüfung haben Sie für diese Aufgabe 65 Minuten Zeit. Teilen Sie sich die Zeit gut ein und schreiben Sie leserlich. Schreiben Sie zuerst die fünf Inhaltspunkte auf ein extra Blatt und notieren Sie sich Informationen/Argumente/Beispiele. Überlegen Sie sich eine sinnvolle Reihenfolge der einzelnen Unterpunkte und formulieren Sie dann Ihren Text. Bauen Sie Ihre Argumente dabei steigernd auf: Das schwächste zuerst, das stärkste zum Schluss. Denken Sie an geeignete Überleitungen und Konnektoren.

P GI

**Ihre Aufgabe ist es, sich zu der Bedeutung von Fremdsprachen in Europa zu äußern.**

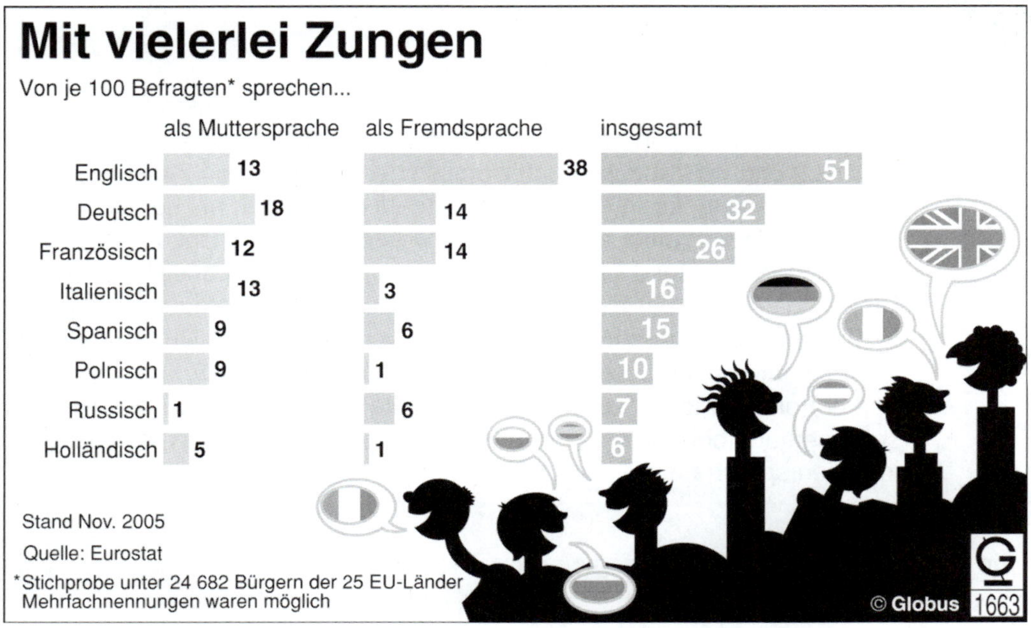


**Schreiben Sie,**

- was Ihnen an der Statistik besonders auffällt.
- welche Bedeutung Fremdsprachen in der heutigen Zeit haben.
- wann man idealerweise beginnt, eine Fremdsprache zu lernen.
- wie man am besten eine Sprache lernen kann.
- wie die Situation diesbezüglich in Ihrem Heimatland ist.

***Hinweise:***
*Bei der Beurteilung wird unter anderem darauf geachtet,*
*– ob Sie alle Inhaltspunkte berücksichtigt haben,*
*– wie korrekt Sie schreiben,*
*– wie gut Sätze und Abschnitte sprachlich miteinander verknüpft sind.*
*Schreiben Sie mindestens 200 Wörter.*

# Selbsteinschätzung

| **So schätze ich mich nach Kapitel 3 ein: Ich kann …** | **+** | **0** | **–** | **Modul/ Aufgabe** |
|---|---|---|---|---|
| … ein Interview zum Thema „Schlagfertigkeitstraining" verstehen. | | | | M2, A2–A3a |
| … Dialekte Regionen zuordnen. | | | | M4, A1b |
| … Vor- und Nachteile moderner Medien in Bezug auf Erreichbarkeit aus zwei Stellungnahmen herausarbeiten. | | | | M1, A2 |
| … einen Fachtext über „Sprachen lernen und erwerben" verstehen. | | | | M3, A2 |
| … einen Magazintext über Dialekte verstehen. | | | | M4, A2a–b |
| … eine persönliche E-Mail in Umgangssprache verstehen. | | | | M4, A5a |
| … Meinungen aus Stellungnahmen über moderne Medien wiedergeben und meine eigene Meinung dazu äußern. | | | | M1, A4 |
| … in bestimmten Situationen schlagfertig reagieren. | | | | M2, A3b |
| … über Dialekte und deren Stellenwert im eigenen Land berichten. | | | | M4, A3 |
| … über das Thema „Dialekt in der Schule" diskutieren und dabei auch auf die Argumente meines Partners / meiner Partnerin eingehen. | | | | M4, A4 |
| … die wichtigsten Aussagen eines Textes zusammenfassen und aufgrund eigener Erfahrungen kommentieren. | | | | M3, A3 |
| … eine persönliche E-Mail beantworten. | | | | M4, A5b |

**Das habe ich zusätzlich zum Buch auf Deutsch gemacht:**
**(Projekte, Internet, Filme, Texte, …)**

| | Datum: | Aktivität: |
|---|---|---|
| | | |
| | | |
| | | |
| | | |
| | | |
| | | |

# Wirtschaftsgipfel

## Wortschatz wiederholen und erarbeiten

**1 Welche Wörter fallen Ihnen zum Thema „Wirtschaft" ein – welche möchten Sie wissen? Benutzen Sie ein Wörterbuch und notieren Sie möglichst viele Wörter zu den Bildern.**

Banken

## 2 Wie heißen die Wörter?

1. **aailtpK** ist Geld und andere Werte, die z.B. eine Firma besitzt.

   ____________________

2. Man **elpektuesir**, wenn man z.B. Aktien kauft, um sie zu einem höheren Preis zu verkaufen.

   ____________________

3. Die **öserB** ist der Ort, an dem Aktien gehandelt werden.

   ____________________

4. Ein **inkroätA** ist jemand, der Wertpapiere eines Unternehmens besitzt, das an der Börse geführt wird.

   ____________________

5. Der **nikusArtke** zeigt die steigenden und fallenden Werte von Aktien an.

   ____________________

6. Unter **ianznneF** versteht man das Geld einer Firma, v. A. die Einnahmen und Ausgaben.

   ____________________

## 3a Ergänzen Sie die beiden Dialoge mit den Wörtern aus dem Kasten.

| Geschäftsmodell | Geldanlage | Wechselkurs | Kredit | Umsatz | Währung |
|---|---|---|---|---|---|

● Hab ich dir schon erzählt, dass ich nächsten Monat beruflich nach Brasilien fahre?
○ Das ist ja toll, das wusste ich noch gar nicht.
● Du warst doch schon mal da, sag mal, was haben die da eigentlich für eine ____________________ (1)?
○ Die haben Reais – aber frag mich jetzt bitte nicht nach dem ____________________ (2), ich weiß nicht mehr, wie viel Reais man für zehn Euro bekommt.
● Ok, dann sehe ich mal im Internet nach – vielen Dank.

□ Weißt du es schon? Manfred will sich selbstständig machen, er möchte ein Café eröffnen.
● Ein Café? Meint er denn, dass er damit genug ____________________ (3) machen kann?
□ Na, er ist jedenfalls ganz überzeugt von seinem ____________________ (4), er hat es mir zwei Stunden lang ausführlich erklärt. Jetzt muss er nur noch einen guten ____________________ (5) von seiner Bank bekommen, dann will er es wirklich wagen.
● Ich weiß nicht, das wäre nichts für mich. Ich spare mein Geld lieber – hast du vielleicht einen guten Tipp für mich, ich suche eine sichere ____________________ (6)?
□ Oh, tut mir leid, damit kenne ich mich gar nicht aus.

## b Bilden Sie mit jedem Wort aus Übung 3a einen weiteren Satz.

# Vom Kohlenpott ...

## 1 Kombinieren Sie und notieren Sie die Substantive mit Artikel.

~~Kaufmann~~ Auto Führung Anlage Konsumgüter Beratung
Abgase Zweig Stahl Stadt Gebiet Berater

-UNTERNEHMEN(S)- -INDUSTRIE-

Leitung Spielwaren Gründung Papier Wirtschaft
Arbeiter Handel Kauffrau Gas Metall Ziele

*der Industriekaufmann, ...*

## 2 Ergänzen Sie die Verben im Präteritum.

gefallen fangen geben wissen finden scheinen
werden verbieten sehen glauben rennen erzählen

Zu einer Zeit, als die Menschen nur (1) ________________, dass man mit Holz Feuer und Wärme erzeugen kann, weidete an einem kühlen Herbsttage ein Hirtenjunge seine Schafe dort, wo die Berge an die Ufer der Ruhr stoßen. Als er hungrig (2) ________________, (3) ________________ er ein paar Fische und entzündete ein kleines Holzfeuerchen, um sie zu braten und um ein wenig Wärme für die Nacht zu haben. Am nächsten Morgen (4) ________________ das Feuer erloschen. Als der Hirtenjunge in die Asche greifen wollte, zuckte er jedoch erschrocken zurück, denn er (5) ________________, dass die Steine, auf denen er am vergangenen Abend das Feuer entzündet hatte, heiß und rotglühend geworden waren. Der Junge hatte so etwas niemals zuvor gesehen und (6) ________________ verstört nach Hause zu seinen Eltern, denen er sein Abenteuer (7) ________________. Auch Vater und Mutter konnten sich den Spuk nicht erklären und (8) ________________, dass es sich um ein Werk des Teufels handeln müsse. Sie (9) ________________ ihrem Sohn, jemals von seinem Erlebnis zu sprechen. Fortan weidete dieser seine Schafe woanders, doch diese unheimliche Begebenheit konnte er niemals vergessen.

Als der Hirtenjunge zu einem stattlichen Mann herangewachsen war, wollte er sich eine Frau suchen. Doch unter den Mädchen seiner Heimat (10) ________________ sich keine, die ihm (11) ________________. Allerdings (12) ________________ es in der Stadt Essen ein liebes und freundliches Mädchen, das er gern heimgeführt hätte. ...

LB 1.34

**3a Hören Sie den dritten Teil des Vortrags im Lehrbuch, Aufgabe 1d, noch einmal. Markieren Sie die fehlerhaften Informationen und korrigieren Sie sie.**

1. Die erste Phase umfasst die Jahre 1957 bis 1967. 1947 bis 1957
2. Grund für die steigende Bevölkerungszahl bis 1950 waren die Arbeitsplätze in der chemischen Industrie. ______
3. Kohle spielte beim Wiederaufbau des Ruhrgebietes eine entscheidende Rolle. ______
4. Öl und Gas bildeten die Grundlagen des Wirtschaftswunders. ______
5. Die Stadt Essen war im ersten Nachkriegsjahrzehnt der größte Kohleförderer der Region. ______
6. Ab 1957 ist der Anteil der Kohle aus dem Ruhrgebiet an der Weltproduktion stark gestiegen. ______
7. Sonnenenergie verdrängte die Kohle. ______
8. Auf dem Weltmarkt gab es plötzlich zu wenig Steinkohle. ______

LB 1.35

**b Hören Sie den vierten Teil des Vortrags im Lehrbuch, Aufgabe 1e, noch einmal. Welche Aussagen sind falsch?**

1. Die Kohlekrise war der Grund für den ökonomischen Wandel der gesamten Bundesrepublik.
2. Als die Kohlekrise begann, hatten die meisten Menschen ihren Arbeitsplatz in der Rohstoffverarbeitung.
3. Im Dienstleistungssektor verloren Anfang der 90er-Jahre viele Menschen ihre Arbeit.
4. Der Ausbau des Dienstleistungssektors hatte einen bildungspolitischen und kulturellen Wandel zur Folge.
5. Mit 150.000 Studenten hat das Ruhrgebiet die meisten Hochschulen auf engem Raum.
6. Das Ruhrgebiet hat sich in den letzten zehn Jahren kulturell stark verändert.
7. Heute werden Bauwerke von früher, z.B. stillgelegte Zechen, restauriert und kulturell genutzt.
8. Viele Touristen sehen sich diese Industriedenkmäler an.

______

**4a Ergänzen Sie einen passenden Konnektor:** ***als – bevor – bis – nachdem – seitdem – während.***

**Maximilianpark in Hamm:**

**Von der Zeche zum Ausflugsziel**

Waren Sie schon mal im Ruhrgebiet? Wie wäre es denn mit einem Ausflug nach Hamm, in die ehemalige Zeche Maximilian? Heute heißt das Zechengelände „Maximilianpark" und bietet sehr viele Attraktionen – und das für die ganze Familie. Der Maximilianpark zeigt sich schon von weitem: Der „Gläserne Elefant", eine begehbare Plastik, überragt die Parkbäume und ist schon aus der Entfernung zu sehen. Der Künstler Horst Rellecke verwandelte 1984, (1) __________ die Landesgartenschau durchgeführt wurde, die Kohlewäsche der ehemaligen Zeche Maximilian in die heute begehbare Plastik. (2) __________ Sie im gläsernen Rüssel nach oben gefahren sind, können Sie in 35 Metern Höhe den Blick über das gesamte Parkgelände, über die Stadt Hamm und über das westfälische Umland genießen. (3) __________ Sie durch die verschiedenen Themengärten wie den Duftgarten, den Dahliengarten oder am Rosenhang entlang wandern, laden überall schöne Rastplätze zum Verweilen ein. Wasser gibt es im Park überhaupt reichlich: den Vierjahreszeitenbrunnen, den Kugelbrunnen, den Fontänenteich und den künstlich angelegten Maximiliansee. Oder Sie tauchen in eine Welt aus Kunst und Natur ein: An den verschiedenen Stellen stehen im Park unterschiedlichste Skulpturen und Kunstobjekte. Sogar Friedensreich Hundertwasser hat sich im Maximilianpark verewigt. Er hat den östlichen Teil der Kohlewäsche gestaltet.

Wo heute Kinder spielen und viele Menschen spazieren gehen, da wurde früher hart gearbeitet. Auf dem Gelände im Hammer Osten wurde Kohle gefördert. (4) __________ im Januar 1902 die Eisenwerkgesellschaft Maximilianhütte AG (Sulzbach) zwei Schächte baute, stieß man immer wieder auf Schwierigkeiten. (5) __________ das erste Mal erfolgreich Kohle abgebaut werden konnte, vergingen allerdings wegen ständiger Wassereinbrüche fast 10 Jahre. Rund 1.260 Bergleute schafften in einem Jahr 100.000 Tonnen vom schwarzen Gold an die Erdoberfläche. (6) __________ man zwei Jahre erfolgreich gearbeitet hatte, kam es 1914 zu einem erneuten schweren Wassereinbruch. Die Grube musste aufgegeben werden. (7) __________ man die Grube endgültig schloss, unternahm man noch zwei vergebliche Rettungsversuche. (8) __________ die Kohleförderung 1943 eingestellt wurde, überließ man das Gelände sich selbst. Es entstand eine vielfältige Pflanzenwelt. (9) __________ die Stadt Hamm beschlossen hatte, das Gelände wieder nutzbar zu machen, öffnete auf dem Gebiet der alten Zeche 1984 die erste Landesgartenschau in NRW ihre Tore. Nach einem Jahr wurde die Landesgartenschau Hamm in Maximilianpark umbenannt. Und den können Sie bis heute noch besuchen. Kommen Sie doch mal vorbei!

**b Bilden Sie für die ergänzten Nebensätze die Nominalform.**

1. bevor die Landesgartenschau durchgeführt wurde — *vor Durchführung der Landesgartenschau*
2. Nachdem man im gläsernen … — …

**5 Ergänzen Sie die Tabelle.**

| Nominalform | Verbalform |
|---|---|
| Bei gutem Wetter … | *Wenn das Wetter gut ist/war …* |
| | Nachdem die Sonne untergegangen war, … |
| Vor dem Familienessen … | |
| | Als er versuchte, …. |
| Bis zur Rückkehr des Jungen … | |
| | Bevor es regnete, … |
| Während ihrer Arbeit … | |
| | Wenn die Sonne scheint, … |
| Bei Dunkelheit … | |

**6 Verbinden Sie die Sätze mit den in Klammern angegebenen Wörtern.**

1. Der 2. Weltkrieg ging 1945 zu Ende. Deutschland wurde unter den vier Siegermächten aufgeteilt. (nachdem/nach)

*a) Nachdem der 2. Weltkrieg 1945 zu Ende gegangen war, wurde Deutschland unter den vier Siegermächten aufgeteilt.*

*b) Nach dem Ende des 2. Weltkriegs 1945 wurde Deutschland unter den vier Siegermächten aufgeteilt.*

2. 1949 wurde aus den Besatzungszonen der drei Westmächte die Bundesrepublik Deutschland gebildet. Die Hauptstadt war Bonn am Rhein. (seitdem/seit + D)

3. In den fünfziger Jahren entwickelte sich das sogenannte deutsche „Wirtschaftswunder". Millionen Wohnungen wurden gebaut. (während/während + G)

4. Der Wohlstand setzte ein. Immer mehr Menschen konnten sich ein Auto oder eine Urlaubsreise ins Ausland leisten. (nachdem/nach + D)

5. Große Firmen wurden aufgebaut. Danach entwickelte sich das Wirtschaftswunder rasch. (bevor/vor + D)

# Mit gutem Gewissen?

**1a Lesen Sie die Definition zum Begriff „Gewissen" und markieren Sie die Schlüsselinformationen.**

Das Gewissen (lateinisch conscientia, wörtlich „Mit-Wissen") wird im Allgemeinen als eine spezielle Instanz im menschlichen Bewusstsein angesehen, die einem Menschen sagt, wie er sein eigenes Handeln beurteilen soll. Es drängt den Menschen, aus ethischen bzw. moralischen Gründen bestimmte Handlungen auszuführen oder zu unterlassen. Entscheidungen können dabei als unausweichlich empfunden werden oder mehr oder weniger bewusst, also im Wissen um ihre Voraussetzungen und denkbaren Folgen, getroffen werden.

Das einzelne Gewissen wird meist als von Normen der Gesellschaft, aber auch von individuellen moralischen Einstellungen der Person abhängig angesehen. Es äußert sich als gutes oder schlechtes Gefühl, das durch die Einschätzung, Beurteilung oder Bewertung eigenen Tuns nach dem Maßstab einer Moral hervorgerufen wird. So fühlt man sich meistens gut, wenn man nach seinem Gewissen handelt, und schlecht, wenn man dagegen handelt.

P TELC

**b Welche Wörter aus dem Text stimmen mit den folgenden Wörtern und Umschreibungen überein? Schreiben Sie die passenden Wörter aus dem Text in Übung 1a daneben.**

1. üblicherweise ____________________
2. etwas bewerten ____________________
3. Motiv ____________________
4. etwas nicht tun ____________________
5. nicht zu verhindern ____________________
6. möglich ____________________
7. Art, wie man über etwas denkt ____________________
8. zeigen ____________________
9. etwas bewirken ____________________

**TIPP Umschreibungen erkennen**
Achten Sie bei der Suche nach der passenden Umschreibung auf die Wortarten – als Umschreibung stehen die Verben im Infinitiv und die Adjektive sind undekliniert.

**2a Sehen Sie sich die Bildergeschichte an. Welche Gewissensfrage könnte sich die Frau stellen?**

**b Schreiben Sie eine E-Mail an den Experten in Sachen Gewissensfragen.**

1 **Was verbinden Sie mit dem Begriff „Globalisierung"? Ergänzen Sie.**

2 **Pro oder contra Globalisierung? Welche Aussagen befürworten Globalisierung, welche lehnen sie ab?**

| | pro | contra |
|---|---|---|
| 1. Die Firmen kommen in den Ländern, in denen sie produzieren, schon aus eigenem Interesse ihrer sozialen Verantwortung nach. | ☐ | ☐ |
| 2. Weil Unternehmen Profit machen müssen, beuten sie die Menschen aus und verstoßen gegen Menschenrechte. | ☐ | ☐ |
| 3. Auf Kosten des Umweltschutzes versuchen Konzerne in manchen Ländern ein Vermögen zu machen. | ☐ | ☐ |
| 4. Wenn große Unternehmen in den billigeren Ländern produzieren, geben sie der Wirtschaft vor Ort wichtige Impulse. | ☐ | ☐ |
| 5. Im Gegensatz zu den westlichen Industrieländern erhalten Arbeiter in manchen anderen Ländern einen Lohn, von dem man nicht oder nur sehr schlecht leben kann. | ☐ | ☐ |
| 6. Durch den Import neuer Technologien, die für die Produktion benötigt werden, steigt die Wettbewerbsfähigkeit der produzierenden Länder. | ☐ | ☐ |
| 7. Dank der Globalisierung können Firmen Verträge viel schneller abschließen. | ☐ | ☐ |

3 **Antworten Sie in der Verbalform: Wodurch wird Globalisierung ermöglicht? Durch …**

1. die Abhängigkeit der verschiedenen Ökonomien rund um den Globus.
2. die ständige Weiterentwicklung der Informations- und Kommunikationstechnologien.
3. die Ausweitung der internationalen Arbeitsteilung.
4. die weltweite Zunahme des internationalen Handels.
5. die rapide gesunkenen Kosten für den Transport.
6. die hohe Flexibilität der internationalen Finanzströme.

*Globalisierung wird dadurch ermöglicht,*
*– dass die verschiedenen Ökonomien rund um den Globus voneinander abhängig sind.*
*– …*

## 4 Welche Gefahren sehen Globalisierungsgegner? Formen Sie die Aussagen in die Nominalform um.

1. Firmen wandern in andere Länder ab. → Arbeitsplätze fallen weg.
   *Durch die Abwanderung in andere Länder fallen ...* ______.
2. Transportwege werden verlängert. → Die Umweltbelastung steigt.
   ______.
3. Firmen im Inland schließen. → Die Arbeitslosigkeit steigt in den nächsten Jahren weiter.
   ______.
4. Die Arbeitslosigkeit nimmt in den nächsten Jahren zu. → Die Sozialausgaben des Staates erhöhen sich enorm.
   ______.
5. Die Sozialausgaben des Staates erhöhen sich enorm. → Die Steuern steigen.
   ______.
6. Die Steuern steigen an. → Die Leute werden unzufriedener.
   ______.

## 5 Ergänzen Sie die Tabelle.

| Verbalform | Nominalform |
|---|---|
| 1. Wenn Arbeitnehmer gut bezahlt werden, arbeiten sie gern. | *Bei ...* |
| 2. | Ohne die Hilfe der Gewerkschaften hätten die Arbeitnehmer in Europa ähnliche Bedingungen wie in sogenannten Billiglohnländern. |
| 3. Arbeitnehmer demonstrieren, wenn die Löhne gekürzt werden. | |
| 4. | Bei Abwanderung von großen europäischen Firmen in sogenannte Billiglohnländer gehen in Europa Arbeitsplätze verloren. |
| 5. Wenn die Kosten für den Transport rapide gesenkt werden und Waren schneller transportiert werden, kann der Welthandel enorm zunehmen. | |

## 1 Was gehört zusammen? Es sind mehrere Lösungen möglich.

1. ___ eine Marktlücke
2. ___ Geld
3. ___ eine Geschäftsidee
4. ___ einen Kooperationspartner
5. ___ Werbemaßnahmen
6. ___ ein Risiko
7. ___ einen Kredit

a abschätzen
b erkennen
c ergreifen
d aufnehmen
e anlegen
f entwickeln
g suchen

## 2 Entwerfen Sie eine Anzeige für die Geschäftsidee Ihrer Gruppe, die Sie im Lehrbuch, Aufgabe 2d, vorgestellt haben.

**a Vergleichen Sie in Gruppen die Anzeigen von frisch gegründeten Firmen. Welche Anzeige gefällt Ihnen am besten? Welche ist am informativsten? Welche weckt am meisten Neugier?**

1

2

3

4

**b Entwerfen Sie nun Ihre eigene Anzeige – welche Ideen und Elemente möchten Sie übernehmen, welche nicht?**

### 3 Ergänzen Sie die Tipps zum Verhalten bei einem Bankgespräch.

aktiv · anschaulich · aufmerksam · Bedenken · Begeisterung · beschäftigen · gelassen · Geschäftsidee · harte · Informationen · Not · präziser · Risiko · Sprüche · unangenehme

**1. Zeigen Sie (1) ______________ für Ihre Geschäftsidee.**
Kreditberater wissen: Nur, wer sich selbstständig machen will und nicht aus der (2) ________ heraus eine Firma gründet, hält die oft (3) __________ Anfangsphase durch.

**2. Hören Sie „(4) _____________" zu.**
Zeigen Sie Ihrem Gesprächspartner, dass Sie (5) _________________ zuhören. Sehen Sie ihn an und (6) ______________________ Sie sich nicht mit anderen Dingen, während er spricht.

**3. Beschreiben Sie die Alleinstellungsmerkmale (7) ____________________.**
Sagen Sie so genau wie möglich, was das Besondere an Ihrer (8) ___________________ ist. Je (9) __________ Sie Ihr Produkt beschreiben, desto besser kann es sich Ihr Gegenüber vorstellen.

**4. Gehen Sie auf die (10) _______________ des Kreditberaters ein.**
Zeigen Sie Ihrem Berater, dass Sie ihn ernst nehmen. Klopfen Sie keine (11) ____________ wie „Ach, das kriege ich schon hin und das (12) ___________ wird doch ohnehin meist überschätzt."

**5. Bleiben Sie (13) ________________.**
Auch wenn Sie (14) _________________ Fragen gestellt bekommen, Ihr Kundenberater will Sie nicht beleidigen, sondern (15) _____________________ bei Ihnen einholen.

### 4 Welches Wort passt? Streichen Sie die Wörter durch, die nicht passen.

Ich möchte schon seit einiger Zeit ein (1) Haus/Geschäft/Unternehmen gründen, aber das ist nicht so einfach. Letzte Woche war ich bei einem (2) Kapitalberater/Auftraggeber/Firmengründer und habe ihm meine (3) Berufserfahrung/Geschäftsidee/Arbeitszeit vorgestellt. Ich habe ihm genau die (4) Wirkung/Nachteile/Alleinstellungsmerkmale meiner Idee beschrieben, um ihm zu zeigen, wie ich mich von der (5) Konkurrenz/Idee/Firma abgrenzen will. Er fand sehr gut, dass ich die (6) Geschäfte/Arbeit/Marktsituation genau untersucht hatte, und er sagte auch, meine (7) Meinung/Angebotspalette/Kreditvorstellung sei recht Erfolg versprechend. Er wollte dann noch wissen, welche Gedanken ich mir zur (8) Vermietung/Vermarktung/Verwertung meiner Idee gemacht hatte. Zum Schluss erklärte er mir noch verschiedene (9) Kreditbedingungen/Kaufangebote/Geschäftsideen, wie z.B. (10) Laufzeit/Arbeitszeit/Auszeit, Zinssatz oder Tilgungsmöglichkeiten. Nun ja, mal sehen, ich weiß jetzt mehr, aber ob ich es wirklich wagen soll, weiß ich noch nicht …

# Selbsteinschätzung



| So schätze ich mich nach Kapitel 4 ein: Ich kann … | + | 0 | – | Modul/ Aufgabe |
|---|---|---|---|---|
| … einer Erzählung über die Entdeckung der Steinkohle folgen und viele wichtige Details verstehen. | | | | M1, A2a |
| … einen ausführlichen Bericht über die Entwicklung des Ruhrgebiets verstehen, in dem Zusammenhänge erläutert werden. | | | | M1, A2b–e |
| … einen Vortrag über das Verhalten bei Bankgesprächen ohne größere Mühe verstehen. | | | | M4, A3 |
| … ein Bankgespräch zum Zweck der Vergabe eines Kredits verstehen. | | | | M4, A4 |
| … Antworten auf Gewissensfragen verstehen, in denen Zusammenhänge, Meinungen und Standpunkte erörtert werden. | | | | M2, A2 |
| … ausführliche Kommentare zum Thema „Globalisierung" verstehen, in denen Zusammenhänge, Meinungen und Standpunkte erörtert werden. | | | | M3, A2 |
| … komplexe Informationen bzgl. einer Geschäftsidee verstehen und austauschen. | | | | M4, A2 |
| … eine Geschäftsidee gut strukturiert und klar vortragen. | | | | M4, A2d |
| … in einem Bankgespräch auch Informationen zu außergewöhnlichen Themen oder Problemen, wie einer Firmengründung, austauschen. | | | | M4, A4c |
| … während eines Vortrags über Bankgespräche so detaillierte Notizen machen, dass diese auch für andere nützlich sind. | | | | M4, A3 |
| … meine Meinung zu einer Gewissensfrage darstellen, dabei die Hauptgedanken hervorheben und meine Argumentation durch Beispiele verdeutlichen. | | | | M2, A3 |

**Das habe ich zusätzlich zum Buch auf Deutsch gemacht: (Projekte, Internet, Filme, Texte, ...)**

| | Datum: | Aktivität: |
|---|---|---|
| | | |
| | | |
| | | |
| | | |
| | | |

# Ziele

Wortschatz wiederholen und erarbeiten

**1a Ordnen Sie die Wörter und Ausdrücke den drei Gruppen zu.**

sich etwas vornehmen · büffeln · etwas realisieren · sich einen Wunsch erfüllen · etwas aufnehmen · sich entscheiden für · sich etwas einprägen · die Weichen stellen für · pauken · einen Vorsatz fassen · etwas in die Tat umsetzen · etwas im Voraus festlegen · sich entschließen zu · etwas trainieren · etwas wahr machen · etwas zustande bringen · eine Entscheidung treffen · Kenntnisse erwerben in · Ernst machen mit · etwas Wirklichkeit werden lassen · etwas durchziehen · sich etwas aneignen · einen Entschluss fassen · etwas betreiben

| Wissen erweitern | Zukunft planen | einen Traum verwirklichen |
|---|---|---|
| | | |

**b Wählen Sie pro Gruppe zwei Ausdrücke, die Sie noch nicht so gut kennen. Schreiben Sie zu diesen Phrasen je einen Satz.**

*Ich habe mir vorgenommen, eine berufliche Weiterbildung zu machen.*
*Ich möchte meinen Traum Wirklichkeit werden lassen.*

**2 In diesem Suchrätsel sind zehn Substantive zum Thema „Ziele" versteckt. Schreiben Sie die Substantive mit Artikel auf.**

| | A | B | C | D | E | F | G | H | I | J | K | L | M | N | O | P | Q | R | S | T | U |
|---|---|---|---|---|---|---|---|---|---|---|---|---|---|---|---|---|---|---|---|---|---|
| 1 | I | V | Ö | U | J | Y | Ö | J | S | D | Ö | X | B | V | D | D | E | K | C | L | N |
| 2 | F | N | L | Ä | Ö | P | P | K | G | G | X | P | P | Y | M | W | H | H | V | V | A |
| 3 | E | V | E | D | Q | L | U | E | N | T | S | C | H | L | U | S | S | L | U | O | H |
| 4 | R | O | H | W | W | A | P | D | T | B | E | S | T | R | E | B | U | N | G | R | Z |
| 5 | N | R | R | Y | U | N | I | B | T | U | Q | X | S | S | Q | M | P | K | C | H | I |
| 6 | Z | S | G | J | Ö | C | Z | I | E | L | S | E | T | Z | U | N | G | N | N | A | E |
| 7 | I | A | E | R | G | R | K | W | T | G | Ä | X | S | N | F | A | Q | A | V | B | L |
| 8 | E | T | I | I | B | H | D | D | M | F | I | N | T | E | N | T | I | O | N | E | B |
| 9 | L | Z | Z | T | X | T | I | D | H | Y | Q | M | G | Y | Ä | S | D | A | P | N | Q |
| 10 | R | H | M | D | V | G | U | D | Q | K | O | A | K | X | K | D | B | M | E | L | J |

**3 Lesen Sie drei Blog-Einträge zum Thema „Was sind eure Ziele im Leben?" und ergänzen Sie die fehlenden Wörter.**

1. Ich bin jetzt 22 und will nächstes Jahr im Juni mein Stu_ _ _ _ beenden. Danach werde ich einen J_ _ suchen. Wo, das weiß ich noch nicht. Ich bin da eher fle_ _ _ _ _. Ich glaube, das muss man auch sein. Mit den Spr_ _ _ _ _ , d_ _ ich gelernt habe (Englisch, Spanisch und ein wenig Portugiesisch), könnte ich auch im Aus _ _ _ _ arbeiten. Ich möchte gern Erf _ _ _ in meinem Be_ _ _ haben und mir ein wenig Luxus lei_ _ _ _.

2. Zu meinen Zi_ _ _ _ gehört definitiv, ein Haus zu ba_ _ _ und Kinder zu bek_ _ _ _ _. Das war es aber eigentlich auch schon an Le_ _ _ _- oder Fernzielen. Die kl_ _ _ _ _ _ _ Ziele, die ich habe und zuerst verwirk_ _-_ _ _ _ möchte, sind rein beru_ _ _ _ _ _ _ Natur: Ich möchte meine Arbeits_ _ _ _ von 40 auf 31 Stunden kürzen. In der verbleibenden Zeit will ich ein Fernstudium abs_ _ _ _ _ _ _ _. Ich würde mich danach gern wieder selbstständig m_ _ _ _ _.

3. Ziele im Le _ _ _ sollte jeder Mensch h_ _ _ _, denn nur so kann unser Leben erf_ _ _ _ _ _ _ _ werden. Ich zum Beispiel habe mir ho _ _ Ziele ges_ _ _ _ und sie in kleinere, mittlere und gr _ _ _ Ziele unterteilt. Ei _ _ _ meiner großen Ziele ist zum Beispiel, nächstes Jahr zu hei_ _ _ _ _. Mein Tipp ist, die Ziele schri_ _ _ _ _ _ festzuhalten und sie immer wieder zu lesen. Das gibt Kraft, Ehr_ _ _ _ und Durchhaltevermögen.

# Ab morgen!

**1 Lesen Sie die E-Mail und beantworten Sie sie. Verarbeiten Sie dabei die Informationen aus dem Text im Lehrbuch auf Seite 74/75 und beschreiben Sie eigene Erfahrungen.**

Liebe/r ...
wie geht's Dir denn? Was gibt's Neues? Bei mir ist eigentlich alles soweit gut, die Arbeit läuft prima und mein Sprachkurs macht auch noch Spaß. Allerdings habe ich immer Probleme mit meinem Rücken, wie du ja weißt. Jetzt hat mir mein Arzt geraten, doch endlich mehr Sport zu treiben. Ja, ich weiß ja, dass das wichtig ist. Also habe ich mir nun vorgenommen, jeden Tag nach der Arbeit zum Laufen oder zum Schwimmen zu gehen und am Wochenende morgens ins Fitnessstudio. Na ja, das habe ich dann ein paar Tage und zwei Wochenenden durchgehalten und dann habe ich es nicht mehr geschafft, mich aufzuraffen. Irgendwie hat mein Sofa eine starke Anziehungskraft ;-). Aber ich muss das unbedingt ändern. Du bist doch so sportlich, hast Du nicht vielleicht ein paar Tipps für mich?
Melde dich bald!
Viele Grüße
Benjamin

**2 Ergänzen Sie die Konnektoren (*weil/da, obwohl, um ... zu / damit, sodass*) oder Präpositionen (*wegen, trotz, zu*).**

(1) __________ meiner Gewichtsprobleme will ich mich schon seit Jahren gesünder ernähren. (2) __________ aller guten Vorsätze habe ich es nie geschafft, besonders lange durchzuhalten. Als ich mal wieder total frustriert war, bin ich zu einer Ernährungsberaterin gegangen, (3) _______ mich mal beraten ________ lassen. Jetzt bin ich seit sechs Monaten Mitglied einer Diätgruppe, die sich zweimal wöchentlich trifft. Wir motivieren uns immer wieder gegenseitig, (4) ____________ das Abnehmen nicht mehr ganz so schwerfällt. In der Gruppe ist es einfach viel leichter als allein.

(5) ______________ ich mir immer vornehme, rechtzeitig mit dem Lernen anzufangen, wenn eine Prüfung ansteht, ist es am Ende immer das Gleiche. Kurz vor dem Termin sitze ich schwitzend am Schreibtisch und bin so gestresst, (6) _________ ich mal wieder alles auf den letzten Drücker mache. Die Stoffmenge ist teilweise riesig, (7) ___________ ich manchmal auch die Nächte durcharbeite. (8) __________ das beim nächsten Mal nicht wieder passiert, sollte ich mich vielleicht einer Lerngruppe anschließen. (9) __________ besseren Zeiteinteilung hilft vielleicht auch ein straffer Terminplan.

## 3 Formen Sie die Sätze um. Bilden Sie die Verbalformen.

1. Infolge von zu viel Stress im Beruf wollen viele Leute nach Feierabend einfach ihre Ruhe.
2. Wegen zu wenig Bewegung leiden viele Menschen an Rückenproblemen.
3. Wegen ihrer Rückenprobleme nehmen sich viele Leute vor, mehr Sport zu treiben.
4. Trotz hoher Motivation halten viele Personen ihre guten Vorsätze nicht durch.
5. Infolge unrealistischer Vorsätze müssen viele Menschen ihre Pläne schnell wieder aufgeben.
6. Zum besseren Gelingen des Vorhabens sollte man sich zunächst kleinere Ziele stecken.
7. Zur leichteren Verwirklichung ihrer Pläne schließen sich einige Leute einer Gruppe an.
8. Zur Belohnung sollte man sich auch mal etwas Schönes gönnen.

*1. Viele Leute haben zu viel Stress im Beruf, sodass ...*

## 4 Ergänzen Sie die Tabelle.

| | Nominalform | Verbalform |
|---|---|---|
| kausal | | Weil das Wetter schlecht ist, hat Jana keine Lust zu joggen. |
| konzessiv | | Obwohl Dirk verletzt ist, geht er ins Fitnessstudio. |
| final | | Um ihre Kondition zu verbessern, fährt Gesa jetzt viel Fahrrad. |
| konsekutiv | | Karl war lange krank, sodass er keinen Sport treiben konnte. |

## 5 Verbinden Sie die Sätze mit den in Klammern angegebenen Wörtern.

1. Lena hat Gewichtsprobleme. Sie will eine Diät machen. (weil/wegen)
2. Martin hatte ziemlich schlechte Noten in seiner letzten Prüfung. Er beginnt nicht früher zu lernen. (obwohl/trotz)
3. Der Abteilungsleiter hatte einen leichten Herzinfarkt. Er hat sich vorgenommen, weniger zu arbeiten. (sodass/infolge)
4. Viele Leute verändern ihre Gewohnheiten. Sie wollen ihre Lebensqualität verbessern. (um ... zu / zu)
5. Die Motivation ist zu gering. Manche Leute geben schnell wieder auf. (weil/wegen)

*1. Weil Lena Gewichtsprobleme hat, will sie eine Diät machen.*
*Wegen ihrer Gewichtsprobleme will Lena eine Diät machen.*

# Der Weg ist das Ziel

**1 Welches Wort passt? Markieren Sie. Das Wörterbuch hilft.**

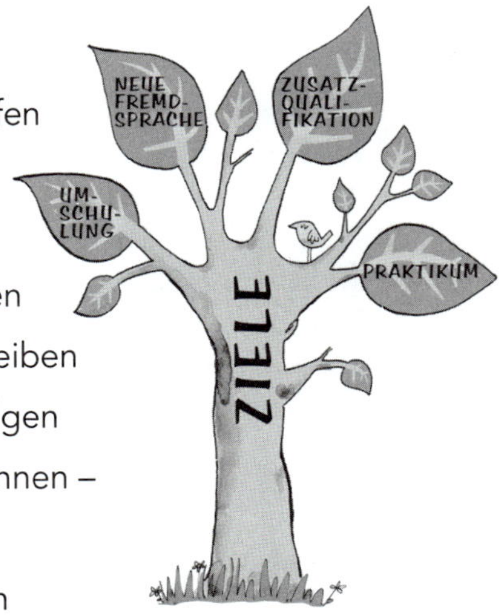


| | |
|---|---|
| 1. sein Ziel | verirren – verfehlen – verrechnen – verlaufen |
| 2. sich ein Ziel | sitzen – legen – stecken – stehen |
| 3. ein Ziel ins Auge | nehmen – greifen – bekommen – fassen |
| 4. ein Ziel vor Augen | überlegen – einplanen – vorhaben – haben |
| 5. nicht von seinem Ziel | weggehen – ablassen – abhalten – fernbleiben |
| 6. das gleiche Ziel | ergreifen – erhalten – veranlassen – verfolgen |
| 7. über sein Ziel | hinausschießen – hinauslaufen – hinausrennen – hinausfahren |
| 8. sich etwas zum Ziel | aufschreiben – notieren – merken – setzen |

**2 Bilden Sie zusammengesetzte Substantive mit *Ziel*. Schreiben Sie die Substantive mit Artikel.**

| Ziel- | -ziel |
|---|---|
| *die Ziellinie, ...* | *das Berufsziel, ...* |

LB 2.12

**3 Hören Sie den ersten Teil der Radiosendung „Berufliche Ziele" noch einmal. Machen Sie zu den beiden Fragen Notizen.**

> **TIPP**
> **Notizen beim Hören machen**
> Schreiben Sie möglichst wenig wörtlich auf. Dadurch verlieren Sie zu viel Zeit und Ihnen entgehen wichtige Informationen. Reduzieren Sie das Gehörte, indem Sie Stichworte notieren. Zu jedem Schlagwort können Sie Unterpunkte formulieren. Benutzen Sie dabei für sich selbst festgelegte Abkürzungen, z.B. „+" für „und", „–" für „nicht, kein", „→" für „folglich".

1. Was ist eine Marketing- und Kommunikationswirtin?

_______________________________________________

_______________________________________________

_______________________________________________

2. Welche Beweggründe hatte Frau Wendt, Marketing- und Kommunikationswirtin zu werden?

_______________________________________________

_______________________________________________

_______________________________________________

LB 2.13

## 4 Hören Sie den zweiten Teil der Radiosendung noch einmal. Markieren Sie, ob die Aussagen richtig oder falsch sind.

| | r | f |
|---|---|---|
| 1. Herr Lehmann arbeitet als Berater für ein großes Unternehmen. | ☐ | ☐ |
| 2. Viele Menschen zweifeln, ob es sich lohnt, sich beruflich zu verändern, und sehen auch keine Ansatzpunkte dazu. | ☐ | ☐ |
| 3. Arbeit ist nicht Freizeit und kann nicht immer Spaß machen. | ☐ | ☐ |
| 4. Mit einem Stärken- und Schwächenprofil kann man herausfinden, ob man sich beruflich verändern soll. | ☐ | ☐ |
| 5. Man sollte sich klar werden, welche Dinge im Beruf schieflaufen, und nur diese auf ein Blatt Papier aufschreiben. | ☐ | ☐ |
| 6. Man sollte realistische Wunschvorstellungen von seiner zukünftigen beruflichen Tätigkeit haben. | ☐ | ☐ |
| 7. Ohne Planung lässt sich eine neue berufliche Orientierung nicht vollziehen. | ☐ | ☐ |
| 8. Je besser wir unsere Ziele für die Zukunft durchdacht haben, desto besser lassen sie sich später umsetzen. | ☐ | ☐ |

## 5 Bringen Sie den Text in die richtige Reihenfolge.

| | |
|---|---|
| 2 | a Eine Möglichkeit ist, dass Sie sich beim Erstellen des Ziels nicht darüber klar waren, was Sie wirklich wollen – die eigene Motivation und Intentionen nicht hinterfragt haben. Sie haben erst auf dem Weg bemerkt, dass Ihnen an dem Ziel gar nicht so viel liegt, dass Sie nicht bereit sind, die dafür nötigen Konsequenzen in Kauf zu nehmen. |
| 4 | b Hinter einem Ziel kann man aber nur dann stehen, wenn einem der Nutzen oder Gewinn so einer Aktion klar vor Augen steht – denn irgendeine Durststrecke kommt bestimmt. |
| 3 | c Oftmals sucht man sich einige Zeit später das nächste Ziel und das Spiel beginnt von vorne. Das Problem dabei ist schlicht, dass man überhaupt kein Ziel erreichen kann, wenn man nicht voll und ganz dahintersteht. |
| *1* | d Viele Menschen versuchen zielorientiert zu handeln – doch aus irgendwelchen Gründen brechen Sie mitten auf dem Weg ihre Anstrengungen ab. Was ist passiert? |
| 5 | e Deshalb mein Rat, wenn Sie ein Ziel nicht wirklich wollen und nicht bereit sind, alle Konsequenzen in Kauf zu nehmen, die zu dessen Realisierung gehören, lassen Sie es bleiben. Es wäre reine Zeitverschwendung! |

# Jeder kennt jeden

**1 Lösen Sie das Kreuzworträtsel. Der Text im Lehrbuch auf Seite 78 hilft.**

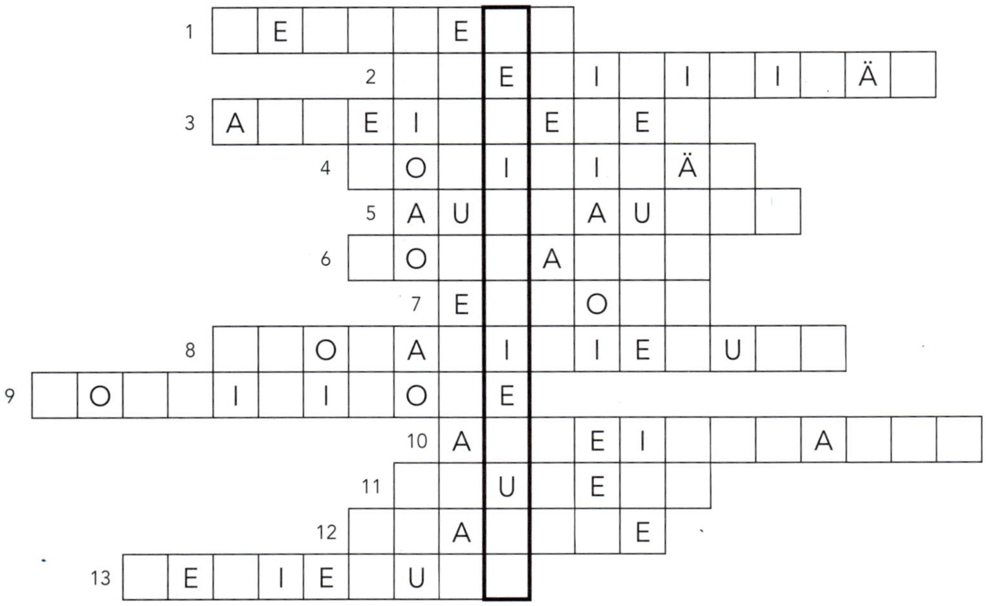

**Waagerecht:** 1. ermöglicht unterschiedlichen Menschen das Knüpfen von Kontakten 2. die Fähigkeit, sich veränderten Arbeitsbedingungen problemlos anzupassen 3. er bezahlt den Arbeitnehmer 4. die Fähigkeit, jederzeit wegen veränderter Arbeitsbedingungen den Wohnort zu verlassen 5. gegenseitiges Geben und Nehmen von Informationen 6. die Beziehungen, die man zu Freunden oder Geschäftspartnern hat 7. erreicht man, wenn man mit positivem Ergebnis arbeitet 8. die Ausdehnung der Märkte auf die ganze Welt 9. jemand, mit dem man zusammen an einer Hochschule studiert hat 10. der Bereich der Wirtschaft, in dem es um das Angebot und die Nachfrage von Arbeitsplätzen geht 11. jemand, der an einer Hochschule oder Universität eingeschrieben ist 12. alle Betriebe und Geschäfte, die mit der Herstellung und dem Vertrieb von gleichen Produkten beschäftigt sind 13. eine Verbindung beruflicher oder privater Natur zwischen zwei oder mehreren Personen
**Senkrecht:** das Einschreiben in ein Netzwerk

**2a Fassen Sie die Informationen der Statistik zusammen.**

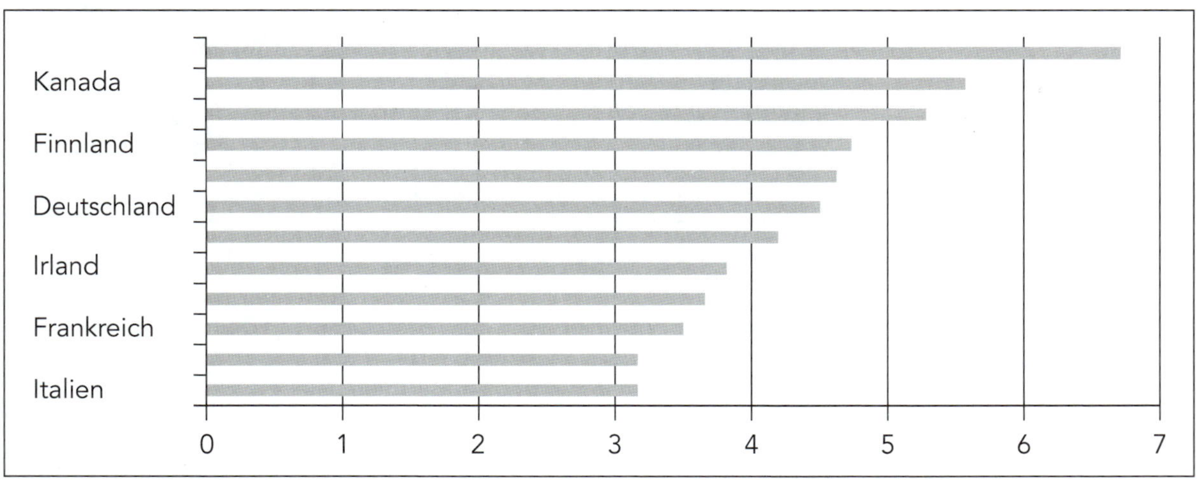


Durchschnittliche Besuchsdauer (in Stunden) sozialer Netzwerke je Internetnutzer in ausgewählten Ländern im Mai 2009

**b Schreiben Sie eine Stellungnahme zu folgenden Punkten.**

- Vor- und Nachteile von Netzwerken
- Ergebnisse aus der Statistik
- Ihre Meinung zu Netzwerken

**3a Ergänzen Sie die Präpositionen. Beachten Sie: Manche Verben können zwei Präpositionen haben.**

| | | |
|---|---|---|
| 1. sich entscheiden ______ | 5. sich spezialisieren auf | 9. sich bewerben ______ |
| 2. sich erkundigen ______ | 6. sich unterhalten mit, über | 10. leiden ______ |
| 3. nachdenken ______ | 7. verzichten auf | 11. reden ______ |
| 4. kämpfen ______ | 8. sich entschließen ______ | 12. sich unterscheiden ______ |

**b Ergänzen Sie das Pronominaladverb mit *da-*.**

1. Viele Zeitungsartikel berichten *darüber*, dass die Mitgliederzahl in Netzwerken ansteigt.
2. Datenschützer weisen Mitglieder in Netzwerken immer wieder ______ hin, beim Networking besonders vorsichtig zu sein.
3. Viele Mitglieder denken oft nicht ______ nach, ihre persönlichen Daten zu schützen.
4. Man sollte immer ______ denken, dass die eigenen Daten in Netzwerken missbraucht werden können.
5. Vor der Anmeldung in einem Online-Netzwerk sollte man sich ______ informieren, ob man einen einmaligen oder einen monatlichen Beitrag zahlt.
6. Ein großer Vorteil von Netzwerken liegt ______, kurze Nachrichten austauschen zu können.
7. Viele Mitglieder glauben ______, dass sie durch Kontakte im Netzwerk beruflich unterstützt werden.

**c Formen Sie die Sätze aus Übung 3b in die Nominalform um.**

*1. Viele Zeitungsartikel berichten über einen Anstieg der Mitglieder in Netzwerken.*

**4 Bilden Sie Sätze wie im Beispiel.**

Viele Studenten …

| | |
|---|---|
| 1. sich kümmern | für ein Studium / an einer guten Universtät / einschreiben |
| 2. hoffen | nach dem Studium / in einer guten Firma / arbeiten |
| 3. sich entscheiden | sich in einem Netzwerk / anmelden |
| 4. sich freuen | in einem Netzwerk / viele Kontakte / schließen |
| 5. bitten | über den Ausfall der Vorlesung / informiert werden |
| 6. denken | ihre Seminararbeit / rechtzeitig / abgeben |

*1. a) Viele Studenten kümmern sich darum, sich für ein Studium an einer guten Universität einzuschreiben.*
*b) Viele Studenten kümmern sich um eine Einschreibung für ein Studium an einer guten Universität.*

# Freiwillig

**1 Sehen Sie sich die Karikatur an und schreiben Sie einen kurzen Text dazu.**

P GI

**2 Lesen Sie bitte die vier Texte. In welchen Texten (A–D) gibt es Aussagen zu den Themenschwerpunkten 1–5?**

1. Grund für Engagement
2. Einstellung gegenüber Engagement vorher
3. übernommene Arbeiten/Aktionen
4. gemachte Erfahrungen
5. Reaktion des Umfelds

**Bei jedem Themenschwerpunkt sind ein, zwei oder drei Stichpunkte möglich, insgesamt aber nicht mehr als zehn. Schreiben Sie die Antworten in die Übersicht auf Seite 64. Schreiben Sie nur Stichworte oder eine sinnvolle Verkürzung der Textpassage.**

**Bitte beachten Sie auch die Beispiele.**

| | **0** Beispiel: Wie ist es zu dem Engagement gekommen |
|---|---|
| Text ☒ (A) | *Anzeige des Vereins in Tageszeitung gelesen* |
| Text B | |
| Text ☒ (C) | *Cousine arbeitet dort / Gefallen für Cousine* |
| Text D | |

**Text A** Helena Ich wohne in einem Viertel, das die meisten wahrscheinlich als sozialen Brennpunkt bezeichnen würden. Die Mieten dort sind günstig, weshalb auch Studenten wie ich dort hinziehen. Irgendwann habe ich dann eine **Anzeige von dem Verein „Großer Bruder – große Schwester" in der Tagszeitung gelesen**, in der Freiwillige für ein Patenschaftsprojekt gesucht wurden. Ich habe mich gleich beworben und eine Patenschaft für einen zehnjährigen Jungen übernommen. Wir treffen uns meist einmal pro Woche. Dann machen wir eigentlich ganz normale Dinge. Wir gehen Eis essen, in den Zoo oder in die Bücherei. Wir verbringen viel Zeit zusammen, unternehmen Dinge, die seine Familie nicht mit ihm machen kann. Ich versuche auch, ihm bei seinen Schulproblemen zu helfen. Am Anfang waren die Treffen eher schwierig, weil Jonas sehr verschlossen war, aber mittlerweile hat sich zwischen uns ein Vertrauensverhältnis entwickelt. Ich möchte Jonas die nächsten Jahre begleiten, sodass ich ihn unterstützen kann, wenn er seinen Schulabschluss macht und eine Ausbildungsstelle suchen muss.

Beispiel

**Text B** Lukas Meine Tante arbeitet als Sozialarbeiterin in einem Bürgerzentrum bei mir in der Nachbarschaft. Ich fand das immer toll und wollte auch gerne irgendwo mithelfen. Regelmäßig kann ich mich nicht engagieren, dazu fehlt mir die Zeit, weil ich in meinem Studium sehr eingespannt bin und wenig Freizeit habe. Aber ich helfe jetzt ein paarmal im Jahr unentgeltlich in dem Bürgerzentrum aus. Von meinen Freunden bin ich der Einzige, der ehrenamtlich arbeitet. Sonst kenne ich niemanden, außer natürlich die anderen Helfer im Bürgerzentrum. Alle bei mir an der Uni und im Freundeskreis finden das ganz interessant, dass ich so etwas mache, und der eine oder andere plant auch immer wieder, sich irgendwo einzubringen, aber bei den guten Vorsätzen bleibt es dann auch. Nächstes Mal nehme ich einfach meine Freundin mit.

**Text C** Mert Ich arbeite ehrenamtlich für das Interkulturelle Begegnungszentrum in Braunschweig. Meine Aufgabe besteht darin, türkische Mitbürger, die nicht gut deutsch sprechen, in bestimmten Bereichen zu unterstützen. Das heißt, ich begleite sie bei Arztbesuchen oder Behördengängen und dolmetsche da für sie. Manchmal führe ich auch wichtige Telefongespräche in ihrem Auftrag. **Meine Cousine arbeitet in diesem Zentrum**, und als mal Not am Mann war, hat sie mich gefragt, ob ich einspringen könnte. Viel Lust hatte ich nicht und habe das zunächst nur gemacht, um **ihr einen Gefallen zu tun**. Ich wollte da so schnell wie möglich wieder aussteigen, weil ich der Meinung war, das kostet mich nur Zeit und bringt mir gar nichts. Jetzt bin ich bereits seit vier Jahren dabei und werde das auch weitermachen, solange mein Job das zulässt. Wenn meine Eltern damals, als sie nach Deutschland kamen, jemanden gehabt hätten, der ihnen ein bisschen zur Seite gestanden hätte, dann wäre für sie vielleicht auch alles ein bisschen einfacher gelaufen. Dieser Gedanke hilft mir, auch wenn die Termine mal nicht so gut passen.

Beispiel

**Text D** Susi Ich fühlte mich schon als Kind sehr mit der Natur verbunden, weil mein Opa, der Jäger war, mich auf seine Streifzüge durch die Wälder mitnahm. Diese Leidenschaft habe ich zu meinem Beruf gemacht und internationale Forstwirtschaft studiert, wo ich mich auch mit den schädlichen Auswirkungen des Klimawandels beschäftigt habe. Als bei mir in der Nähe die alten Bäume einer Ahornallee gefällt werden sollten, um eine Straße zu verbreitern, habe ich mich angeboten, einen Baum zu besetzen. Die Umweltinitiative „Grüne Stadt" war begeistert. Also informierte ich die Presse, spannte eine Hängematte zwischen die Äste eines Baumes und blieb dort hocken. Erst nach Androhung einer hohen Geldstrafe verließ ich mein Lager. Diese Aktion wiederholte ich zwei Wochen später mit zwei anderen Frauen. Diesmal hängten wir uns mit Kletterseilen in drei Bäume. Unsere Aktion war ein Erfolg, die geplante Abholzung rückte ins öffentliche Bewusstsein und letztendlich wurde die neue Straße nicht gebaut und die Bäume stehen noch. Mir hat es gezeigt, dass man etwas erreichen kann, wenn man sich wirklich dafür einsetzt. Und ich habe gelernt, dass man auch andere Menschen für eine Sache motivieren kann.

**1. Grund für Engagement**

| | |
|---|---|
| Text A | |
| Text B | |
| Text C | |
| Text D | |

**2. Einstellung gegenüber Engagement vorher**

| | |
|---|---|
| Text A | |
| Text B | |
| Text C | |
| Text D | |

**3. übernommene Arbeiten/Aktionen**

| | |
|---|---|
| Text A | |
| Text B | |
| Text C | |
| Text D | |

**4. gemachte Erfahrungen**

| | |
|---|---|
| Text A | |
| Text B | |
| Text C | |
| Text D | |

**5. Reaktion des persönlichen Umfelds**

| | |
|---|---|
| Text A | |
| Text B | |
| Text C | |
| Text D | |

TIPP **In der Püfung**

Legen Sie sich die Inhaltspunkte, nach denen Sie suchen müssen, neben den Text und unterstreichen Sie in den Texten die Stichworte, die Sie zu dem jeweiligen Inhaltspunkt finden. Übertragen Sie dann die Stichworte in die Tabelle.
Am Ende dürfen nur zehn Zeilen ausgefüllt sein. Kontrollieren Sie noch einmal, ob alle Stichworte auch wirklich in der richtigen Zeile stehen.

# Selbsteinschätzung

| So schätze ich mich nach Kapitel 5 ein: Ich kann … | + | 0 | – | Modul/ Aufgabe |
|---|---|---|---|---|
| … ein Gespräch über berufliche Ziele verstehen und Notizen dazu machen. | | | | M2, A2–3 |
| … Radiofeatures über engagierte Menschen verstehen und die wichtigsten Informationen notieren. | | | | M4, A4a |
| … einen Text über gute Vorsätze verstehen und Fragen dazu beantworten. | | | | M1, A2 |
| … ein Interview über Netzwerke verstehen und die Fragen zu den Antworten rekonstruieren. | | | | M3, A2a–b |
| … einen Text über freiwilliges Engagement verstehen und Textteile richtig in den Text einordnen. | | | | M4, A2 |
| … mit einem Partner / einer Partnerin über die Planung und Realisierung eines Ziels sprechen. | | | | M2, A4 |
| ... ein Netzwerk aus meinem Heimatland vorstellen. | | | | M3, A4 |
| ... eine Karikatur beschreiben und über sie sprechen. | | | | M4, A1b |
| … einen Radiobeitrag zusammenfassen und präsentieren. | | | | M4, A4b |
| ... einen Text über die eigenen guten Vorsätze schreiben. | | | | M1, A4 |
| … einen Beitrag zum Thema „Freiwilliges Engagement heute" schreiben. | | | | M4, A5 |

| Das habe ich zusätzlich zum Buch auf Deutsch gemacht: (Projekte, Internet, Filme, Texte, ...) | | |
|---|---|---|
| | Datum: | Aktivität: |
| | | |
| | | |
| | | |
| | | |
| | | |
| | | |
| | | |

# Gesund und munter ...

## Wortschatz wiederholen und erarbeiten

**1a Um welche Begriffe rund um den Körper geht es hier? Ergänzen Sie die Sätze.**

| | | | |
|---|---|---|---|
| iSchbienen | gElonleben | reiNen | meDanu |
| merWinp | dieBnabsche | ~~dultBurck~~ | Bechlauban |

1. Sie müssen auf Ihre Ernährung achten. Essen Sie weniger Fett und Salz. Ihr _Blutdruck_ ist viel zu hoch.
2. Sein Gegenspieler trat nach dem Ball, traf aber sein __________________ so hart, dass es brach.
3. Ich hasse diese Leute, die einem im Gespräch kumpelhaft ihren __________________ in die Seite hauen. Schrecklich!
4. Drück mir die __________________ für die Prüfung. Ich kann Glück gebrauchen.
5. Sie hat tolle Augen und so lange __________________.
6. Wenn die __________________ ausfallen, wird unser Körper vergiftet.
7. Jeder Mensch hat in seiner Mitte einen __________________.
8. Oh, diese Rückenschmerzen. Mit meiner kaputten __________________ muss ich unbedingt zum Orthopäden.

**b Schreiben Sie eigene Sätze wie in Übung 1a und tauschen Sie sie im Kurs aus.**

**2 Fachbegriff und Alltagssprache – Was gehört zusammen?**

| | |
|---|---|
| 1. ___ Vorsorge | a Therapie |
| 2. ___ Sprachtherapeut | b Dermatologe |
| 3. ___ Behandlung | c Narkose |
| 4. ___ blauer Fleck | d Prävention |
| 5. ___ Hautarzt | e Fraktur |
| 6. ___ Betäubung | f Immunsystem |
| 7. ___ Vorbeugung | g Prophylaxe |
| 8. ___ Bruch | h Logopäde |
| 9. ___ Abwehrkräfte | i Hämatom |

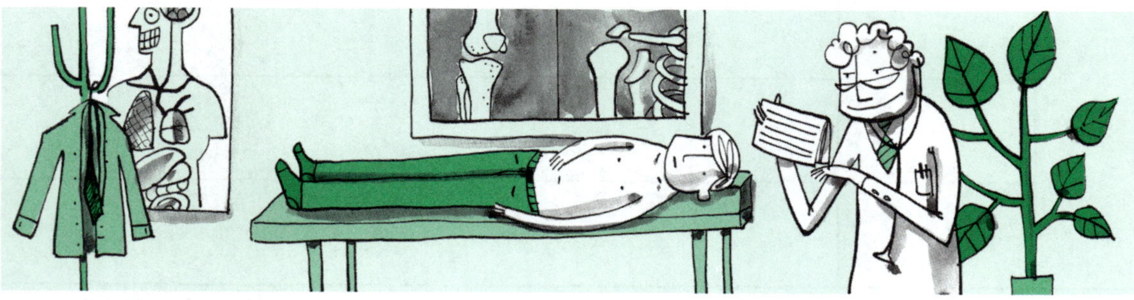

**3 Ergänzen Sie die passenden Verben. Manchmal gibt es mehrere Lösungen.**

1. eine Krankheit vom Arzt ______________________ lassen
2. regelmäßig Medikamente ______________________
3. einen Vorsorgetermin ______________________
4. ein Pflaster auf die Wunde ______________________
5. auf eine gesunde Ernährung ______________________
6. eine Salbe auf die Haut ______________________
7. eine Brausetablette in Wasser ______________________
8. den Oberkörper für die Untersuchung ______________________

**4a Sind Sie fit in Erster Hilfe? Beschreiben Sie, wie die „Stabile Seitenlage" bei bewusstlosen Menschen durchgeführt wird.**

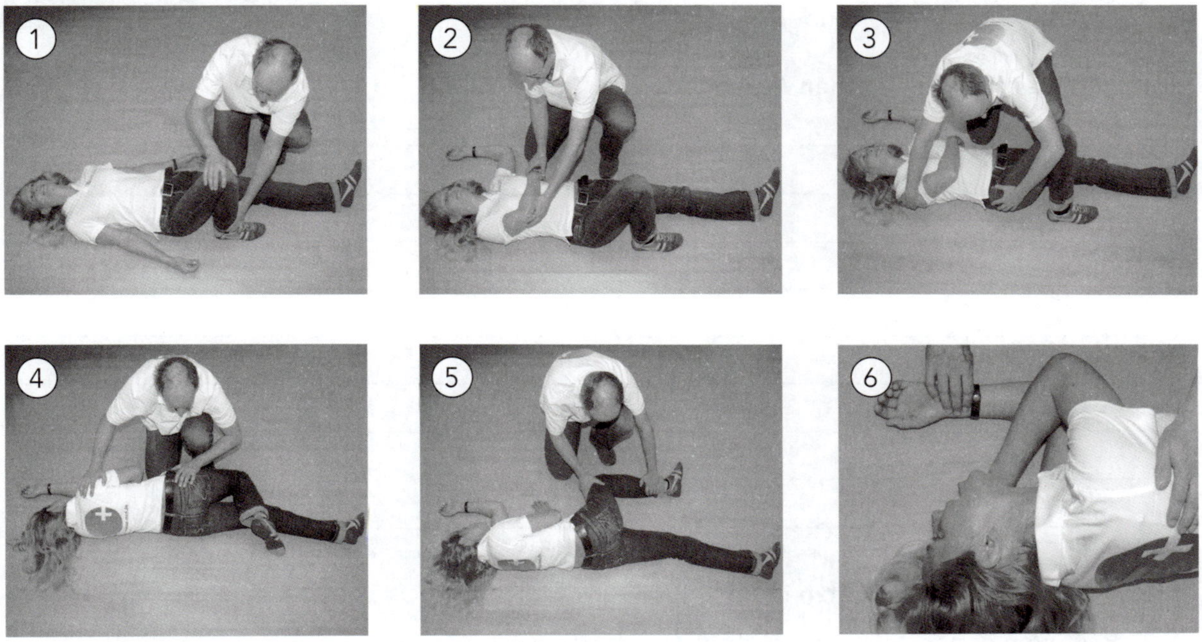


*Zuerst muss die Person auf den Rücken gedreht werden. Die Arme und ...*

______________________________________________

______________________________________________

______________________________________________

______________________________________________

______________________________________________

______________________________________________

**b Beschreiben Sie eine weitere Erste-Hilfe-Maßnahme (z.B. bei Nasenbluten, gebrochenem Arm, Schnittwunde, ...), die Sie kennen.**

# Zu Risiken und Nebenwirkungen ...

LB 2.18

**1a Hören Sie den zweiten Teil des Radiobeitrags zum Thema „Placebo" noch einmal. Welche Aussagen sind falsch? Kreuzen Sie an.**

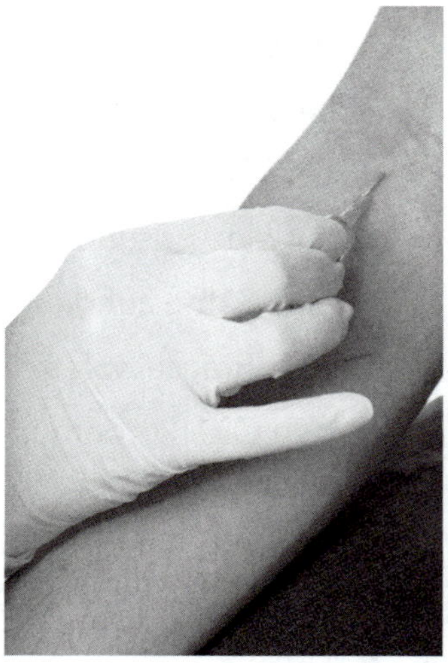

1. ☐ In einem Versuch erhielten Probanden bei einem grünen Signal Schmerzmedikamente, bei einem roten keine.
2. ☐ Mit dem Experiment konnte man nachweisen, dass ein klarer Zusammenhang zwischen unserer Vorstellung von der Wirkung und der wahrgenommenen Wirkung eines Medikaments besteht.
3. ☐ Die Angst vor Spritzen führt dazu, dass ihr Einsatz als Placebo kaum Heilwirkung zeigt.
4. ☐ Wenn der Patient vom Arzt über die möglichen Nebenwirkungen des Scheinmedikaments informiert wird, haben diese keinen Einfluss auf die Heilwirkung.
5. ☐ Generell lässt sich sagen, dass das reine Arzt-Patienten-Gespräch schmerzlindernd wirkt.

**b Korrigieren Sie die falschen Aussagen.**

______________________________

______________________________

______________________________

______________________________

______________________________

______________________________

______________________________

______________________________

______________________________

**2a Formen Sie die Nebensätze in *dass*-Sätze um.**

1. Patienten haben nach dem Arztbesuch oft den Eindruck, sich bereits besser zu fühlen.
   *Patienten haben nach dem Arztbesuch oft den Eindruck, dass sie* ______________________________
2. Hausmittel haben den Vorteil, mit einfachen Mitteln hergestellt werden zu können.
   ______________________________
3. Ärzte haben im Alltag oft das Problem, nicht genug Zeit für ihre Patienten zu haben.
   ______________________________
4. Rückblickend können die Patienten bestätigen, gut therapiert worden zu sein.
   ______________________________
5. In der heutigen Zeit haben viele die Gewohnheit, zu schnell zu Medikamenten zu greifen.
   ______________________________
6. Placebos hatten vor 20 Jahren den Ruf, völlig wirkungslos zu sein.
   ______________________________

**b Formen Sie die *dass*-Sätze in Infinitivsätze um.**

1. Bei manchen Krankheiten ist es notwendig, dass sie mit neuen Methoden bekämpft werden.

   ______________________________

2. Viele Patienten stehen vor dem Problem, dass sie die Therapierisiken nicht einschätzen können.

   ______________________________

3. Meine Mutter erinnert sich gut daran, dass sie von einer Kräuterfrau geheilt wurde.

   ______________________________

4. Für Kinder ist es ideal, dass sie manchmal mit Hausmitteln behandelt werden können.

   ______________________________

5. Erinnert ihr euch, dass ihr von Ärzten als gleichberechtigte Partner behandelt worden seid?

   ______________________________

6. Auch Ärzte sind heute oft der Ansicht, dass sie dank Placebos gute Therapiemöglichkeiten gefunden haben.

   ______________________________

**c Entscheiden Sie, welche Sätze in einen Infinitivsatz umgeformt werden können und welche nicht. Formen Sie dann die entsprechenden Sätze um.**

Mein Bruder kann nur bestätigen, dass unsere Familie schon immer auf Hausmittel schwört. Er selbst war allerdings der Ansicht, dass er wegen seiner Migräne Tabletten einnehmen muss. Aber im Laufe der Zeit wurde klar, dass sie ihm auch nicht halfen. Mein Bruder sagt heute, dass er von seinen Medikamenten beinahe abhängig geworden ist. Darum ist es für mich wie ein Wunder, dass er heute wieder fit und schmerzfrei ist. Davor konnte ich nur beobachten, dass er alle möglichen Therapien ausprobierte. Er hatte sich schon damit abgefunden, dass er sein Leben lang mit den Schmerzen leben muss. Über unsere Tante fand er heraus, dass meine Cousine ein gutes Hausmittel gegen Kopfschmerzen kannte. Es war sein Glück, dass er diesen Tipp bekommen hat. Für ihn war es ideal, dass er von ihr das Rezept bekam. Es half sofort und ist so simpel …

**3a Ergänzen Sie die Satzanfänge mit Infinitivsätzen.**

1. Ich hatte noch nie die Gelegenheit, …
2. Meine Bekannten haben manchmal Angst, …
3. Wenn man krank ist, ist es in meinem Land üblich, …
4. Was hältst du von der Idee, …
5. Ich habe heute einfach keine Zeit, …

**b Schreiben Sie zu zweit Kärtchen mit Satzanfängen wie in Übung 3a oder im Lehrbuch, Aufgabe 4b. A zieht eine Karte und liest vor, B ergänzt den Satz. Dann zieht B eine Karte …**

*Ich habe keine Angst davor, …*

*Ab und zu habe ich Lust, …*

*Für mich ist es (nicht) normal, …*

*Hast du manchmal das Gefühl, …?*

# Gesünder leben

**1 Lesen Sie noch einmal den Text im Lehrbuch, Aufgabe 2, und erklären Sie die Ausdrücke.**

1. etw. vernachlässigen (Z. 3)
   etwas nicht genügend berücksichtigen
2. prädestiniert sein für etw. (Z. 5)
   ______
3. ein kognitiver Vorsprung (Z. 21/22)
   ______
4. über etwas hinwegsehen (Z. 37/38)
   ______
5. vorzugsweise (Z. 95)
   ______
6. es geht auch wie in/bei (Z. 129/130)
   ______
7. maßgeschneidertes Konzept (Z. 132/133)
   ______
8. Programm zur Früherkennung (Z. 137)
   ______

**2a In einer Studie machten die Deutschen folgende Aussagen zu ihrem Verhalten bei der Ernährung. Wo gibt es deutliche Unterschiede zwischen Menschen im Alter von 20–29 Jahren und der restlichen Bevölkerung?**

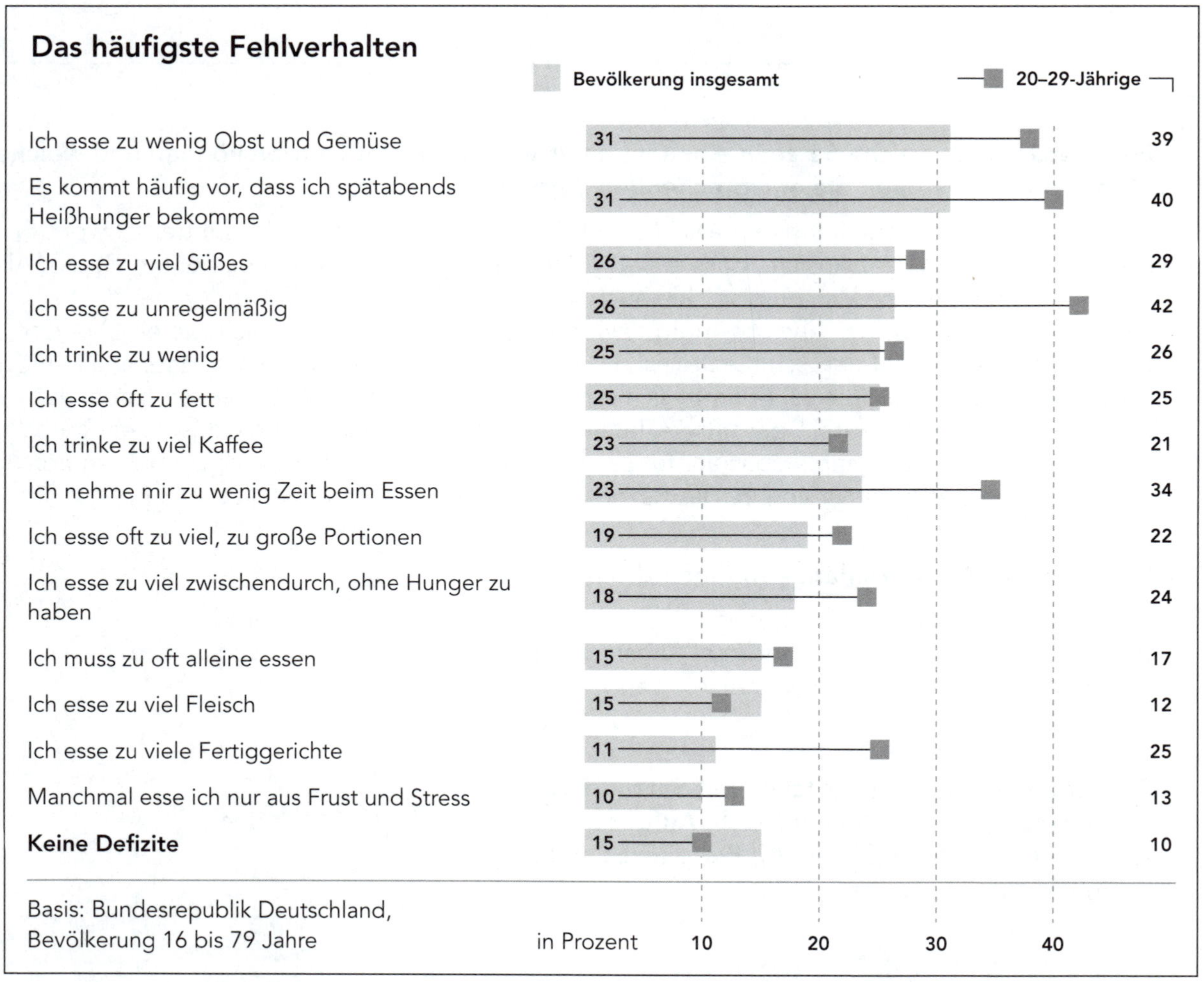


**b Beschreiben Sie Gründe für diese Unterschiede. Überlegen Sie, ob es ähnliche Beobachtungen bei unterschiedlichen Altersgruppen auch in Ihrem Land geben könnte. Berichten Sie im Kurs.**

## 3a Denkpause – Lesen Sie die Anleitungen und finden Sie passende Titel dafür.

Wenn Sie sich gestresst fühlen oder Ihren Tag durchgängig verplant haben, hilft es, wenigstens einmal kurz „abzuschalten".

**1. ______________________ (1 Min.)**

Setzen Sie sich aufrecht an den Schreibtisch.
Reiben Sie Ihre Handflächen aneinander.
Wenn die Hände richtig schön warm sind, lehnen Sie sich nach vorn und stützen die Ellenbogen auf dem Schreibtisch auf.
Schließen Sie die Augen und legen Sie die warmen Handflächen über die Augenhöhlen.
Atmen Sie einige Male tief durch und genießen Sie die Wärme um die Augen.
Öffnen Sie dann blinzelnd die Augen.

**2. ______________________ (30 Sek.)**

Setzen Sie sich aufrecht hin.
Nun greifen Sie mit den Fingern in die Haare und massieren mit den Fingerspitzen die Kopfhaut.
Beginnen Sie vorn am Haaransatz und massieren Sie dann nach hinten bis zum Hinterkopf.
Atmen Sie dabei tief in den Bauch.

**3. ______________________ (1 Min.)**

Jetzt setzen Sie sich so hin, dass beide Füße fest auf dem Boden stehen.
Legen Sie Ihren Oberkörper einfach auf den Oberschenkeln ab, so dass Ihr Kopf frei zwischen den Beinen baumeln kann.
Lassen Sie einfach locker und atmen Sie 5 Mal tief in den Bauch.

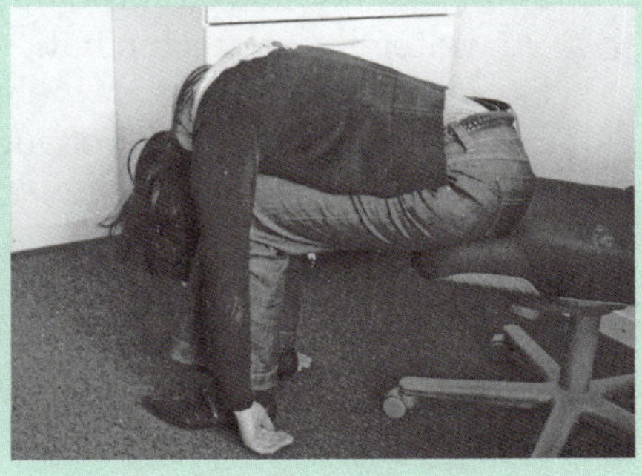

**4. ______________________ (30 Sek.)**

Rollen Sie anschließend den Oberkörper langsam Wirbel für Wirbel hoch.

## b Probieren Sie ein bis zwei der entspannenden Übungen aus, um wieder locker zu werden.

TIPP **Pausen erfrischen!**
Beim Lernen und Üben sollten Anspannung und Entspannung in einem ausgewogenen Verhältnis stehen. Gönnen Sie sich spätestens nach 90 Minuten eine Pause. Fenster auf – tief durchatmen – Schultern heben und fallen lassen – auf der Stelle laufen – kurz vor die Haustür gehen – ... Es gibt viele Möglichkeiten. Weniger hilfreich sind Computerspiele, zu viel Kaffee oder Essen am Schreibtisch, um sich zu erfrischen.

## c Und wie werden Sie wieder locker und frisch? Schreiben Sie selbst eine Anleitung für Ihre Lieblingsmethode und vergleichen Sie dann im Kurs.

# Wenn es juckt und kribbelt

## 1 Ordnen Sie die möglichen Symptome von Allergien den Kategorien zu.

allergischer Schock · Asthma · Ekzeme · niedriger Blutdruck · Juckreiz · Kribbeln und Anschwellen der Mundschleimhaut · Quaddeln · Rötungen · Schnupfen · rote Augen · verlangsamter Herzschlag · Ausschlag · Atembeschwerden · Herzrasen · Bläschen · taube Zunge

| Haut | Atemwege | Herz-Kreislauf-System |
|---|---|---|
| | | |

## 2 Formulieren Sie die Sätze stilistisch besser.

1. Es werden immer mehr Stoffe bekannt, die Allergien auslösen.
2. Es wird dennoch vermutet, dass die Zunahme der Allergien auch viel mit Stress und Umwelteinflüssen zu tun hat.
3. Es werden heute deutlich mehr Allergien verzeichnet als noch vor zwanzig Jahren.
4. Es wird immer häufiger behauptet, dass Allergien „Modekrankheiten" seien.

*1. Immer mehr Stoffe ...*

## 3a Formen Sie die Sätze ins Passiv um.

1. Mithilfe von Tests können die Ärzte viele Allergien erkennen.
2. Die Ärzte müssen mit den Patienten verschiedene Tests durchführen.
3. Dafür müssen die Patienten einige Nadelstiche ertragen.
4. Die Ärzte können wirksame Medikamente manchmal nicht verschreiben.
5. Ärzte können Allergien meist nicht heilen.
6. Die moderne Medizin kann die Symptome von Allergien verringern.

*1. Mithilfe von Tests können viele Allergien erkannt werden.*

**b Schreiben Sie die umgeformten Sätze aus Übung 3a als Nebensätze.**

1. Heute ist jedem klar, dass *mithilfe von Tests viele Allergien erkannt werden können.*
2. Es ist selbstverständlich, dass ______
3. Um Allergien eindeutig nachzuweisen, ist es nötig, dass ______
4. Es ist unverständlich, dass ______

5. Es ist eine traurige Tatsache, dass ______
6. Zum Glück ist die moderne Medizin so weit, dass ______

**4 Schreiben Sie die Nebensätze.**

1. Heute ist ihm klar, dass er (werden – schon viel früher – untersucht – müssen)
   *dass er schon viel früher hätte untersucht werden müssen.*
2. Er denkt sich, dass (einen ausführlichen Gesundheitscheck – durchführen – werden – müssen)
   ______
3. Jetzt weiß er, dass (werden – die Ergebnisse – müssen – gründlicher analysiert)
   ______
4. Er denkt sich oft, dass (früher – verschrieben – werden – wirksame Medikamente – können)
   ______
5. Jetzt weiß er, dass (können – werden – seine Symptome – schon vor langem – geheilt)
   ______

**5 Formulieren Sie Passivsätze mit *sollen*.**

1. Die Mediziner wollen die Ursachen von Allergien noch besser erforschen.
2. Die Pharmaindustrie will noch mehr Geld für die Erforschung von neuen Medikamenten zur Verfügung stellen.
3. Die Textilindustrie soll allergieauslösende Stoffe in Kleidungen vermeiden.
4. Textilhersteller sollen auch Inhaltsstoffe von Aufdrucken auf T-Shirts angeben.
5. Unabhängige Prüfstellen sollen die Verträglichkeit von Kleidungsstücken noch besser überprüfen.

*1. Die Ursachen von Allergien ...*

# Mythen der Medizin

**1a Lesen Sie die zu ausführlichen Notizen – welche Informationen sind nicht so wichtig? Welche Wörter können Sie weglassen oder durch Abkürzungen/Zeichen ersetzen? Markieren Sie.**

*Mythos: Versorgung mit Hightech-Medizin ist ein Segen für die Menschen*
*Frage: Warum nicht?*
*Beispiel: Stadt von der Größe Münchens und Herzerkrankungen.*
*In München gibt es circa 30 Großpraxen, Kliniken und Ähnliches für Patienten mit Herzbeschwerden. Kardiologen färben Blutgefäße mit Kontrastmitteln und entdecken Engstellen in den Gefäßen. Das sind oft Hinweise für drohenden Infarkt.*
*Zahl dieser Untersuchungen steigt stark: in den USA werden etwa eine Million Patienten pro Jahr mit Herzkathetern versorgt, in Deutschland 200.000.*
*Für 1,3 Millionen Einwohner würden drei bis fünf Herzkatheter-Labore reichen. Aber keine Klinik will auf das Geschäft verzichten. Zu viele Patienten werden unnötig mit Herzkathetern untersucht. Und Ärzte in den ca. 30 Einrichtungen haben wenig Erfahrung, denn 30 Kliniken machen die Arbeit, die drei Kliniken machen könnten. Daher können die Ärzte nur wenig Erfahrung sammeln.*

**b Fassen Sie die Notizen möglichst knapp und übersichtlich auf der Karteikarte zusammen.**

*Mythos: Hightech-Medizin = Segen für Menschen*

*Bsp.:* ______________________

______________________

______________________

*Zahl der Unters. ↑: USA* ____________

*D* ____________

*Kliniken nötig für 1,3 Mio EW:* ____________ ↔ ____________

→ ______________________

______________________

**TIPP**

**Informationen notieren**
- Verwenden Sie nur Abkürzungen, die Sie später auch noch verstehen.
- Nutzen Sie Zeichen wie „→" für „daraus folgt / daraus ergibt sich … "
  „≠" für „ungleich / bedeutet nicht …"
  „≈" für „ungefähr"
  „↔" für „im Gegensatz / im Widerspruch zu"
- Gliedern Sie die Notizen übersichtlich.
- Lassen Sie immer eine Randspalte frei – dort können Sie nachträglich Notizen ergänzen.

**2a Lesen Sie die Tipps zum Thema „Referate halten" und ordnen Sie die passenden Überschriften zu.**

| | | |
|---|---|---|
| Halten Sie Wort! | Überfordern Sie Ihre Zuhörer nicht! | Zeig her deine Hände! |
| Der erste Satz – der letzte Satz! | Sieh mir in die Augen! | Pflegen Sie die Freiheit! |

## Referat halten – praktische Tipps

Es ist so weit: heute „dürfen" Sie endlich Ihr bestens vorbereitetes Referat halten. Natürlich sind Sie nervös und haben schon weiche Knie und Lampenfieber. Die folgenden Tipps helfen, ein Referat für alle interessant zu halten.

1 ______________________________

Wie anfangen – wie aufhören? Ein beliebter Trick für den Beginn ist es, die Zuhörer mit einer kleinen spannenden Geschichte, die zunächst einmal nichts mit dem Vortragsthema zu tun hat, zu überraschen. Wichtig ist hier, den Bogen zum Thema dann doch irgendwie zu spannen.
Laden Sie Ihre Zuhörer zum Schluss ein, Fragen zu stellen.

2 ______________________________

Nichts ist schlimmer als monoton abgelesene Referate! Notieren Sie sich als Gedankenstütze also nur die wichtigsten Stichpunkte auf kleine Kärtchen. Sprechen Sie dann frei und lassen Sie sich Zeit – in der Aufregung spricht man meist zu schnell oder unverständlich.

3 ______________________________

Wenn Sie Ihre Notizen auf Karteikarten schreiben, haben Sie auch gleich ein häufiges Problem gelöst: Wohin mit den Händen? Auf keinen Fall sollten Sie die Hände vor dem Körper verschränken oder in die Hosentasche stecken. Wenn Sie locker eine Karteikarte halten, sind Ihre Hände auch noch frei, um zu gestikulieren. Allerdings sollten Sie nicht anfangen, wild rumzufuchteln, Sie sind ja kein Clown.

4 ______________________________

Damit sich die Zuhörer angesprochen fühlen – und nicht gelangweilt ein kleines Nickerchen machen –, ist es wichtig, Blickkontakt zu halten, und zwar mit allen Zuhörern. Da das natürlich nicht gleichzeitig geht, lassen Sie Ihre Augen durch das Publikum wandern und sehen Sie der Reihe nach Ihren Zuhörern in die Augen.

5 ______________________________

Die Kunst eines guten Referates ist auch, komplexe und komplizierte Dinge einfach und verständlich vorzutragen. Gliedern Sie also Ihr Referat gut und stellen Sie die einzelnen Punkte anschaulich und wenn möglich mit Beispielen dar. Konzentrieren Sie sich auf das Wesentliche und „belästigen" Sie Ihre Zuhörer nicht mit komplizierten und unwesentlichen Details.

6 ______________________________

Es ist gut, wenn Sie wichtige Stichworte an der Tafel notieren. Achten Sie darauf, nur das Wesentliche aufzuschreiben und nur Dinge, die Sie in Ihrem Referat auch erwähnen.

**b Welche von den sechs Tipps waren für Sie am hilfreichsten? Geben Sie mindestens zwei mit eigenen Worten wieder und ergänzen Sie einen eigenen Tipp zum Thema „Referate halten".**

TELC

**3 Lesen Sie den folgenden Text. Welche der Sätze a–h gehören in die Lücken 1–6? Es gibt jeweils nur eine richtige Lösung. Zwei Sätze können Sie nicht zuordnen.**

Beispiel: **x** Sogar fundierte Beweise können sie nicht aus der Welt schaffen.

- **a** Beim Rasieren werde ja nur der abgestorbene Teil des Haares angetastet – die Haarwurzelzellen hingegen würden nicht beeinflusst.
- **b** Je nach körperlicher Leistung müsse mal mehr, mal weniger getrunken werden.
- **c** Das, so die Forscher, führe wiederum zu einem Müdigkeitsempfinden.
- **d** Zum Essen sollte man nichts trinken.
- **e** Nach dem Tod wachsen Fingernägel und Haare keinesfalls weiter.
- **f** Die Haarwurzelzellen arbeiten in verschiedenen Lebensphasen unterschiedlich intensiv.
- **g** Nur zehn Prozent unserer Hirnmasse werden überhaupt genutzt.
- **h** Mindestens zweieinhalb Liter Wasser trinken am Tag.

## Die fünf größten Irrtümer aus der Medizin

Von Pia Heinemann

Es gibt Legenden, die der Wahrheit einfach nicht weichen wollen: (0) ___X___ Weil diese Legenden auch unter Ärzten verbreitet sind und weitererzählt werden, haben US-Mediziner nun eine Liste von Irrtümern im „British Medical Journal" aufgestellt.

„Es stimmt nicht, dass Lesen bei schummrigem Licht schädlich für die Augen ist", schreiben Rachel C. Vreeman von der Indiana University School of Medicine und Professor Aaron E. Carroll, Kinderarzt am Regenstrief Institute aus Indianapolis. Es sei eher so, dass schummriges Licht die Augen mehr anstrenge als helles. Das Fokussieren sei anstrengender, und da wir im Dämmerlicht seltener blinzeln, wäre der Augapfel trockener. (1) ___________

Eine weitere Legende: Wer sich häufig rasiert, dessen Haare wachsen immer schneller und immer stoppelig-dicker nach. „Stimmt gar nicht", so die Mediziner. „Bereits 1982 hat eine klinische Studie gezeigt, dass Rasieren keinen Einfluss auf das Haarwachstum hat." (2) ___________ „Der Eindruck, dass die neuen Haare stoppeliger sind, kommt daher, dass sie kein feines, spitz zulaufendes Ende haben, da sie ja vom Rasiermesser abgeschnitten wurden", so die Mediziner. „Außerdem sehen die nachwachsenden Haare dunkler aus, weil sie noch nicht von der Sonne oder von chemischen Produkten gebleicht wurden."

Legende drei der Amerikaner: (3) ___________ „Vermutlich beruht diese Empfehlung auf einer Aussage, die 1945 in Umlauf gebracht wurde. Darin heißt es unter anderem: Für jede Kalorie, die Sie zu sich nehmen, sollten Sie einen Milliliter Flüssigkeit trinken." Dass solche Angaben nicht stimmen, habe eine große Studie im „American Journal of Physiology" gezeigt. (4) ___________ Normalerweise sei aber in Säften, Milch, Kaffee, Tee und Obst und Gemüse genügend Flüssigkeit enthalten.

(5) ___________ „Auch das stimmt nicht", so Vreeman und Carroll. Vor ziemlich genau 100 Jahren sei dieses Gerücht in die Welt gesetzt worden – und es halte sich erstaunlich gut angesichts von modernen Hirnaktivitätsmessungen. Dabei sei so ziemlich das Gegenteil der Fall. „Manche bildgebenden Verfahren zeigen, dass kein Gebiet unseres Gehirns komplett inaktiv ist", schreiben die beiden Forscher.

Die Mediziner gehen in ihrem Text sogar so weit, eines der gruseligsten Geheimnisse der Horrorwelt kleinzuschreiben. (6) ___________ Die Filmindustrie hat also keinerlei Grundlage dafür, Tote, die ins Diesseits zurückkehren, mit langen Krallen und zotteligen Haaren auszustatten. „Dass es manchmal so aussieht, als würden die Fingernägel von Toten weiter wachsen, liegt an einem einfachen physikalischen Phänomen", so die Forscher. „Die Zellen verlieren nach dem Tod einfach Flüssigkeit, die Hautzellen aus dem weichen Gewebe der Nagelhäute beispielsweise sehr viel." Dadurch, dass die Nagelhaut „austrocknet" und sich zurückzieht, könne es so aussehen, als würden die Nägel länger.

# Selbsteinschätzung

| So schätze ich mich nach Kapitel 6 ein: Ich kann … | + | 0 | – | Modul/ Aufgabe |
|---|---|---|---|---|
| … einen längeren Redebeitrag zum Thema „Placebo-Effekt" verstehen. | | | | M1, A2 |
| … ein Referat über Mythen der Medizin verstehen, in dem unterschiedliche Aspekte auch mit Fachbegriffen erläutert werden. | | | | M4, A1 |
| … einen komplexen Text über männliche und weibliche Gesundheits-Biografien detailliert verstehen und schnell Einzelinformationen finden. | | | | M2, A2 |
| … einen komplexen Text über Allergien verstehen. | | | | M3, A1b |
| … Handouts für ein Referat bezüglich Inhalt und Umfang analysieren und bewerten. | | | | M4, A3 |
| … über die Wirkung von Placebos und Hausmitteln sprechen. | | | | M1, A1, A3 |
| … über Faktoren für ein längeres Leben diskutieren. | | | | M2, A1 |
| … Vorschläge formulieren und diskutieren, wie man mit Allergien leben kann. | | | | M3, A1c |
| … ein Referat zu einem Gesundheitsthema vorbereiten und halten. | | | | M4, A2, A4a, b |
| … bei Referaten Fragen, Anmerkungen und Einwände klar formulieren und darauf reagieren. | | | | M4, A4c |
| … in einem eigenen Text erläutern, welche Rolle jeder Einzelne oder der Staat spielen, wenn es um die Gesundheit der Menschen geht. | | | | M2, A4 |
| … auf Karteikarten eine Mitschrift zu Teilthemen aus einem Referat über ein medizinisches Thema erstellen, mit der auch andere arbeiten können. | | | | M4, A1c–d |

**Das habe ich zusätzlich zum Buch auf Deutsch gemacht:**
**(Projekte, Internet, Filme, Texte, …)**

| | Datum: | Aktivität: |
|---|---|---|
| | | |
| | | |
| | | |
| | | |
| | | |

# Recht so!

Wortschatz wiederholen und erarbeiten

**1a Welche Begriffe passen zu welchem Bereich? Ordnen Sie zu. Einige Begriffe passen zu mehreren Bereichen.**

Angeklagter Besuchszeiten Eid Ausbruch Fahndung Durchsuchungsbeschluss Geldbuße Anhörung Hochsicherheitstrakt Befragung Kläger Arrest Rückfallquote Geständnis Verfahren Beobachtung Verdächtige Verbrecherkartei Rechtsanwalt Urteil Haftstrafe Spurensicherung Wachtmeister Richter Kommissar Verwarnung Justiz Verhandlung Notruf Verteidigung Freigang Ermittlung Staatsanwalt Zelle Wärter Zeuge Aussage Revier Verhör Vollzug Bericht

| Polizei | Gericht | Gefängnis |
|---|---|---|
|  |  |  |
| | | |

**b Ergänzen Sie die Tabelle mit Verben und Adjektiven.**

**2a Ergänzen Sie die passenden Substantive mit Artikel.**

1. betrügen – ____________________
2. erpressen – ____________________
3. überfallen – ____________________
4. verletzen – ____________________
5. (be)rauben – ____________________
6. stehlen – ____________________
7. ermorden – ____________________
8. nötigen – ____________________
9. fälschen – ____________________
10. entführen – ____________________

**b Setzen Sie das passende Substantiv oder Verb aus Übung 2a ein.**

## Jürgen M. – Täter und Opfer

Heute wurde der spektakuläre Prozess gegen Jürgen M. aus Nürnberg beendet. Das Porträt eines kriminellen Opfers.

Bereits Ende der 90er-Jahre war Jürgen M. ins Blickfeld polizeilicher Ermittlungen geraten. Er hatte mit Immobilien in Spanien gehandelt und potenziellen Kunden nicht existierende Ferienhäuser an der Costa Brava verkauft.

Der (1)________________ fiel erst auf, als er bereits 1,7 Millionen Euro von den Käufern erhalten hatte. Diese hatten nicht an der Echtheit der spanischen Urkunden zu Haus- und Grundbesitz gezweifelt, die jedoch (2) ______________ waren. Erste Besuche vor Ort offenbarten die Täuschung. Jürgen M. war zu dieser Zeit bereits in Skandinavien untergetaucht. Nach Fehlspekulationen an der Börse wurde er 2003 wegen 12 (3)______________ auf schwedische Banken gesucht, wobei er nur wenig Bargeld erbeutete, jedoch zwei Personen schwer (4)______________. Die Videokameras hatten seine Identität schnell geklärt und Jürgen M. floh nach Kolumbien. In vermeintlicher Sicherheit vor der europäischen Polizei versuchte sich Jürgen M. als Detektiv.

Statt seinen Auftraggebern die Wahrheit zu berichten, (5)________________ er die beobachteten Personen mit seinem Wissen. Bis zu dem Abend des 21. Dezember 2003, an dem er selbst von einer Gruppe von Opfern (6)_____________ wurde, die ihn an einen geheimen Ort (7)________________.

Dort verbrachte er vier Monate in Angst und Schrecken und befürchtete, dass man ihn (8)____________ oder im schlimmsten Falle sogar (9)_______________ würde.

Im Frühjahr 2004 gelang ihm die Flucht und er suchte Schutz bei der kolumbianischen Polizei. Die erkannte in seinem Pass schnell eine (10)_______________ und überstellte den Gesuchten an die deutschen Behörden. Diese verurteilten ihn heute zu zehn Jahren Haft ohne Bewährung wegen (11)_____________, schwerem (12)______________ und schwerer Körper_______________(13). In Kolumbien wird keine Anklage erhoben.

**3 Was passt zusammen?**

1. ___ sich für ein Delikt
2. ___ einen Mandanten
3. ___ einen Rechtsbeistand
4. ___ in der Verhandlung
5. ___ 12 Monate Haft
6. ___ wegen einer Straftat
7. ___ das Strafmaß für
8. ___ ein Geständnis

a auf Bewährung bekommen
b verurteilt werden
c verantworten müssen
d in Anspruch nehmen
e eine Straftat festlegen
f in vollem Umgang ablegen
g vor Gericht vertreten
h auf „nicht schuldig" plädieren

**4 Fachsprache – Allgemeinsprache: Wie kann man es noch sagen?**

1. der Delinquent = *der Täter, der Verbrecher,* ________________
2. das Delikt = ________________
3. die Observierung = ________________
4. der Vollzug = ________________

1 **Ergänzen Sie die Präpositionen im Text. Manchmal gibt es mehrere Möglichkeiten.**

infolge wegen zum mit dank mithilfe gegenüber während vom mittels zu aufgrund bei nach

## Aus Lust an der Lüge

**Er behandelte und operierte – und flog nur (1) ______ eines anonymen Hinweises auf**

Er war erst 29 Jahre alt, als er zwei Doktortitel und exakt 196-mal operiert hatte. Die Traumkarriere des Christian E. war aber schnell vorbei. Der Anfang vom Ende war ein anonymer Brief an die Polizei, der Ermittlungen auslöste. Ungeheuerliches kam zutage. Christian E. hatte ein Abiturzeugnis (2) ______ der Note 1,3, eine Promotionsurkunde, die ihn (3) ______ Doktor der Medizin der renommierten Universität in Oxford machte, eine Approbationsurkunde der Regierung in Mittelfranken und obendrein eine Doktorurkunde der wirtschaftswissenschaftlichen Fakultät der Uni Frankfurt. (4) ______ Angaben der Polizei hat Christian E. alle Dokumente gefälscht, angeblich nicht einmal besonders gut, dafür mit vielen Rechtschreibfehlern. Tatsächlich hat der Mann die Realschule (5) ______ der Note „ausreichend" in den Hauptfächern abgeschlossen und anschließend eine Lehre zum Bankkaufmann gemacht.

An der Uni Erlangen ergatterte er (6) ______ eines gefälschten Abiturzeugnisses einen Studienplatz und studierte ein paar Semester Medizin. Mit seinen beiden erfundenen Doktortiteln bewarb er sich an der Uniklinik Erlangen – erfolgreich. (7) ______ 16. Januar 2007 an arbeitete er dort als Assistenzarzt.

Über ein Jahr dauerte Christian E.s persönlicher Wahnsinn in Weiß an, bis ihn die Klinikleitung am 13. Februar 2008 suspendierte. Vom Landgericht Nürnberg-Fürth wurde er nun (8) ______ dreieinhalb Jahren Haft verurteilt – (9) ______ Urkundenfälschung, Betrug und Titelmissbrauch. (10) ______ der Berufungsverhandlung vor Gericht räumte Christian E. alle Vergehen ein. Er sagte aus, dass er nicht mehr wisse, wann er begonnen hat, sein Umfeld zu belügen. Seinen Eltern zum Beispiel erzählte er, er habe das Abitur „irgendwie nachgeholt".

Christian E. war dreist und überzeugend genug, um Familie, Freunde, Kollegen und Patienten zu täuschen. „(11) ______ Hochstapeleien spielen häufig psychopathische Persönlichkeitsstörungen eine Rolle", erklärt Gerhard Stemmler, Professor für differenzielle Psychologie und psychologische Diagnostik an der Philipps-Universität Marburg. „Menschen, die daran leiden, sind insensitiv (12) ______ Belangen anderer. Sie stellen ihren eigenen Vorteil in den Mittelpunkt. Gefahren und Risiken für andere, wie sie bei falschen Ärzten ja durchaus vorkommen, spielen für diese Menschen keine Rolle."

(13) ______ Körperverletzung muss sich Christian E. nicht verantworten.

(14) ______ der Behandlung des falschen Arztes kam wie durch ein Wunder niemand zu Schaden.

## 2 Was gehört zusammen? Ordnen Sie zu.

1. Letzen Freitag trafen sich die Innenminister aller Bundesländer _g_.
2. Man sollte _____ endlich mehr über Ursachenbekämpfung und Prävention nachdenken.
3. Die Haltung der Regierungspartei _____ ist nicht ganz eindeutig.
4. Die Diskussionen der Politiker waren _____ langwierig und kontrovers.
5. Viele Menschen sehen bei dem Thema „Verbrechensbekämpfung" einen großen Handlungsbedarf und wollen _____ endlich Ergebnisse sehen.
6. Manchmal kann die Polizei _____ einen Fahndungserfolg vorweisen.
7. Viele Täter hinterlassen Spuren und können _____ schnell ermittelt werden.

a anstatt vieler Worte
b anhand eines DNA-Tests
c innerhalb kürzester Zeit
d angesichts der wachsenden Jugendkriminalität
e bezüglich eines neuen Jugendstrafrechts
f aufgrund dieses brisanten Themas
g zwecks einer verbesserten Zusammenarbeit bei der Verbrechensbekämpfung

## 3 Bilden Sie Sätze.

1. Entsprechend – die Sicherheitsstufe – alle Zufahrtsstraßen kontrolliert werden – heute

______________________________________________

2. Hinsichtlich – die Verschärfung des Strafgesetzes – ich – einer Meinung sein – mit Annette

______________________________________________

3. Aufgrund – die hinterlassenen Spuren – die Polizei – können – der Täter – festnehmen – gestern

______________________________________________

4. Mangels – eindeutige Beweise – die Polizei – müssen – der Verdächtige – laufen lassen

______________________________________________

5. Mithilfe – eine eindeutige Zeugenaussage – die Unschuld des Mannes – bewiesen werden

______________________________________________

6. Entgegen – die Vermutungen – die Jugendkriminalität – nicht ansteigen – letztes Jahr

______________________________________________

7. Gegenüber – die Presse – der Zeuge – sagen – heute Morgen – nichts – über den Vorfall

______________________________________________

**4a Schreiben Sie die Sätze um und verwenden Sie die Genitiv-Wendungen.**

etwas erfreut sich großer Beliebtheit
etwas entbehrt jeglicher Logik
etwas bedarf keiner Erklärung
jeglicher Beschreibung spotten
sich eines Besseren besinnen

1. Das Internet ist heutzutage sehr populär. Dass es aber auch Gefahren birgt, ist klar.
   *Das Internet erfreut sich großer Beliebheit. Dass es …*
   ______________________________

2. Nachdem der Mann schon die Tür des Hauses aufgebrochen hatte, entschied er sich anders und ging nach Hause.
   ______________________________
   ______________________________

3. Der Täter schlief am Tatort ein. So viel Dummheit ist wirklich schlecht.
   ______________________________
   ______________________________
   ______________________________
   ______________________________

4. Dass der Dieb seine Visitenkarte hinterließ, macht keinen Sinn.
   ______________________________
   ______________________________

**b Lesen Sie die Zeitungsmeldungen und ergänzen Sie die Verben.**

1. Heute hat der Prozess gegen Gerhard K. und seinen Komplizen Oliver U. begonnen. Die beiden Finanzberater werden des Betrugs ____________. So sollen sie im letzten Jahr ihre Kunden bei Investmentgeschäften um mehr als 20 Millionen Euro betrogen haben.
2. Die Polizei konnte gestern einen Erfolg vorweisen: Eine 34-jährige Frau konnte im Fall „Rosie" anhand der am Tatort sichergestellten Fingerabdrücke des Diebstahls ____________ werden. „Rosie", eine als sehr wertvoll geltende Skultpur, wurde letzten Montagabend aus dem Haus des Oberbürgermeisters entwendet.
3. Ein weiterer Prozesstag ist zu Ende gegangen. Die zwei Angeklagten ____________ gegenseitig der Lüge. So behauptet Karl M., zur Tatzeit bereits geschlafen zu haben, während Piet T. behauptet, von Karl M. zur Tat angestachelt worden zu sein.

## 1 Schaubilder beschreiben. Geben Sie den Redemitteln eine Überschrift.

Werte einer Grafik vergleichen · Entwicklungen beschreiben · Prozentverteilungen wiedergeben · Wesentliche Inhalte nennen · Grafiken interpretieren

| 1. | 2. | 3. |
|---|---|---|
| Seit dem Jahr … hat … stark zugenommen/abgenommen<br>Im Jahr … waren … Personen …<br>Die Kurve zeigt, dass …<br>Der Trend entwickelt sich in Richtung … | Ein besonders wichtiger Punkt ist …<br>Hervorzuheben ist die Tatsache, dass …<br>Als Kernaussagen der Grafik lassen sich … festhalten.<br>… halte ich für eine der Hauptinformationen. | Vergleichbare Werte sind bei … und … zu finden.<br>… hebt sich deutlich von … in den Bereichen …. ab.<br>… ist bei … besonders stark vertreten, wogegen …<br>Man kann Ähnlichkeiten/ Unterschiede feststellen, wenn man … und … vergleicht.<br>Im Gegensatz zu / Ähnlich wie bei … weist … hohe/ niedrige Werte bei … auf. |
| **4.** | **5.** | |
| … liegt an der Spitze / am Ende.<br>Mit … Prozent ist der Bereich … am stärksten/schwächsten vertreten.<br>Ein Drittel/Viertel/… der untersuchten Personen …<br>… wird mit … Prozent angegeben/aufgeführt. | Aus den Zahlen lässt sich der Schluss ziehen, dass …<br>Die Werte können so interpretiert werden, dass …<br>Wenn man die Zahlen vergleicht, liegt die Vermutung nahe, dass …<br>Dass die Werte bei … ansteigen/abfallen, lässt sich dadurch erklären, dass … | |

LB 2.27

## 2 Hören Sie noch einmal das Ende der Diskussion im Lehrbuch, Aufgabe 3d, und ergänzen Sie die Aussagen.

1. Keine Straftat hat es verdient, …
2. Viele Straftäter suchen …
3. Viele wünschen eine Berichterstattung, die …
4. Ein Happy End gibt es weder …
5. Fernsehserien zum Thema Erziehung suggerieren, dass …

TIPP

**Schriftliche Prüfung**

In der folgenden Prüfung finden Sie eine private Mail und einen formellen Brief, die sich auf dasselbe Thema oder dieselbe Situation beziehen. Ihre Aufgabe ist es, Lücken in dem formellen Brief zu füllen. Lesen Sie zuerst den privaten Text und markieren Sie wichtige Informationen zur dargestellten Situation. Lesen Sie dann das formelle Schreiben, das sich an eine andere, offizielle Person oder Institution richtet. Sammeln Sie typische sprachliche Merkmale (Anrede, Gruß, Stil etc.). Sehen Sie sich dann die Lücken genauer an: Welche Wortarten (Substantive, Verben, Präpositionen etc.) fehlen? Manchmal werden Ausdrücke aus dem privaten Brief umgeformt.

P GI

**3 Herr Stefan Weinmann wurde einer Straftat, die er nicht begangen hat, angeklagt. Heute wurde er in einer Gerichtsverhandlung freigesprochen. Daher schreibt Stefan Weinmann heute zwei Briefe: einen an einen Freund und einen an seinen Rechtsanwalt. Für die Aufgaben 1–10 füllen Sie die Lücken. Verwenden Sie dazu eventuell die Informationen aus dem ersten Brief. In jede Lücke passen ein oder zwei Wörter.**

Hallo, Tim,
es überrascht Dich sicher, wenn ich schreibe, dass heute einer der glücklichsten Tage in meinem Leben ist. Ich konnte Dir nichts erzählen. Es war mir so peinlich.
Du erinnerst dich an Tonja aus meiner WG? Sie hat immer jede Menge teure Klamotten gekauft. Manchmal war ich dabei, habe Tüten getragen und mich oft gefragt, wie sie sich das leisten kann. Ihre Kleiderschränke waren immer voll, ich habe sogar viele Klamotten in meinem Zimmer gehabt. Dann kam der Schock: Die Polizei stand mit einem Durchsuchungsbeschluss wegen Ladendiebstahls vor der Tür. Tonja hatte alle Klamotten in mein Zimmer geräumt und alles geleugnet. Überall waren meine Fingerabdrücke und ich war auch auf den Videos der Boutiquen zu sehen. Geld kann ich als Student immer gebrauchen und Tonjas beide Freundinnen haben ausgesagt, ich hätte ihnen Klamotten verkauft. Aber mein Anwalt war Klasse, der hat die Videos detailliert analysiert und bewiesen, dass Tonja gestohlen hat, und den „Zeuginnen" hat er auch ihre Lügen nachgewiesen. Zum Glück wurde die Anklage heute fallen gelassen. Aber ich war so ein naiver Idiot!!
Ruf mich mal an, ich muss Dir alles ganz genau erzählen.
Stefan

---

Sehr geehrter Dr. Kramm,

mit meinem Schreiben möchte ich noch einmal meinen besonderen Dank für Ihre hervorragende Unterstützung zum (1) Ausdruck bringen.

Ich bin immer noch beeindruckt, wie kompetent und sachlich Sie die Verhandlung (2) zu meinen Gunsten gewendet haben. Ich hatte nicht unbedingt mit einem Freispruch (3) gerechnet. Die Strategie, mit der Sie nachgewiesen haben, dass die Aussagen der Zeuginnen (4) falsch/gelogen waren, hat mich verblüfft. Besonders (5) möchte ich mich aber dafür bedanken, dass Sie es (6) verstanden haben, mir meine Ängste und Befürchtungen zu nehmen.

Auch wenn man (7) sich nichts vorzuwerfen hat, ist eine Anklage doch ein Schock. Sicher haben Sie mit diesen Situationen in Ihrem (8) Beruf/Alltag täglich zu tun. Trotzdem hatte ich nie das (9) Gefühl, nur ein Routinefall für Sie zu sein. Ich fühlte mich (10) von Ihnen an meiner Seite immer gut beraten und vertreten.

Dafür noch einmal mein persönlicher Dank an Sie.

Mit freundlichen Grüßen

*Stefan Weinmann*

# Alltag im Knast

## 1 Bilden Sie Komposita zum Thema „Gefängnis".

| | | | | |
|---|---|---|---|---|
| Anstalts- | Einzel- | Frei- | Haft- | Sicherheits- |
| Sozial- | Straf- | Justizvollzugs- | Vollzugs- | Wiederholungs- |

1. die ____________________anstalt
2. der ____________________gefangene
3. der ____________________täter
4. die ____________________vorkehrung
5. die ____________________zelle
6. die ____________________leitung
7. der ____________________gang
8. die ____________________strafe
9. der ____________________beamte
10. der ____________________arbeiter

## 2 Lesen Sie noch einmal den Text im Lehrbuch, Aufgabe 2a. Welche Aussagen sind richtig (r), welche sind falsch (f), welche kommen nicht im Text vor (0)?

| | r | f | 0 |
|---|---|---|---|
| 1. Alle Häftlinge in einer JVA haben einen geregelten Arbeitstag. | ☒ | ☐ | ☐ |
| 2. Statistisch gesehen sind oder waren knapp 1 % aller Deutschen straffällig. | ☐ | ☒ | ☐ |
| 3. Waffen sind nicht erlaubt, werden aber immer wieder gefunden. | ☐ | ☐ | ☒ |
| 4. Im geschlossenen Vollzug gibt es Metalldetektoren. | ☒ | ☐ | ☐ |
| 5. Einige Häftlinge mit guten Resozialisierungswerten werden Freigänger. | ☒ | ☐ | ☐ |
| 6. Frauen sind in der Regel Ersttäter und nicht Wiederholungstäter. | ☐ | ☐ | ☒ |
| 7. Psychologen und andere Mitarbeiter helfen auch in der Zeit nach der Entlassung. | ☐ | ☒ | ☐ |
| 8. Die Häftlinge arbeiten unentgeltlich während ihrer Strafdauer. | ☐ | ☒ | ☐ |
| 9. Gefangene können sich aussuchen, welche Ausbildung sie machen möchten. | ☐ | ☒ | ☐ |
| 10. Arbeit und ein geordneter Alltag schützen vor erneuter Straffälligkeit. | ☒ | ☐ | ☐ |

## 3a Formen Sie die modalen Partizipien in Relativsätze um.

1. Die zu verurteilenden Straftäter sitzen in Untersuchungshaft.
   *Straftäter, die verurteilt werden sollen*
2. Die Länge der zu verbüßenden Haftstrafe wird in einem Gerichtsurteil festgelegt.
   ______________________________
3. Bei Antritt der Haftstrafe wird der Häftling über die einzuhaltenden Regeln in der Haftanstalt informiert.
   ______________________________
4. Die wieder in die Gesellschaft zu integrierenden Insassen nehmen an unterschiedlichen Programmen teil.
   ______________________________

5. Inhaftierte und Psychologen arbeiten gemeinsam an den abzusehenden Schwierigkeiten bei der Rückkehr in die Gesellschaft.

___

6. Bevor ein zu entlassender Häftling das Gefängnis verlässt, werden ihm dessen persönliche Sachen ausgehändigt.

___

**b Bilden Sie das modale Partizip aus den Relativsätzen.**

1. das Urteil, das gesprochen werden muss
   *das zu sprechende Urteil*
2. das Strafmaß, das festgelegt werden soll
   ___
3. das Honorar des Anwalts, das zu bezahlen ist
   ___
4. die Konflikte, die im Strafvollzug vermieden werden sollen
   ___
5. die Arbeit, die während der Haft geleistet werden soll
   ___
6. das Resozialisierungsprogramm, das ernst zu nehmen ist
   ___
7. die Entwicklung, die bei jedem Häftling beobachtet werden muss
   ___

**c Wie können die Sätze anders formuliert werden? Formen Sie sie in Relativsätze oder in Sätze mit modalem Partizip um.**

1. Das durchzuführende Resozialisierungsprogramm der Gefängnisse stößt in der Öffentlichkeit nicht immer auf Verständnis.
2. Wenn über ein Gefängnis diskutiert wird, das neu zu errichten ist, dann regt sich schnell Widerstand in der Bevölkerung.
3. Die Gründe dafür sind meist Ängste vor einer nicht zu kalkulierenden Gefahr und einem zu befürchtenden Rückgang der Immobilienwerte.
4. Dennoch werden weiter Haftanstalten gebaut und gebraucht, denn die Gefängnisse sind voll und die Anzahl der Täter, die verurteilt werden sollen, wird nicht geringer.
5. Kriminalität und ihre Folgen bleiben also in jeder Konsequenz eine ernst zu nehmende gesellschaftliche Aufgabe.

1. *Das Resozialisierungsprogramm der Gefängnisse, das durchgeführt ...*
2. ___
3. ___
4. ___
5. ___

**1 Erklären Sie die folgenden Wörter.**

a der Tatort
b die Tatwaffe
c das Alibi
d das Motiv
e das Geständnis
f die Aufklärung
g die Festnahme
h der Komplize
i der Beweis

**2a Lesen Sie einen Auszug aus dem Roman „Milchgeld" von Volker Klüpfel und Michael Kobr und beschreiben Sie die Situation und den Kommissar.**

Kreuzkruzifix!

Kluftinger sprach den Fluch nicht laut aus, er dachte ihn nur. Seine Frau hasste es, wenn er fluchte, und alles, was er mit einem laut ausgesprochenen Fluch bewirkt hätte, wäre einer ihrer Vorträge gewesen. „Ein Kommissar sollte sich in seiner Ausdrucksweise wohl von denen abheben, hinter denen er beruflich her ist", würde sie dann wieder sagen.

Und darauf konnte er ganz gut verzichten, wo seine Laune sowieso schon nicht besonders war. Denn wenn es etwas gab, was er hasste, war es, beim Essen gestört zu werden. Das passierte natürlich vorzugsweise am Montag. Seinem Montag. Seinem Kässpatzen-Montag. Die Kässpatzen waren das Beste am Montag, eigentlich das Einzige, weswegen er ihn überhaupt ertragen konnte. Denn montags war Musikprobe und das lag ihm dann immer den ganzen Tag über im Magen.

„Gehst du mal hin?", rief seine Frau aus der Küche zu ihm herüber, nachdem das Telefon bereits zum dritten Mal geklingelt hatte. Sie aß heute nicht mit. Diättag, wie sie sagte. In Wirklichkeit wusste er, dass sie jedes Mal, wenn sie für ihn kochte, selbst auch immer ein „bissle was" aus dem Kühlschrank stibitzte. Aber sollte sie ruhig. Er schlug ja auch jedes Mal kräftig zu, obwohl ihm bewusst war, dass ihm so fette Speisen eigentlich nicht bekamen. Er wusste, dass ihn heute Nacht sein Sodbrennen wieder heimsuchen würde, die vielen in Butter gebräunten Zwiebeln würden schon dafür sorgen. Und doch liebte er diese deftige Kost. Besonders die Zwiebeln. Wenn es nach ihm ginge, könnte man das Verhältnis von Spatzen und Zwiebeln ruhig umkehren, sodass man eher Zwiebelspatzen hätte. Denn irgendwie hatte man immer zu wenig Zwiebeln. Dass seine Frau ihm jeden Montag seine Spatzen kochte, trotz der „Sauerei", die, wie sie immer sagte, danach die ganze Küche verklebte, war das Ergebnis eines Handels, den sie vor vielen Jahren abgeschlossen hatten. Und bis auf den Tag der Beerdigung ihrer Mutter und der Abiturfeier ihres Sohnes hatte sie die letzten – wie viele Jahre waren es eigentlich gewesen? – bestimmt gut 15 Jahre ihren Teil der Vereinbarung immer eingehalten.

Er hatte deswegen aber kein schlechtes Gewissen, schließlich ging er dafür jeden Montag zur Musikprobe. Lange war er standhaft geblieben, immer wieder hatten sie ihn bekniet, doch mitzumachen, weil sonst niemand so ein Taktgefühl für die große Trommel besaß wie er, weil sonst niemand stattlich genug war, dieses mächtige Instrument zu tragen – weil sonst niemand diese saudumme Großtrommel spielen wollte, hätten sie ruhig ehrlich sagen können, dachte er manchmal.

Auch seine Frau hatte ihn immer wieder darum gebeten. Ihm war völlig klar, weshalb: Sie wollte, dass er – und damit auch sie – am Dorfleben teilnahm. „Nun mach halt einfach mal mit, wenn du erst dabei bist, macht es dir bestimmt Spaß, und wenn sie dich doch so dringend brauchen ..." Irgendwann hatte er dann leichtfertig ja gesagt. Irgendwann sagte er immer ja. Das wusste sie.

Es klingelte zum vierten Mal. Mit einem Ächzen erhob er sich und ging in den Hausgang. Seine Bundhose zwickte im Schritt. Lederhosen! Wer hat nur diese saudummen Lederhosen erfunden, dachte er sich bei jeder Bewegung. Aber es half nichts. Heute war große Auftrittsprobe und das hieß: in voller Montur. In seinem Fall war das die Kniebundhose mit den kratzigen Wollstrümpfen, das weiße Stehkragen-Hemd, das ihm immer die Kehle abschnürte und sein Gesicht noch röter aussehen ließ, und die rote Weste. Wenigstens die Jacken mussten sie heute nicht anziehen, die waren alle in der Reinigung. Es klingelte zum fünften Mal. „Ja, Kluftinger?", fragte er in den Hörer.

Er dachte, es wäre eine Freundin seiner Frau, seine Schwägerin, wer auch immer, dass es aber ein dienstliches Gespräch sein sollte, wunderte ihn. Die Einsatzleitung rief an. Kluftinger schwante Böses. Früher, als junger Polizist hatte er öfter mal nachts raus gemusst, etwas Spektakuläres war aber nur selten dabei. Jetzt ließ er sich immer Wochentage zuteilen, an denen erfahrungsgemäß die Kriminalrate gegen null tendierte: Montags beispielsweise schienen nicht nur Pfarrer und Friseure ihren freien Tag zu haben, sondern auch Gesetzesbrecher.

Die Stimme der jungen Beamtin am anderen Ende war erfüllt von professioneller Ernsthaftigkeit und Betriebsamkeit. „,... Tötungsdelikt ... kriminaltechnische Untersuchung ... vor Ort ... Staatsanwaltschaft."

Als es Kluftinger gelungen war, seine Aufmerksamkeit vom Topfklappern aus der Küche weg und auf das Gespräch zu lenken, hatte er das Wichtigste bereits verpasst. Die Dame am anderen Ende redete viel zu schnell. Sie war aus Norddeutschland.

Er bat sie, sie möge alles noch einmal wiederholen, diesmal verstand er wenigstens die Adresse, zu der er kommen sollte. Er konnte es kaum glauben: Die Stimme am anderen Ende nannte seinen eigenen Wohnort: Altusried. „Kreuz ...", verbiss er sich einen weiteren Fluch. Nicht einen Bissen hatte er angerührt und jetzt das. Ein Toter, so viel hatte er mitbekommen. Das konnte ja heiter werden. Viel Zeit blieb ihm nicht mehr. Er konnte sich entweder noch schnell umziehen oder sich ein paar Kässpatzen einverleiben. Kluftinger setzte sich hin und begann zu essen.

**b Wie gefällt Ihnen dieser Textauszug? Hätten Sie jetzt Lust, das komplette Buch zu lesen?**

**c Lesen Sie die Buchkritik und ergänzen Sie passende Redemittel aus dem Lehrbuch, Aufgabe 5.**

Das Buch „Milchgeld" von Volker Klüpfel und Michael Kobr (1) ______________________ Regionalkrimis. (2) ______________________ der Allgäuer Kommissar Kluftiger mit seiner Vorliebe für Kässpatzen mit Zwiebeln und seiner Abneigung gegenüber Lederhosen. Unter der scheinbar hausbackenen und dörflerischen Oberfläche blitzt dabei aber ein hellwacher Verstand. (3) ______________________ immer das Allgäu. (4) ______________________: Der Kommissar soll den Mord am Lebensmittel-Chemiker des örtlichen Milchwerkes aufklären, das im kleinen Ort Altusried einer Sensation gleichkommt. Nach einigen unglücklichen Zwischenfällen auf der Beerdigung des Mordopfers ist Kommissar Kluftinger bald in aller Munde. (5) ______________________ muss sich Kluftinger neben den Ermittlungen auch noch um den geplanten Urlaub mit seiner Frau und einen aufdringlichen Nachbarn kümmern. Kommissar Kluftingers sympathische Vorliebe für lokale Leckerbissen wie würzigen Käse und deftige Wurstplatten sorgt dafür, dass die Ermittlungen mangels Kondition hin und wieder ein fröhlich-unperfektes Ambiente erhalten. (6) ______________________, denn das hervorragend recherchierte Lokalkolorit, die bodenständigen Charaktere, die Mischung von Tradition und Moderne und die spannende Geschichte machen diesen Krimi zu einem Volltreffer.

# Selbsteinschätzung



| **So schätze ich mich nach Kapitel 7 ein: Ich kann …** | **+** | **0** | **–** | **Modul/ Aufgabe** |
|---|---|---|---|---|
| … eine kontroverse Radiodiskussion zum Thema „Kriminalität von Jugendlichen" verstehen. | | | | M2, A3 |
| ... ein Krimi-Hörspiel verstehen. | | | | M4, A3 |
| … Zeitungsmeldungen über absurde Kriminalfälle verstehen und einem Partner / einer Partnerin darüber berichten. | | | | M1, A1 |
| … einen Text zum Thema „Gefängnis" verstehen und die Abschnitte zusammenfassen. | | | | M3, A2 |
| ... in einem Text zur Geschichte des Krimis Schlüsselwörter und wichtige Informationen verstehen und den Text in thematische Teilbereiche aufteilen. | | | | M4, A2a–b |
| ... Aussagen zu Grafiken über „Jugendkriminalität" formulieren und über die Situation im eigenen Land berichten. | | | | M2, A2 |
| … in einer Diskussion zum Thema „Kriminalität von Jugendlichen" meinen Standpunkt vertreten und anderen Meinungen widersprechen. | | | | M2, A4 |
| ... die Informationen aus einem Text über die Geschichte des Krimis an meinen Partner / meine Partnerin weitergeben. | | | | M4, A2c |
| ... eine Zeitungsmeldung über einen absurden Kriminalfall schreiben. | | | | M1, A3 |
| ... ein Krimi-Hörspiel schreiben. | | | | M4, A4 |
| ... eine Buch- oder Filmbesprechung schreiben. | | | | M4, A5 |

**Das habe ich zusätzlich zum Buch auf Deutsch gemacht: (Projekte, Internet, Filme, Texte, ...)**

| | Datum: | Aktivität: |
|---|---|---|
| | | |
| | | |
| | | |
| | | |
| | | |
| | | |

# Du bist, was du bist

## Wortschatz wiederholen und erarbeiten

**1 Notieren Sie zu den Substantiven den bestimmten Artikel und ein Adjektiv.**

1. ______ Seele – ____________________
2. ______ Körper – ____________________
3. ______ Geist – ____________________
4. ______ Glaube – ____________________
5. ______ Aberglaube – ____________________
6. ______ Überzeugung – ____________________
7. ______ Charakter – ____________________
8. ______ Geheimnis – ____________________
9. ______ Talent – ____________________
10. ______ Vernunft – ____________________
11. ______ Traum – ____________________
12. ______ Psyche – ____________________
13. ______ Herz – ____________________
14. ______ Gemüt – ____________________
15. ______ Gefühl – ____________________
16. ______ Verstand – ____________________
17. ______ Religion – ____________________
18. ______ Empfindung – ____________________
19. ______ Ängstlichkeit – ____________________
20. ______ Panik – ____________________

**2 Ordnen Sie die Adjektive in die Tabelle ein.**

deprimiert mutlos lebenslustig vergnügt entmutigt zufrieden froh sorgenfrei niedergeschlagen dynamisch verzweifelt geknickt

| positiv | negativ |
| --- | --- |
| | |

**3 Welches Wort passt nicht in die Reihe? Streichen Sie es durch.**

1. begreifen – erfassen – verstehen – sich auskennen
2. der Verstand – das Verständnis – der Intellekt – die Vernunft
3. fühlen – reagieren – empfinden – spüren
4. vernünftig – geistesabwesend – unkonzentriert – zerstreut
5. sich entwickeln – heranwachsen – sich verändern – heranreifen
6. ängstlich – schüchtern – furchtsam – schreckhaft
7. überblicken – überlegen – nachdenken – grübeln
8. die Definition – die Theorie – die These – die Behauptung
9. deprimiert – krank – niedergeschlagen – bedrückt

## 4 Lösen Sie das Rätsel.

| | | | | | | | | | | | | | | | | | | | |
|---|---|---|---|---|---|---|---|---|---|---|---|---|---|---|---|---|---|---|---|
| 1 | G | E | I | S | T | E | S | | | S | | | | | | | | | |
| 2 | G | E | I | S | T | E | S | G | | | | | | | | | | | |
| 3 | G | E | I | S | T | E | S | | | | | | | | | | E | | |
| 4 | G | E | I | S | T | E | S | | | | | | N | | | | | | |
| 5 | G | E | I | S | T | E | S | | | | T | | | | | | | | |
| 6 | G | E | I | S | T | E | S | A | | | | | | | | | | | |

Die Wörter bedeuten: 1. die gesundheitliche Verfassung, in der der Verstand und die Psyche einer Person ist 2. die Fähigkeit, in einer gefährlichen oder unangenehmen Situation schnell und richtig zu handeln 3. die Historie der wissenschaftlichen, philosophischen und politischen Ideen einer Zeit 4. das Gegenteil der Naturwissenschaft 5. eine plötzliche Idee 6. Unkonzentriertheit, Zerstreutheit

## 5 Welche Bedeutung passt? Formulieren Sie die Sätze wie im Beispiel.

etwas funktioniert nicht mehr — viele kluge Gedanken interessant und witzig formulieren — etwas macht jemandem Sorgen — jemandem auf die Nerven gehen — ~~leidenschaftlich gern~~ — sehr laut und lange schreien — ein Mensch, der immer gut zu anderen ist — sehr/intensiv

1. Sie ist mit ganzer Seele Lehrerin.
   *Sie ist leidenschaftlich gern Lehrerin.*
2. Das kleine Kind schreit sich vor Wut die Seele aus dem Leib.
   ____________________
3. Der Baulärm vor unserem Haus geht mir auf den Geist.
   ____________________
4. In der Präsentation war mein Kollege richtig gut. Er hat seinen Geist richtig sprühen lassen.
   ____________________
5. Sie liebt ihn aus tiefster Seele.
   ____________________

6. Mein Kollege kann das nicht gewesen sein! Er ist eine Seele von einem Menschen.
   ____________________
7. Heute morgen hat meine Kaffeemaschine ihren Geist aufgegeben.
   ____________________
8. Mein Chef will morgen mit mir sprechen. Das liegt mir auf der Seele.
   ____________________

# Interessantes aus der Psychologie

**1a Ordnen Sie den Ausdrücken 1–12 Begriffe mit ähnlicher Bedeutung zu. Lesen Sie dazu die Sätze mit den Ausdrücken im Text A aus Aufgabe 1 im Lehrbuch.**

Frustration · im Gegensatz zu · annehmen · unverkennbar · überraschend · gegenüberstellen · Rest · ~~belegen~~ · verstecken · untersuchen · zeigen · wirklich

1. den Beweis erbringen (Z. 2) – belegen
2. vermuten (Z. 4) – ______
3. tatsächlich (Z. 9) – ______
4. vergleichen (Z. 12) – ______
5. analysieren (Z. 17) – ______
6. eindeutig (Z. 18) – ______
7. Enttäuschung (Z. 21) – ______
8. verblüffend (Z. 24f.) – ______
9. verbergen (Z. 27) – ______
10. zur Schau tragen (Z. 33ff.) – ______
11. anders (Z. 39) – ______
12. ein Überbleibsel (Z. 5) – ______

**b Notieren Sie für den Text B aus Aufgabe 1 im Lehrbuch eigene Wortpaare mit ähnlicher Bedeutung.**

**2 Was drücken die Sätze aus? Notieren Sie Aussage (A) oder Behauptung (B).**

(A) eine Aussage, die der Schreiber/Sprecher als Tatsache bzw. Fakt darstellt
(B) eine Behauptung, die der Schreiber/Sprecher nicht überprüfen kann oder evtl. bezweifelt

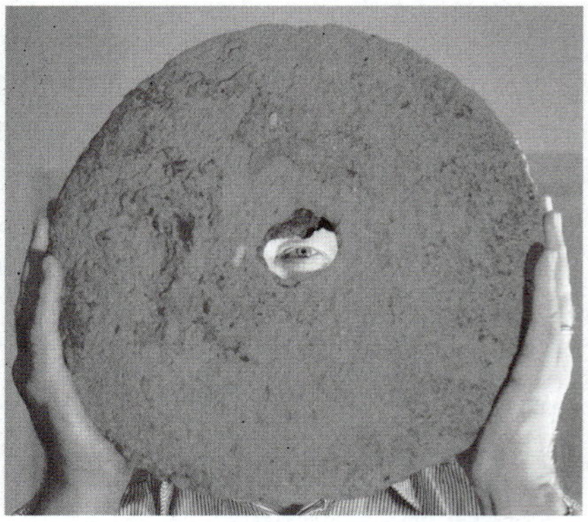

1. ____ Weltweit zum ersten Mal sollen Heidelberger Herzchirurgen ein Miniatur-Kunstherz implantiert haben.
2. ____ Menschen, die oft mehr als ein Medium gleichzeitig nutzen, laufen Gefahr, sich zu verzetteln, und können ihre Aufmerksamkeit schlechter von einer Aufgabe auf eine andere übertragen.
3. ____ Im Rheinland wollen Archäologen die bisher älteste Wassermühle nördlich der Alpen gefunden haben. Sie soll aus der Zeit um Christi Geburt stammen.
4. ____ Sonnenstürme sollen in der Lage sein, auf der Erde Stromausfälle zu verursachen.
5. ____ Ständiger Stress führt zu Fehlentscheidungen. Forscher haben bei Ratten gezeigt, dass sie durch Stress zu Gewohnheitstieren werden, die eine bekannte Lösung statt der in der jeweiligen Situation besten Lösung wählen.

## 3 Formen Sie die Sätze um. Achten Sie auf die Zeit und auf Aktiv/Passiv.

| Aussage | Behauptung mit *sollen/wollen* |
|---|---|
| 1. Laut Aussage der Ärzte beginnen sie heute mit der Untersuchung. | *Die Ärzte wollen heute mit der Untersuchung beginnen.* |
| 2. Laut Aussage der Ärzte haben sie gestern mit der Untersuchung begonnen. | |
| 3. Das Experiment wird durchgeführt. | |
| 4. Das Experiment wurde durchgeführt. | |
| 5. Nach eigener Aussage arbeitet Prof. Müller an einer weiteren Studie. | |
| 6. Nach eigener Aussage arbeitete Prof. Müller an einer weiteren Studie. | |
| 7. Ein neuer Impfstoff wird entwickelt. | |
| 8. Ein neuer Impfstoff wurde entwickelt. | |

## 4 Schreiben Sie Dialoge nach folgendem Beispiel.

Frau Müller / müde / in den letzten Tagen / viel arbeiten

A: Sagen Sie mal, was ist denn mit Frau Müller los? Sie ist so müde.
B: Ich weiß es nicht genau, sie soll in den letzten Tagen viel gearbeitet haben.

1. Herr Schmidt / glücklich / gestern / Vater werden
2. Frau Hensel / traurig / vorige Woche / ihre Arbeit verlieren
3. Herr Buchholz / schlank / in den letzten Wochen / Diät machen
4. Frau Heinze / fit / seit Januar / ins Sportstudio gehen
5. Herr Manke / gestresst / seit Montag / viel Besuch bekommen
6. Frau Wrobel / erholt / seit Anfang des Monats / Urlaub haben

## 5 Formen Sie die Sätze in eine Behauptung um. Benutzen Sie die Modalverben *sollen* und *wollen*. Achten Sie auf die Zeit.

1. Der Wissenschaftler behauptet, dass er mehrere Studien durchgeführt hat.
2. Die Klinik gab bekannt, dass ein neuer Operationssaal gebaut wird.
2. Die Presse meldet, dass es eine umfangreiche Untersuchung gibt.
3. In der Zeitung stand, dass ein neues Medikament gegen Malaria entwickelt wurde.
4. Der Forscher behauptet in dem Artikel, dass er mehrere Beweise für seine Entdeckung hat.
5. Die Nachrichten meldeten, dass ein neues Virus gefunden wurde.

*1. Der Wissenschaftler will mehrere Studien durchgeführt haben.*

# Von Anfang an anders?

**1a Lösen Sie die folgenden Denksportaufgaben. Notieren Sie, wie lange Sie für die Lösungen gebraucht haben.**

**TEST: Wie denken Sie?**

Bearbeiten Sie zuerst die Aufgaben.

Kreuzen Sie an: Ich bin männlich ☐ weiblich ☐

A Gehen Sie durch das Labyrinth von oben links nach unten rechts.

🕘 ______

B Finden Sie in den Reihen 16 Substantive und sortieren Sie sie in vier Gruppen.

| |
|---|
| M O N I T O R N B P U L L O V E R J S C H R A N K L K C D R U C K E R H Z S T U H L K L Q Ä |
| I N T E R N E T L K J A C K E P F E R D D S W Z T F B I E N E B L U S E Z L M T I S C H G F D K L E I D |
| Ä G F R S O F A R H B F I S C H P L K E G K A M E R A Z T G A K A M E L O L K M N H G F U I |

1. ______________ 3. ______________

2. ______________ 4. ______________

🕘 ______

**b Vergleichen Sie Ihre Ergebnisse im Kurs.**

TELC

**2a Lesen Sie die folgende Zusammenfassung zum Vortrag im Lehrbuch, Aufgabe 2. Der Text enthält einige Fehler in Grammatik, Wortschatz, Rechtschreibung oder Zeichensetzung. Pro Zeile gibt es nur einen Fehler. Manche Zeilen sind korrekt. Wenn Sie einen Fehler gefunden haben, schreiben Sie Ihre Korrektur rechts neben die Zeile. Wenn die Zeile korrekt ist, machen Sie ein Häkchen (✔).**

0 Vortag: Von Anfang an anders — *Vortrag*

1 In ihrem Vortrag behandelte Frau Professor Schetz die Frage, welchen ______

2 Faktoren für die unterscheidlichen Denkmuster bei Männern und Frauen ______

3 verantwortlich sind. Sie stellte aus, dass die Unterschiede vor allem durch ______

4 das Vorhandensein oder Fehlen des Y-Chromosoms zu erklären sind. ______

5 Dieses Chromosom erzeugt Androgene, die mit den Mädchen nicht ______

6 vorhanden sind. Aber auch das Hormon Testosteron, der bei Jungen stärker ______

7 vorhanden ist, hat eine entschlossene Wirkung. Für diese biologischen ______

8 Faktoren wurde nachgewiesen, dass sie nicht nur die körperliche sondern ______

auch die geistige Entwicklung beeindrucken. Laut der Referentin weisen Mädchen danach eine starke soziale Veranlagung, haben intensive Bildungen und setzen auf Kooperation. Jungen bevorzugen dagegen größer Gruppen, haben weniger enge Bindungen und setzen sich aggressiver fort. Weitere Unterschiede zeigen sich bei der Gehirnfunktion: Mädchen haben eine starke Verknüpfung beider Hirnhälften. ihre Stärke ist die Kommunikation. Jungen setzen ihre linke oder rechte Hirnhälfte gezielt ein, konzentrieren leichter auf abstrakte Rechenaufgaben und haben ein gutes visuelles Vorstellungsvermögen. Die Grundpositionen spiegelt sich auch in der Berufswahl. Frauen sind stärker in sozialen, Männer eher in den naturwissenschaftlich-technischen Berufen finden. Professor Schetz schloss mit der Feststellung, dass es natürlich auch Ausgaben gäbe. Das soziale Umfeld könne durch offene Lern und Spielangebote unabhängig beim Geschlecht die eigentliche Begabung ermitteln und fördern.

**b Im Text gibt es nur wenige Redemittel aus dem Lehrbuch (Aufgabe 3b). Wählen Sie drei Stellen, an denen weitere Redemittel stehen könnten, und formulieren Sie sie um.**

**3 Erstellen Sie einen eigenen Redemittelkasten zu „Nachfragen stellen" und „Einwände äußern" mit den Redemitteln im Kasten.**

Kann man aus Ihren Aussagen den Schluss ziehen, dass …?
Ist es richtig, dass …?
Ein Problem sehe ich in …
Mir ist noch unklar, ob …
Habe ich Sie richtig verstanden, dass …?
Unklar bleibt, ob …
Ihrer Aussage, dass …, kann ich nicht zustimmen, weil …
Ihre Aussage, dass …, könnte man aber auch so interpretieren, dass …
Ist mit der Annahme, dass … , gemeint, dass …?
Was halten Sie von der Gegenthese, dass …?
Man könnte Ihnen entgegnen, dass …
Den Schluss zu ziehen, dass …, finde ich unlogisch.
Mich interessiert noch, ob …
Es wäre nett, wenn Sie den Punkt … noch näher erläutern könnten.
… halte ich für problematisch.
Ich bin mir nicht sicher, ob man wirklich sagen kann, dass …

TIPP

**Auf Rückmeldungen bei Vorträgen reagieren**

Bei Vorträgen, Präsentationen und Prüfungen müssen Sie immer mit Fragen rechnen. Betrachten Sie die Reaktionen nicht als Kritik oder Provokation, sondern als weiteren Anlass, Ihr Gegenüber zu informieren. Notieren Sie deshalb bereits im Vorfeld mögliche Reaktionen auf die Inhalte. Sprechen Sie Ihr Publikum auch bei der anschließenden Fragerunde positiv an, z.B. mit Wendungen wie „Ich verstehe, was Sie meinen." oder „Das ist eine interessante Frage." Passende Redemittel finden Sie im Lehrbuch im Redemittelanhang.

# Voll auf Zack!

**1 Hören Sie den ersten Teil der Radiosendung aus dem Lehrbuch noch einmal. Ergänzen Sie die Sätze.**

LB 3.8

1. Anfangs glaubten die Eltern, dass ihr Sohn Jonas ______________________________
2. Dass er schon mit sieben Monaten erste Worte spricht, begründen sie damit, dass ____________ ______________________________
3. Richtig schwierig wird es, als Jonas ______________________________
4. Die Eltern entscheiden sich für eine Montessori-Schule. Dort werden ____________ ______________________________
5. Die Gründe für Jonas Bauchschmerzen liegen in ______________________________
6. Die Klassenlehrerin begründet Jonas' schlechte Leistungen damit, dass ____________ ______________________________

**2a Ordnen Sie die Modalwörter in die Tabelle ein.**

vielleicht vermutlich zweifellos möglicherweise wahrscheinlich bestimmt sicher eventuell angeblich gewiss

| Grad der Sicherheit: NIEDRIG → HOCH | | |
|---|---|---|
| | | |

**b Bilden Sie zu jedem Modalwort einen Satz.**

**3 Subjektive Modalverben. Füllen Sie die Tabelle aus.**

| Aktiv | | Passiv | |
|---|---|---|---|
| **Gegenwart** | **Vergangenheit** | **Gegenwart** | **Vergangenheit** |
| Man könnte die Klasse verkleinern. | *Man könnte die Klasse verkleinert haben.* | *Die Klasse könnte verkleinert werden.* | *Die Klasse könnte verkleinert worden sein.* |
| | | Er muss unterstützt werden. | |
| | Man dürfte die Entscheidung korrigiert haben. | | |
| Man muss ihn fördern. | | | |

### 4 Schreiben Sie die Sätze neu, ohne dabei Modalverben zu benutzen. Schreiben Sie zwei Varianten.

1. Da könnte der Psychologe recht haben.
2. Er dürfte die Prüfung geschafft haben.
3. Die Lehrerin muss das falsch verstanden haben.
4. Das Problem dürfte bald gelöst werden.
5. Der Vorfall muss der Schulleitung längst gemeldet worden sein.
6. Der Brief an die Eltern dürfte längst angekommen sein.
7. Der Termin für die Schuluntersuchung könnte verlegt worden sein.
8. Dem Lehrer muss das Problem längst bekannt sein.

*1. Es ist möglich, dass der Psychologe recht hat. / Vielleicht hat der Psychologe recht.*

### 5 Schreiben Sie die Sätze neu. Benutzen Sie ein Modalverb.

1. Vermutlich hat Jonas gestern eine schlechte Arbeit geschrieben.
   *Jonas dürfte gestern eine schlechte Arbeit geschrieben haben.*
2. Es ist nicht ausgeschlossen, dass er hochbegabt ist.
3. Alles deutet darauf hin, dass er die Aufnahmeprüfung bestanden hat.
4. Ich nehme an, dass er sich in der neuen Klasse wohl fühlen wird.
5. Jonas hat gewiss große Probleme.
6. Es sieht so aus, als ob Jonas Noten besser werden.
7. Ich bin überzeugt, dass er die Schule erfolgreich absolvieren wird.
8. Möglicherweise wird er ein Studium beginnen.
9. Alle Anzeichen sprechen doch dafür, dass er die Stelle bekommen hat.

# Alles nicht so einfach

**1a Sehen Sie den Cartoon an und ergänzen Sie, was das rebellische Kind sagt. Was will der Vater erreichen?**

**b „Solange du deine Beine noch unter meinen Tisch steckst ..." Welche anderen typischen Sprüche kennen Sie zum Thema Erziehung, wenn Eltern ihren Willen durchsetzen wollen? Sammeln und vergleichen Sie im Kurs.**

**2a Eine Mindmap zum Thema „Erziehung". Ergänzen Sie die folgende Mindmap mit weiteren Begriffen und fügen Sie zwei weitere Themenbereiche hinzu.**

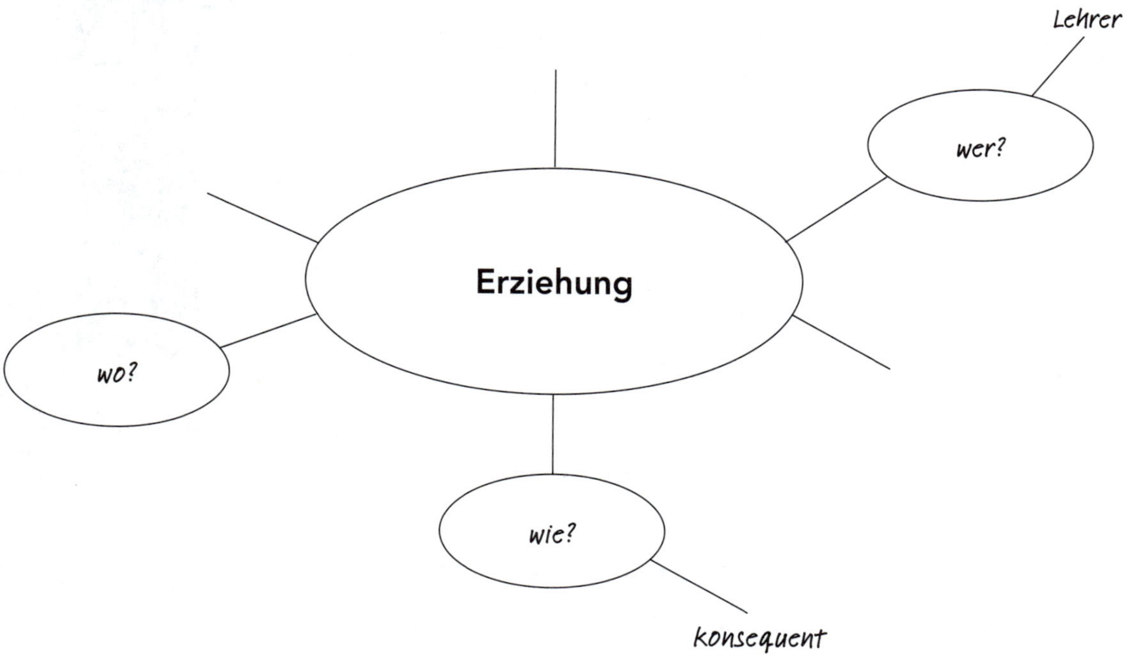


**b Beschreiben Sie in einem kurzen Text, was Sie unter Erziehung verstehen. Gehen Sie dabei auch auf folgende Punkte ein:**

- Rolle der Eltern,
- Erziehung in Ihrem Land,
- ein positives und ein negatives Erziehungsbeispiel, an das Sie sich erinnern.

**3 Welche Begriffe bilden Komposita mit „Erziehung"? Notieren Sie die Komposita mit Artikel.**

berechtigte familie amt angestellter pflichtige maßnahme behörde mannschaft werk musik stil **-erziehung(s)-** verhalten macht gut methode problem kinder fehler verkehr ratgeber wissenschaft ziel

**4a Lesen Sie die Beschreibungen unterschiedlicher Erziehungsstile. Notieren Sie dabei Informationen zu folgenden Punkten.**

| | autoritär | antiautoritär |
|---|---|---|
| Verhalten der Erziehenden | *bestimmen Aktivitäten* | |
| Umgang mit unerwünschtem Verhalten | | |
| Negative Aspekte des Erziehungsstils | | |

## Der autoritäre Erziehungsstil

Merkmale des autoritären Erziehungsstils sind, dass ein Großteil der Aktivitäten vom Erzieher oder den Eltern bestimmt werden. Das Kind wird in seinem Verhalten und Denken gelenkt, entsprechend den Vorstellungen des Erwachsenen. Dabei werden häufig Anordnungen und Befehle an die zu Erziehenden ausgesprochen. Die Eltern respektieren nur geringfügig die Bedürfnisse und Wünsche der Kinder, da sie ihnen meistens vorgeben, was sie tun sollen. Oft werden Kinder, wenn sie autoritär erzogen werden, zurechtgewiesen und getadelt. Autoritäre Eltern stellen eine hohe Anforderung an ihre Kinder und geben ihnen aber wenig emotionale Unterstützung. Eine Auswirkung des autoritären Stils auf das Kind könnte eine Einschränkung der Kreativität und Spontanität sein, da die Eltern einen Großteil der Aktivitäten vorgeben und wenig auf Anreize der Kinder eingehen. Kinder, die autoritär erzogen werden, können aggressive Verhaltensweisen, z.B. Schwächeren gegenüber, zeigen. Wenn die Bedürfnisse und Wünsche der Kinder nicht wahrgenommen werden, so kann Aggression eine Art „Hilferuf" nach Aufmerksamkeit sein. Ein egozentrisches Sprachverhalten (ich, mein, mich, mir) kann bei den zu Erziehenden ebenfalls oft beobachtet werden, da sie diese Sprechweisen der Eltern nachahmen. Autoritäre Eltern fördern durch diesen Erziehungsstil nicht die Selbstständigkeit der Kinder. Außerdem zeigt sich bei den Kindern häufiger ein geringes Selbstwertgefühl.

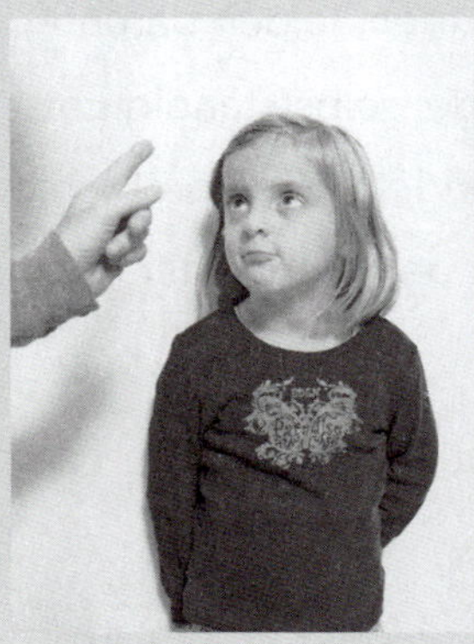

## Der antiautoritäre Erziehungsstil

Unter dem Begriff „antiautoritär", der heutzutage anderen Begriffen, wie demokratisch, liberal oder emanzipatorisch, gewichen ist, versteht man die Erziehungsmethode, die zwangfrei abläuft und fördernd für die Selbstentfaltung jedes Einzelnen ist. Grob gesagt, wird Kindern so ziemlich freie Hand gelassen, damit diese ihre Persönlichkeit und ihr Selbstbewusstsein sowie Kreativität frei entfalten und Gemeinschaftsfähigkeit lernen können. Leider wird dieser Begriff von einigen Eltern immer wieder falsch verstanden, die meinen, sie müssten ihre Kinder ganz ohne Grenzen erziehen, was der antiautoritären Erziehung ihren schlechten Ruf beschert. Bei der antiautoritären Kindererziehung geht es darum, nicht auf einen strikten, organisierten Alltag zu setzen, sondern zu versuchen, Kindern Spielräume und Entscheidungsfreiheiten zu lassen. Für über 80 Prozent der Eltern ist es heute selbstverständlich, dass Kinder mit möglichst vielen Freiheiten erzogen werden. Sie denken nicht, dass nur Disziplin die richtige Methode ist, um ans Ziel zu gelangen. In den 60er-Jahren sprachen sich verschiedene Politiker und Theoretiker für eine antiautoritäre Kindererziehung aus, da sie befürchteten, dass die Unterdrückung der Selbstentfaltung der Kinder ihrer Entwicklung erheblich schaden könnte. Schulen, Kindereinrichtungen, Sportvereine und Jugendprojekte – alle setzen heute auf eine demokratische Kindererziehung.

**b Arbeiten Sie zu zweit. Fassen Sie für Ihren Partner / Ihre Partnerin die wichtigsten Unterschiede zwischen den Erziehungsstilen schriftlich zusammen. Tauschen Sie dann Ihre Texte und sammeln Sie aus beiden Texten gelungene Formulierungen zu „Unterschiede darstellen" und „Vergleiche anstellen".**

LB 3.12

**5 Hören Sie noch einmal den ersten Abschnitt der Radiodiskussion im Lehrbuch, Aufgabe 3c, und entscheiden Sie, ob die Aussagen richtig oder falsch sind.**

| | r | f |
|---|---|---|
| 1. Die „68er-Bewegung" lehnte konventionelle Lebensstile ab. | ☐ | ☐ |
| 2. Heute wird viel über Kinder diskutiert, die unterdrückt werden. | ☐ | ☐ |
| 3. Konventionelle Erziehung und Schule schaffen tyrannische Kinder. | ☐ | ☐ |
| 4. Wenn Eltern ein Ordnungssystem einführen, revoltieren die Kinder. | ☐ | ☐ |
| 5. Kinder, die nicht auffällig sein dürfen, leiden darunter. | ☐ | ☐ |
| 6. Kinder sind nur selten in der Lage, selbstständig Entscheidungen zu treffen. | ☐ | ☐ |
| 7. Kinder wie Erwachsene zu behandeln, kann problematisch sein. | ☐ | ☐ |
| 8. Eltern stellen ihre Kinder oft mit dem Fernseher ruhig. | ☐ | ☐ |

# Selbsteinschätzung 8

| So schätze ich mich nach Kapitel 8 ein: Ich kann … | + | 0 | – | Modul/ Aufgabe |
|---|---|---|---|---|
| ... eine Ratgebersendung über Hochbegabte aus dem Radio verstehen. | | | | M3, A2 |
| ... eine kontroverse Diskussion zu verschiedenen Erziehungsstilen verstehen. | | | | M4, A3 |
| … komplexe Sachberichte über Neuigkeiten aus der Psychologie verstehen und die wesentlichen Informationen klar zusammenfassen. | | | | M1, A1, A2 |
| … einen Kommentar zu einer Fernsehsendung über das Thema Erziehung verstehen, der eine leichte Ironie zu Standpunkten und Zusammenhängen enthält. | | | | M4, A2 |
| … Aussagen und Fragen zu einem Vortrag zum Thema „Hirnforschung und Geschlechter-Verhalten" formulieren und auf Fragen reagieren. | | | | M2, A5a |
| ... eine Diskussion zu einer konkreten Erziehungsfrage führen und dabei eine eigene Position vertreten, andere Standpunkte anzweifeln oder ihnen widersprechen. | | | | M4, A4b–d |
| … präzise Notizen während eines längeren Vortrages erstellen. | | | | M2, A2, A3a |
| ... einen längeren anspruchsvollen Vortrag zum Thema „Hirnforschung und Geschlechterverhalten" schriftlich für eine andere Person zusammenfassen. | | | | M2, A3b |
| ... einen detaillierten Blogbeitrag als Antwort auf eine spezifische Erziehungsfrage schreiben. | | | | M4, A5 |

**Das habe ich zusätzlich zum Buch auf Deutsch gemacht:**
**(Projekte, Internet, Filme, Texte, ...)**

| Datum: | Aktivität: |
|---|---|
| | |
| | |
| | |
| | |
| | |
| | |

# Die schöne Welt der Künste

Wortschatz wiederholen und erarbeiten

## 1 Rund um die Kunst. Lösen Sie das Rätsel.
(Ä, Ö, Ü = AE, OE, UE)

1. alles, was von einem Künstler geschaffen wurde
2. ein Abschnitt / eine Phase in der (kunst)geschichtlichen Entwicklung
3. Arbeitsraum eines Künstlers
4. etwas, das ein Maler, Fotograf, Bildhauer usw. künstlerisch darstellt
5. ein Stück, das im Theater gespielt wird
6. Gebäude, in dem man Ausstellungen besuchen kann
7. jemand, der den Schauspielern im Theater oder beim Film sagt, wie sie ihre Rolle spielen sollen
8. eine Figur aus Bronze, Gips, Stein usw., die ein Künstler gemacht hat
9. Fläche im Theater, auf der die Schauspieler agieren
10. ein Bild, das ein Künstler gemalt hat
11. die Fläche, auf die ein Maler malt
12. eine einfache, schnell gemachte Zeichnung, die das Wichtigste zeigt
13. ein Bild oder ein Foto, das eine einzelne Person zeigt
14. jemand, der z.B. Romane schreibt

## 2 Welches Wort passt nicht in die Reihe? Streichen Sie durch.

1. malen – zeichnen – vorspielen – skizzieren – porträtieren
2. anschauen – betrachten – sehen – bewundern – besichtigen
3. beeinflussen – fotografieren – entwerfen – komponieren – gestalten
4. Talent – Begabung – Können – Fähigkeit – Ausbildung

### 3 Ergänzen Sie die Texte.

Ihr (1) ___________ als Kinoregisseurin gibt Caroline Link 1996 mit „Jenseits der Stille". Der hochgelobte Film über eine junge Frau, deren Eltern gehörlos sind, entwickelt sich zu einem (2) ________________________ an den Kinokassen und wird mit mehreren Filmpreisen ausgezeichnet. Mit dem Film „Nirgendwo in Afrika" (2001) landet sie ihren bis dato größten (3) ____________. Neben zahlreichen anderen Preisen erhält sie für diesen Film einen Oskar. Link lebt mit ihrer Familie in München.

Darstellung
Konzert
Wunderkind
Genre
Ewigkeit
Opern
Gattungen
Debüt
Erfolg
Thema
Werk
Überraschungserfolg

Friedrich Dürrenmatt hat mit 23 Dramen, zahlreichen Romanen, Erzählungen, Hörspielen und Reden ein gewaltiges (4) ___________ geschaffen. International erfolgreich war die 1956 in Zürich uraufgeführte Tragikomödie „Der Besuch der alten Dame". Für ihn war das (5) _____________ der Komödie mit ihrer notwendigen Distanz die angemessenste Form zur (6) _________________ des Weltgeschehens. Dürrenmatt verfasste auch Kriminalromane, die bis heute zur Standardlektüre in den Schulen gehören. Ein zentrales (7) _______________ seines Schaffens ist die Spannung zwischen Recht und Macht.

Wolfgang Amadeus Mozart wurde am 27. Januar 1756 in Salzburg geboren. Mozart war ein (8) ________________. Bereits mit drei Jahren fing er an, Klavier zu spielen, mit vier Geige, mit fünfeinhalb gab er sein erstes öffentliches (9)_______________. Mit zwölf Jahren hatte Mozart drei (10)________________ komponiert, sechs Sinfonien und Hunderte anderer Werke. Mozart hat in fast allen musikalischen (11) ___________________ Hervorragendes geleistet. Als Großmeister der Wiener Klassik hat er Meisterwerke für die (12) _____________ geschaffen.

# Kreativ

## 1 *Kreativ* – finden Sie sechs andere Wörter, die eine ähnliche Bedeutung haben.

find schöpf er ein reich erisch fan falls voll reich
tasie duk isch ideen tiv er pro

## 2 Übungen zur Kreativiät. Wie kreativ sind Sie?

**a Versuchen Sie, zu einer Buchstabenfolge von vier Buchstaben so viele sinnvolle Sätze wie möglich zu finden, indem Sie jeden Buchstaben als Anfangsbuchstaben eines Wortes nehmen.**

Beispiel: K A R G → **K**einer **ar**beitet **r**ichtig **g**ern.
**K**ann **A**nna **r**eiten **g**ehen? usw.

P A F T   M S H G   R K M L   L I S T

**b Bilden Sie Wortketten.**

Beispiel: Tür**schloss** → **Schloss**garten → **Garten**arbeit → **Arbeits**stelle ...

Beginnen Sie mit folgenden Wörtern:

Spielzeugauto   Glashaus   Ferienhotel   Familienfest

**c Schreiben Sie einen kurzen Satz, in dem jedes Wort mit demselben Anfangsbuchstaben beginnt.**

**d Wählen Sie einen Kasten und schreiben Sie mit den Wörtern eine kurze Geschichte oder ein Gedicht.**

Jahr Wasser Duft Mond Bild
Herbst Schlaf Geld Hund

Strand Holz Bleistift Stuhl Zeit
Traum Monat Treppe Brot

**e Versuchen Sie, Wörter grafisch darzustellen.**

**f Welche anderen Übungen, die die Kreativität fördern, kennen Sie noch?**

## 3 Trennbare und untrennbare Verben. Ergänzen Sie die Verben im Perfekt.

mitnehmen besuchen beibringen anfangen verstehen gefallen erklären gegenüberstellen beantworten aufschreiben

Der Workshop „Kreativität üben" (1) _________ pünktlich um neun Uhr _______________.
Ich persönlich (2) _________ zum ersten Mal einen Workshop dieser Art _______________________. Die Seminarleiterin Paula Müller (3) _________ die Vor- und Nachteile der verschiedenen Kreativitätstechniken ___________________.
Sie (4) _________ uns ____________________________, wie man Kreativität üben kann.
Die Teilnehmer (5) __________ alle wichtigen Informationen ____________________.
Alle Fragen (6) ___________ Frau Müller mit viel Geduld _________________________.
Den Sinn mancher Übungen (7) _________ ich allerdings nicht ___________________.
Frau Müller (8) _________ mir in der Pause noch einmal eine Technik genauer _______________.
Den meisten Teilnehmern (9) ___________ der Workshop ausgesprochen gut __________________. Auch ich (10) _________ viele neue Anregungen _________________________.

## 4 Trennbar oder nicht? Bilden Sie Sätze im Präteritum.

1. wegen der Baustelle – wir – die Kreuzung – umfahren
2. das Auto – mich – fast – umfahren
3. der Lehrer – mit seinen Schülern – sehr streng – umgehen
4. mit dieser Taktik – er – das Problem – umgehen
5. die Studenten – den Text – in ihre Muttersprache – übersetzen
6. die Fähre – vom Festland – auf die Insel – übersetzen
7. während des Auslandspraktikums – sie – ihre Möbel – bei Freunden – unterstellen
8. sie – ihrer Kollegin – Faulheit – unterstellen
9. der Schreck – sie – bei dem Gedanken – durchfahren
10. die S-Bahn – bis zum Flughafen – durchfahren

*1. Wegen der Baustelle umfahren wir die Kreuzung.*

## 5 Infinitiv mit „zu". Wo steht „zu"? Schreiben Sie die Sätze.

1. Paul schafft es immer wieder, mich von seinen Ideen (überzeugen).
2. Ich habe ziemlich große Angst, bei der Aufnahmeprüfung (durchfallen).
3. Hat der Verlag vergessen, dem Schriftsteller das Geld (überweisen)?
4. Die Stadt hat vor, das gesamte Theater (umbauen).
5. Ich hatte keine Zeit, das Manuskript gründlich (durchsehen).
6. Meine Eltern versuchen immer, mich bei meinen Vorhaben (unterstützen).
7. Bei dem Casting waren sehr viele Leute und Sina hatte Angst, in der Masse (untergehen).
8. Der Schauspieler versucht, die Gefühle der Hauptfigur (widerspiegeln).

*1. Paul schafft es immer wieder, mich von seinen Ideen zu überzeugen.*

# Film ab!

**1a Wer macht was beim Film? Ordnen Sie die Berufsbezeichnungen den Beschreibungen oder Bildern zu.**

A Regisseur/-in  
C Produzent/-in  
I Fachmann/-frau für Ausstattung  
G Baubühnenarbeiter/-in  
B Maskenbildner/-in  
J Kostümbildner/-in  
D Tonmeister/-in  
H Schnittmeister/-in  
E Kameramann/-frau  
F Continuity

1 ☐ Seine/Ihre Aufgabe ist es, alle gefilmten Teile zu einem harmonischen Ganzen zusammenzuführen. Er/Sie gestaltet, meist zusammen mit dem Regisseur, den Rhythmus der Bildwechsel, die Art und Weise der Übergänge, was wichtig ist für den Charakter jedes Films. Außerdem sorgt er/sie dafür, dass Versprecher oder schlecht gespielte Szenen verschwinden.

2 ☐

3 ☐ Er/Sie kümmert sich während des Drehs um die optimale Aufnahme der Sprache und Geräusche (Atmosphäre, Originaltöne). Oft gibt es Störgeräusche, die den Originalton der Aufnahme unbrauchbar machen. Dann müssen die Schauspieler ihren Text im Studio nachsprechen, und zwar synchron zum Bild.

4 ☐

5 ☐ Er/Sie ist der „Motor" des Filmprojektes und hat die Aufgabe, neue Stoffe zu finden und weiterzuentwickeln, die Rechte zu sichern, das Budget zu kalkulieren sowie Drehbuchautor, Regisseur und Hauptdarsteller zu engagieren. Außerdem muss er/sie die Finanzierung des Projektes sichern und ist für die Vermarktung des Filmes zuständig.

6 ☐

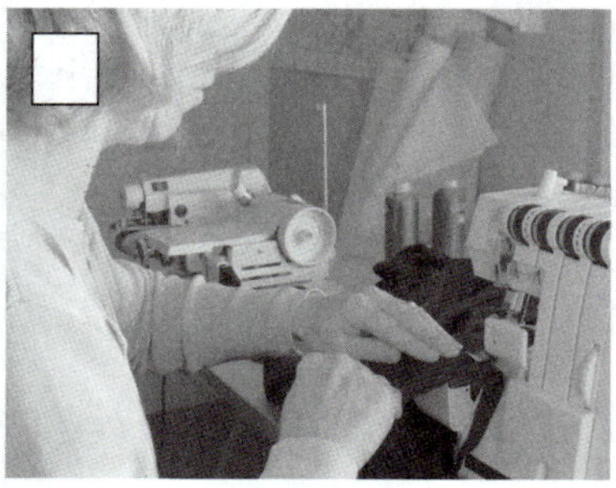

7 ☐ Er/Sie besorgt alle Gegenstände (vom Telefon bis zum Auto oder der Tischdecke), die im Film vorkommen, und sorgt dafür, dass sie zu Ort und Zeit des Films passen und nicht unglaubwürdig sind.

9 ☐ Die Mitarbeiter dieses Bereichs haben die Aufgabe, sich alle Details einer Aufnahme zu merken. Angefangen bei Einstellungsgrößen und Lichtstimmungen bis hin zu solchen „Kleinigkeiten" wie der Füllhöhe eines Glases, der Position einer Tasse auf dem Tisch oder dem Sitz einer Frisur usw. All diese Informationen sind sehr wichtig, denn die im Film aufeinanderfolgenden Szenen werden ja oft an unterschiedlichen Tagen gedreht.

8 ☐

10 ☐ Er/Sie ist hauptverantwortlich für die Umsetzung des Drehbuchs und koordiniert das Zusammenwirken aller künstlerischen Mitarbeiter vom Kameramann bis zum Schnittmeister. Wie beim Theater erarbeitet er/sie auch die Szenen und Dialoge mit den Schauspielern.

**b Erklären Sie die auf den Fotos dargestellten Berufe mit eigenen Worten.**

LB 3.15

**2 In der Zusammenfassung des Hörtextes von Aufgabe 2a im Lehrbuch sind inhaltliche Fehler versteckt. Lesen Sie die Zusammenfassung und hören Sie dann noch einmal den Text. Markieren und korrigieren Sie die Fehler.**

In dem Text geht es um Probleme bei Filmarbeiten. Die Dreharbeiten zu einem Film sind eine fantastische und glamouröse Arbeit, nur manchmal gibt es Probleme. Bei Außendrehs ist oft das Wetter ein Problem, mit dem auch erfahrene Filmemacher oft nicht rechnen. Aber auch Krankheiten von Hauptdarstellern oder Unfälle bei riskanten Szenen können ein Chaos beim Dreh auslösen und die Arbeiten um Tage oder gar Wochen verzögern. Dreharbeiten im Studio sind deutlich weniger störanfällig und im Studio ist auch meist das Arbeitsklima besser, denn die Schauspieler haben weniger Stress. Ein häufiges Problem beim Dreh ist die Langeweile, denn die Schauspieler müssen oft sehr lange warten, bis sie an der Reihe sind. Ein riesengroßes Problem entsteht, wenn ein Schauspieler während des Drehs verstirbt. In diesem Fall wird das Filmprojekt meistens abgebrochen. Bei fast jedem Dreh gibt es ein Second Unit Team. Dieses Team filmt parallel zum eigentlichen Team ungefähr die Hälfte der Filmszenen. Dank der Möglichkeiten am Computer gibt es heutzutage in den Filmen Special Effects. Früher war es nicht möglich, die Zuschauer mit speziellen Effekten in eine Traumwelt zu entführen.

*Dreharbeiten zu einem Film sind oft ein Chaos und meist gibt es an jedem Drehtag Pannen.*

**3a Bringen Sie die Notizen zu einem Exposé für einen Film in die richtige Reihenfolge.**

- [ ] **A** abends Anreise, Ziel: Abenteuerurlaub auf einsamer Hütte in den Bergen
- [ ] **B** erblickt Bauernhof, holt dort Hilfe für Reifenwechsel
- [ ] **C** verfährt sich, fährt auf dunklem Forstweg, Navi kennt die Straßen nicht mehr, es wird Nacht
- [ ] **D** gerade eingenickt, hört Schnaufen, bekommt Angst
- [1] **E** junger Mann, schicker erfolgreicher Business-Stadt-Typ, trägt edle Kleidung
- [ ] **F** Auto beginnt zu wackeln, versteckt sich auf dem Boden des Autos, wagt keinen Blick mehr raus, friert, stirbt fast vor Angst
- [ ] **G** macht Urlaub auf dem Bauernhof (mistet Stall aus, geht ins Heu, …), ist glücklich
- [ ] **H** schläft irgendwann ein
- [ ] **I** wacht am Morgen auf, alles tut weh, schaut ratlos aus dem Auto, um ihn herum: Kühe auf einer Weide!
- [ ] **J** plötzlich: Reifen geplatzt, draußen ist es dunkel, kein Werkzeug, richtet sich auf Nacht im Auto ein

**b Schreiben Sie nun das Exposé mithilfe der geordneten Notizen.**

# Ein Leben für die Kunst

## 1 Lesen Sie die Texte im Lehrbuch, Aufgabe 2b, noch einmal. Sind die Aussagen richtig oder falsch?

| | r | f |
|---|---|---|
| 1. Viele Künstler erwartet ein harter Alltag. Deshalb bewerben sich immer weniger junge Leute an den Schauspielschulen und Kunstakademien. | ☐ | ☐ |
| 2. Wer erfolgreich sein will, muss Talent besitzen und das Handwerk beherrschen. Gleichzeitig sind gute Kontakte wichtig. | ☐ | ☐ |
| 3. Man muss an das eigene Können glauben. Sonst sollte man lieber etwas anderes studieren. | ☐ | ☐ |
| 4. Fred Könneck hat vor Kurzem ein ziemlich teures Bild verkauft. Daraufhin startete seine Karriere richtig durch. | ☐ | ☐ |
| 5. Astrid Wellman hat die Kunst aufgegeben. Stattdessen arbeitet sie jetzt im Museum. | ☐ | ☐ |

## 2 Ergänzen Sie die Konnektoren in den Texten. Zwei passen jeweils nicht.

**A**

dennoch wohingegen daraufhin stattdessen andernfalls somit

„Wenn ich so zurückdenke, wollte ich eigentlich schon immer Sängerin werden. Ich habe meine Eltern schon früh bekniet, mich in einen Chor zu schicken. Der Chorleiter war nach einer Weile der Meinung, man müsse mich mehr fördern. (1) ________________ bekam ich den lang ersehnten Gesangsunterricht. Und der Ehrgeiz hatte mich so richtig gepackt. Um richtig gut zu werden, muss man natürlich relativ viel üben, (2) ________________ bleibt man nur Mittelmaß. (3) ____________ blieb nicht viel Zeit für andere Hobbys. Nach dem Abitur wollte ich ans Konservatorium. Mir war immer klar, dass der Beruf der Sängerin viele Hochs und Tiefs beinhaltet. (4) ____________ habe ich mich dafür entschieden. Heute bin ich so mittelmäßig erfolgreich, aber immer noch glücklich mit dem Weg, den ich eingeschlagen habe."

**B**

andernfalls stattdessen vielmehr dennoch demgegenüber währenddessen

Viele Freiberufler opfern sich ohne großen Erfolg für ihren Traumberuf auf. Das Buch „Wovon lebst du eigentlich?" zeigt Tricks und Überlebensstrategien von 22 Kunst- und Kulturschaffenden, die unterhalb der Armutsgrenze leben.

„Mein letzter richtiger Urlaub war vor 15 Jahren, zwei Wochen Frankreich", gesteht der Schriftsteller Wolfgang Herrndorf. (5) __________________________ steht das vermeintlich exotische Berufsbild des welterfahrenen Künstlers, das viele im Kopf haben.

Die mit Preisen ausgezeichnete Fotografin Sybille Fendt räumt beispielsweise ein, Geld von ihren Eltern geliehen zu haben. Die Aufträge wurden auch nicht zahlreicher, nachdem sie von einer Zeitschrift zu einer der „100 wichtigsten Deutschen" gewählt worden war. (6) _______________ war die Auftragslage zu diesem Zeitpunkt besonders hoffnungslos. Der Daily-Soap-Schauspieler

Alexander Sternberg erklärt, zur Bestreitung seines Unterhalts zwischenzeitlich auch an der Käsetheke eines Supermarkts gestanden zu haben.
Viele selbstständige Erwerbstätige im Bereich Kultur krebsen am Existenzminimum herum, um das tun zu können, was sie möchten. (7) ________________ kommt für viele Kreative eine Festanstellung nicht infrage. „Wovon lebst du eigentlich?" ist eine nüchterne Bestandsaufnahme. Gejammert wird kaum. (8) ____________________ ist Pragmatismus eingekehrt. So geht die Musikerin und Schriftstellerin Almut Klotz davon aus, dass sie auch noch mit 70 „nebenbei" arbeiten wird.

**c**

| | | | | |
|---|---|---|---|---|
| währenddessen | dagegen | daraufhin | gleichzeitig | folglich |

„Bei der Schauspielschule in Essen werden jährlich nur acht von 900 Kandidaten genommen. (9) ________________ ist die Aufnahmeprüfung natürlich sehr aufreibend. Träume platzen im Akkord. Manche haben schon zehn, fünfzehn Versuche an verschiedensten Schulen hinter sich. (10) ________________ sind meine vier Versuche nichts. Vor so einer Prüfung ist das Lampenfieber enorm. (11) __________________bin ich dann aber eigentlich ruhig und völlig auf die Rolle konzentriert. Ob ich bestanden habe oder nicht, weiß ich noch nicht. Sicher ist aber: Ich gebe nicht auf."

### 3 Ergänzen Sie die Sätze.

1. Diesmal muss es mit der Aufnahmeprüfung klappen. Andernfalls ...
2. Viele renommierte Künstler verdienen mit ihren Bildern viel Geld. Wohingegen ...
3. Als freier Künstler braucht man neben Durchhaltevermögen auch viel Disziplin. Sonst ...
4. Pauls Eltern wollten, dass er Medizin studiert. Stattdessen ...
5. Stefanie hat letztes Jahr den Gesangswettbewerb gewonnen. Daraufhin ...
6. Nicht nur die Ausbildung an einer guten Schule ist wichtig. Vielmehr ...

### 4 Recherchieren Sie Informationen über einen Künstler / eine Künstlerin aus einem Bereich, der Sie besonders interessiert. Schreiben Sie einen Text über den Werdegang der Person und verwenden Sie dabei die Konnektoren.

### 5 Lesen Sie die kurzen Dialoge. Welche Bedeutung haben die Redewendungen in den Antworten?

1. „Vanessa will übrigens Philosophie studieren." – „Wirklich? Das ist doch auch so **eine brotlose Kunst**."
2. „Mike hat sein Studium schon nach acht Semestern abgeschlossen." – „Na, das ist ja auch **keine Kunst**, wenn man nicht nebenher arbeiten muss."
3. „Die Vernissage war ja super." – „Ja, die war wirklich **nach allen Regeln der Kunst** vorbereitet."

# Leseratten

**1a Lesen Sie die Informationen zum Leben von Stefan Zweig und schreiben Sie eine Kurzbiografie.**

Stefan Zweig – österreichischer Schriftsteller, Erzähler, Lyriker und Essayist, meistübersetzter deutschsprachiger Autor seiner Zeit

| | |
|---|---|
| 1881 | geb. 28. Nov., Wien, zweiter Sohn eines Textilfabrikanten |
| 1887–1900 | Volksschule und Gymnasium in Wien |
| ab 1897 | erste Veröffentlichungen von Gedichten in Zeitschriften |
| 1900–1904 | Studium der Philosophie, Germanistik und Romanistik, Universität Wien |
| 1901 | erste Buchveröffentlichung: „Silberne Saiten" |
| 1904 | längerer Aufenthalt in Paris, Begegnung mit Rilke und Rodin |
| 1908–1910 | Reisen: Indien, Sri Lanka, USA, Kanada, Kuba und Puerto Rico; Erzählband „Erstes Erlebnis. Vier Novellen aus Kinderland" (1911) |
| 1914 | meldet sich freiwillig zum Militär, Überstellung ins Kriegsarchiv, Mitarbeit an Propagandaschriften des Kriegsarchivs |
| 1917 | eineinhalbjähriger Aufenthalt in der Schweiz, Kontakte zu pazifistischen Schriftstellern, Begegnungen mit James Joyce, Hermann Hesse u. a. |
| 1919 | Ende März Rückkehr nach Österreich, lebt in Salzburg |
| 1920 | Eheschließung mit Friderike von Winternitz, Wien |
| 1924 | „Die gesammelten Gedichte", in Paris Begegnung mit Salvador Dalí |
| 1927 | „Sternstunden der Menschheit" |
| 1933 | Bücherverbrennungen der Nationalsozialisten, auch Stefan Zweigs Bücher werden verbrannt, Anmietung einer Wohnung in London |
| 1936 | erste Reise nach Brasilien, zahlreiche Lesungen und Vorträge, nach Buenos Aires zum PEN-Kongress |
| 1938 | Antrag auf britische Staatsbürgerschaft, Scheidung von Friderike, Vortragsreise durch 30 amerikanische Städte |
| 1939 | Heirat mit Lotte Altmann, Roman „Ungeduld des Herzens" |
| 1941 | Reise nach Brasilien, kleines Haus in Petropolis bei Rio de Janeiro, Arbeit an „Schachnovelle" |
| 1942 | 22. Februar, Freitod von Lotte und Stefan Zweig, vermutlich wegen Schwermut über Zerstörung der „geistigen Heimat Europa", Folge von Perspektivlosigkeit im Exil und Verzweiflung über NS-Regime |

TIPP
**Texte schreiben**
Denken Sie daran, Ihre Sätze mit Konnektoren zu verknüpfen und Nomen in Verben umzuwandeln. Texte im Verbalstil lesen sich angenehmer als Texte im Nominalstil. Achten Sie auch darauf, die Satzanfänge zu variieren.

**b Wählen Sie ein Buch von Stefan Zweig, lesen Sie es und/oder sammeln Sie Informationen darüber im Internet. Stellen Sie den Titel im Kurs vor.**
**Alternativ können Sie auch ein Buch eines bekannten Autors / einer bekannten Autorin aus Ihrem Heimatland vorstellen.**

**2 Lesen Sie den folgenden Text. In welchem Textabschnitt a–f finden Sie die gesuchte Information 1–10? Es gibt jeweils nur eine richtige Lösung. Jeder Abschnitt kann mehrere Informationen enthalten.**

P TELC

Beispiel: In welchem Abschnitt …

0 geht die Autorin auf die Buchpreisgestaltung in zwei deutschsprachigen Ländern ein? c

**In welchem Abschnitt …**

1 warnt die Autorin davor, die technischen Möglichkeiten und Neuheiten zu ignorieren? f

2 beschreibt die Autorin ein wesentliches Problem bei der Vermarktung von E-Books? b

3 führt die Autorin Bereiche auf, in denen das E-Book von klarem Vorteil gegenüber dem Buch ist? e

4 beschreibt die Autorin verschiedene Sinneseindrücke beim Lesen eines „echten" Buchs? d

5 gibt die Autorin eine Prognose über die Nutzungsentwicklung der E-Books in naher Zukunft? f

6 wirft die Autorin die Frage auf, ob das E-Book alle Gewohnheiten beim Lesen ändern wird? a

7 nennt die Autorin Gründe für den hohen Preis von E-Books? c

8 verweist die Autorin auf eine Untersuchung zum Nutzungsverhalten mit E-Books? e

9 nennt die Autorin einen Bereich, für den das E-Book sehr nützlich ist? e

10 zeigt sich die Autorin zuversichtlich, dass das Buch als Medium auch weiterhin Bestand haben wird? f

## Die Zukunft lesen

**Werden sich unsere Lesegewohnheiten mit dem Aufkommen der E-Books ändern? Der mündige Leser entscheidet nicht nur, was er liest, sondern auch wie er liest.**

von Michaela Ortis

**a**

Verfolgt man die Berichte, die anlässlich der Frankfurter Buchmesse im Oktober und der Messe BuchWien im November in den Medien erschienen sind, so entsteht der Eindruck, dass wir vor einem radikalen Wechsel unserer Lesegewohnheiten stehen. […] Wie viel Hype und wie viel Wahrheit stecken dahinter? Grund genug, sich mit dem Thema E-Books, also elektronischen Büchern, im Detail auseinanderzusetzen. […]

**b**

Die großen Verlage sehen bei der Vermarktung von E-Books vor allem das Risiko, dass ähnlich wie bei den Musiktiteln der Markt durch Raubkopien zerstört wird. Hier müssen Mittel gegen illegale Kopien oder Downloads geschaffen werden, um das Urheberrecht zu sichern. Eine Möglichkeit wäre, den aus der Musikbranche bekannten Kopierschutz DRM (Digital Rights Management) auch bei E-Books zu verwenden. […] Eine einheitliche Lösung ist aber noch nicht beschlossen. […]

**c**

In Österreich sind digitale Bücher im Buchpreisbindungsgesetz inkludiert, denn die Buchpreisbindung gilt auch für solche elektronische Medien, die Bücher nur reproduzieren und damit ersetzen. Auch der Börsenverein des deutschen Buchhandels hat im September die *Stellungnahme zur Preisbindung von E-Books* erarbeitet. Eine reine Kostenkalkulation geht somit klar zugunsten des Buches aus: E-Books werden mit einem Abschlag von 20 bis 30 Prozent auf den Buchpreis angeboten, bei einem Preis von 250 bis 600 Euro für ein Lesegerät muss man schon viel lesen, um sich etwas zu ersparen.

**d**

Neben all den technischen und vermarktungsrechtlichen Aspekten schwingt in der Diskussion E-Book versus Buch viel Emotion mit. Schließlich sind wir das Buch als Medium über Jahrhunderte hinweg gewohnt – und nicht nur gewohnt: Jeder liebt das Gefühl, ein neues Buch erstmals zu öffnen, die Seiten durchzublättern, der druckfrische Geruch steigt in die Nase oder auch der schon etwas vergilbte Geruch eines alten wertvollen Nachschlagewerks. Ein Buch in der Hand zu halten ist etwas anderes als ein kleines Lesegerät. Hier kommt die haptische Wahrnehmung zum Tragen, also das Erfühlen mit unseren Sinnen von Größe, Oberfläche, Kontur oder Gewicht eines Buches. In einer Diskussion sollte also in erster Linie die Positionierung im Vordergrund stehen: Wofür steht das Buch und wofür steht das E-Book? [...]

**e**

E-Books werden vor allem in Forschungsstätten und akademischen Büchereien immer mehr nachgefragt. Der Springer Verlag hat dazu eine aktuelle Studie veröffentlicht, bei der die Sicht des Endverbrauchers untersucht wurde. Durchgeführt wurde die Studie an fünf Universitäten in Holland, Deutschland, Finnland, Illinois/USA und Bangalore/Indien. Die befragten Leser nutzen E-Books vor allem für Forschung (78 Prozent) und Studium (56 Prozent), dabei werden die Bücher nicht – wie ein klassischer Roman – von vorne bis hinten gelesen, sondern nur einzelne Abschnitte oder Kapitel zielgerecht durchsucht, um Antworten zu finden. Nur zehn Prozent geben an, ein E-Book auch als Freizeitbeschäftigung zu lesen. Als Vorteile von E-Books beim wissenschaftlichen Arbeiten werden genannt: leichter und schnellerer Zugriff auf relevante Informationen. Sie sind immer verfügbar, man muss nicht warten, dass ein entliehener Band zurückgegeben wird; man kann sie einfach auf eine Dienstreise mitnehmen oder im Zug lesen, weil sie vom Gewicht und Umfang her viel leichter zu transportieren sind. [...] Die Studie kommt zu dem Schluss, dass E-Books nie Bücher ersetzen werden, aber als ergänzendes Medium vor allem im Forschungsbereich einen immer größeren Stellenwert bekommen werden. Dort bringen sie dem Leser auch einen realen Nutzen.

**f**

Einen Hype für E-Books zu beschwören macht genauso wenig Sinn, wie die Augen vor dieser technischen Entwicklung zu verschließen. Für Teilbereiche wie Wissenschaft, Studium und Forschung werden E-Books in absehbarer Zeit stärker werden, weil dort die Vorteile überwiegen. Sie bieten auch die Möglichkeit, auf digitalem Weg neue Leser anzusprechen, die sonst vielleicht nie erreicht werden würden, wie die junge Generation, die mit dem Internet und elektronischen Medien aufwächst. [...]

Jeder Leser entscheidet also selbst, welches jeweils das geeignete Lesemedium ist. Gewohnheiten, auch wenn sie unbewusst sind, spielen dabei eine Rolle: So weiß der Leser eines Buches immer, ob er sich in der Mitte oder am Ende seines Romans befindet. E-Books bilden diese Information mit einem wandernden Balken nach, das haptische vertraute Gefühl der dicken Seiten, die ich noch lesen kann, fehlt hier aber. Und dass auch jugendliche Leser weiterhin zu Büchern greifen, beweisen die hohen Auflagezahlen von Harry Potter und Eragon, wahrhaft dicke Wälzer, die mit Begeisterung verschlungen werden. [...]

# Selbsteinschätzung

| So schätze ich mich nach Kapitel 9 ein: Ich kann … | + | 0 | – | Modul/ Aufgabe |
|---|---|---|---|---|
| … einen ausführlichen Radiobeitrag über Filmproduktionen im Detail verstehen. | | | | M2, A2a |
| … eine Radiosendung über eine Messeneuheit zusammenfassen. | | | | M4, A4 |
| … in kurzen Sachtexten über Kreativität wichtige Einzelinformationen finden. | | | | M1, A2 |
| … Texte über den Künstleralltag verstehen und diesen charakterisieren. | | | | M3, A2 |
| … ohne große Anstrengung einen autobiografischen Text verstehen. | | | | M4, A2a |
| … Gedanken und Einstellungen zu Thesen über Kreativität klar ausdrücken und argumentativ unterstützen. | | | | M1, A2a |
| … Informationen aus einem Radiobeitrag vorstellen. | | | | M2, A2b |
| … Gedanken und Meinungen über Literaturverfilmungen ausdrücken. | | | | M4, A2b |
| … komplexe Sachverhalte aus Grafiken zum Thema „Lesegewohnheiten" klar und detailliert darstellen. | | | | M4, A3d |
| … ein klar strukturiertes Exposé für einen Film in einem der Textsorte angemessenen Stil verfassen. | | | | M2, A4 |
| … in einem persönlichen Brief Bezug auf die Briefinhalte des Korrespondenzpartners nehmen und Ratschläge geben. | | | | M3, A5 |
| … Informationen aus einer Grafik in einem klar und gut strukturierten Text wiedergeben und auch eigene Gedanken und Meinungen dazu ausdrücken. | | | | M4, A5 |

**Das habe ich zusätzlich zum Buch auf Deutsch gemacht:**
**(Projekte, Internet, Filme, Texte, ...)**

| | Datum: | Aktivität: |
|---|---|---|
| | | |
| | | |
| | | |
| | | |
| | | |

# Erinnerungen

## Wortschatz wiederholen und erarbeiten

**1a Sortieren Sie die Wörter und Wendungen in die Tabelle ein.**

~~sich entsinnen~~ (1)
entschwinden (2)
etwas dämmert jemandem (1)
gedenken (1)
ein schlechtes Gedächtnis haben (2)
etwas auffrischen (1)
etwas verbummeln (2)
jemandem ist etwas entfallen (2)
etwas fällt jemandem ein (1)
an etwas zurückdenken (1)
etwas aus dem Gedächtnis verlieren (2)
etwas nicht behalten (2)
sich etwas ins Gedächtnis zurückrufen (1)
ein Gedächtnis wie ein Sieb haben (2)
etwas kommt jemandem in den Sinn (1)

| 1 **„erinnern"** |
|---|
| *sich entsinnen, …* |
| 2 **„vergessen"** |
| |

**b Ergänzen Sie die Sätze mit den Wörtern und Wendungen aus dem Kasten.**

1. Mein Sohn hat die Schlüssel verbummelt, wir können sie nirgends finden.
2. Wenn ich an unseren Urlaub zurückdenke, dann habe ich gleich wieder Fernweh.
3. Ich habe gestern den Wortschatz vom letzten Kurs aufgefrischt.
4. Am 01. September wird der Opfer des Zweiten Weltkriegs gedacht.
5. Kannst du mir helfen? Mir ist seine Telefonnummer entfallen.
6. Meinen Job aufgeben? Das kommt mir gar nicht in den Sinn.
7. Ich kann die Geheimzahl für meine EC-Karte einfach nicht behalten.
8. Also du hast wirklich ein Gedächtnis wie ein Sieb. Nichts kannst du dir merken.

**2 Was bedeuten diese Wendungen? Ordnen Sie zu.**

1. c Aus den Augen, aus dem Sinn.
2. e Über eine Sache ist Gras gewachsen.
3. a einen Filmriss haben
4. f sich das Hirn zermartern
5. b ein Ereignis macht Geschichte
6. d den Faden verlieren

a sich absolut nicht mehr erinnern können
b etwas ist unvergesslich
c Wenn man Menschen nicht mehr sieht, vergisst man sie.
d nicht mehr wissen, was man sagen wollte
e Etwas ist vergessen, keiner redet mehr darüber.
f angestrengt nachdenken

**3 Alles, was man vergessen kann – lösen Sie das Rätsel.**
(Ä, Ö, Ü = AE, OE, UE)

| | | | | | | | | | | | | | | | | | | |
|---|---|---|---|---|---|---|---|---|---|---|---|---|---|---|---|---|---|---|
| 1 | | | | | | | | | S | C | **H** | L | U | E | S | S | E | L |
| 2 | | | | R | E | N | D | E | Z | V | **O** | U | S | | | | | |
| 3 | | | | V | E | R | S | P | R | E | **C** | H | E | N | | | | |
| 4 | | | | R | E | G | E | N | S | C | **H** | I | R | M | | | | |
| 5 | | | | | G | E | H | E | I | M | **Z** | A | H | L | | | | |
| 6 | | | | | | | A | U | S | W | **E** | I | S | | | | | |
| 7 | | | | | | | T | E | R | M | **I** | N | | | | | | |
| 8 | | | | | | | | | D | A | **T** | U | M | | | | | |
| 9 | | | | | G | E | B | U | R | T | **S** | T | A | G | | | | |
| 10 | | | | | | | M | O | N | A | **T** | S | K | A | R | T | E | |
| 11 | | P | O | R | T | E | M | O | N | N | **A** | I | E | | | | | |
| 12 | V | E | R | A | B | R | E | D | U | N | **G** | | | | | | | |

Waagerecht: 1. ein Gegenstand aus Metall, mit dem man eine Tür aufmacht 2. ein Treffen zwischen zwei Personen, die Interesse füreinander haben 3. jemandem sagen, dass man ganz sicher etwas tun wird 4. braucht man, wenn das Wetter schlecht und nasskalt ist 5. ist für die Benutzung der EC-Karte notwendig 6. ein offizielles Dokument, das den Namen und andere persönliche Informationen über den Besitzer enthält 7. Zeitpunkt, bis zu dem etwas fertig sein soll 8. Angabe eines Tages, Monats und Jahres dem Kalender nach 9. das Datum, an dem jemand geboren wurde 10. das Ticket, das in den öffentlichen Verkehrsmitteln einen Monat gültig ist 11. eine kleine Tasche für das Geld 12. mit jemandem beschließen, sich zu treffen, um etwas gemeinsam zu tun

**4 Sehen Sie sich die Zeichnungen an und schreiben Sie zu jeder eine kurze, lustige Geschichte.**

*1. Herr Schmidtke hatte einen stressigen Tag im Büro und ist froh, dass er endlich nach Hause fahren kann.*
...

# Erinnern und Vergessen

**1 In welchem Text im Lehrbuch, Aufgabe 2d, stehen die Aussagen? Markieren Sie.**

| | Text 1 | Text 2 | Text 3 |
|---|---|---|---|
| 1. Vor Jahren vermuteten Wissenschaftler, dass unser Gehirn alles aufnehmen kann. | ☐ | ☐ | ☐ |
| 2. Die vielen Nervenzellen unseres Gehirns bilden ein Netz. | ☐ | ☐ | ☐ |
| 3. Beim Vorgang des Einprägens sind Gefühle sehr wichtig. | ☐ | ☐ | ☐ |
| 4. Im Kurzzeitgedächtnis bleiben die Informationen nur wenige Sekunden erhalten. | ☐ | ☐ | ☐ |
| 5. Objektive Tatsachen werden im Gehirn an anderer Stelle gespeichert als persönliche Erinnerungen. | ☐ | ☐ | ☐ |
| 6. Nervenzellen können elektrische Impulse aussenden. | ☐ | ☐ | ☐ |
| 7. Es gibt keine einheitliche Theorie über den Prozess des Vergessens. | ☐ | ☐ | ☐ |
| 8. Wenn wir uns bewegen, greifen wir auf das prozedurale Gedächtnis zurück. | ☐ | ☐ | ☐ |

**2a Wörter mit ähnlicher Bedeutung. Ordnen Sie Wörter aus dem Kasten den Wörtern 1–8 zu. Lesen Sie dazu die Sätze mit den Wörtern im ersten Text im Lehrbuch, Aufgabe 2d, nach.**

behalten [6] – Empfindung [1] – Bereich [7] – schießen [5] – Moment [2] – Spürsinn [1] – sehr groß [4] – auflösen [3] – Gebiet [7] – mächtig [4] – aufbewahren [6] – Zeitpunkt [2] – abweichend [8] – entziffern [3] – bombardieren [5] – unterschiedlich [8]

1. Gefühl (Z. 1): ______________
2. Augenblick (Z. 4/5): ______________
3. entschlüsseln (Z. 8): ______________
4. riesig (Z. 11): ______________
5. feuern (Z. 15): ______________
6. speichern (Z. 18): ______________
7. Region (Z. 25): ______________
8. verschieden (Z. 29): ______________

**b Lesen Sie den zweiten Text im Lehrbuch, Aufgabe 2d, noch einmal. Welche Wörter aus dem Text entsprechen den Wörtern 1–6?**

1. erreichen gelangen Z. 4
2. verstehen begreifen Z. 7
3. sich merken behalten Z. 10
4. differenzieren unterteilen Z. 12
5. in Gang bringen aktivieren Z. 26
6. bezeichnen nennen Z. 27

**c Formulieren Sie für die Wörter aus dem dritten Text im Lehrbuch, Aufgabe 2d, eine Umschreibung bzw. Erklärung.**

1. getreulich (Z. 4): man kann sich darauf verlassen
2. verblassen (Z. 21): schwächer werden
3. bislang (Z. 25): bisher, bis jetzt, bis zu diesem Zeitpunkt
4. plausibler (Z. 26): klarer und verständlicher
5. überlagern (Z. 28): überdeckt

### 3a Bilden Sie die Partizipialgruppe.

| Konditionalsatz | Partizipialgruppe |
|---|---|
| 1. Wenn man es anders formuliert, … | |
| 2. Wenn man es bei Licht betrachtet, … | |
| 3. Wenn man annimmt, dass … | |
| 4. Wenn man davon ausgeht, dass … | |
| 5. Wenn man grob schätzt, … | |
| 6. Wenn man davon absieht, dass … | |

### b Wählen Sie drei Partizipialgruppen aus Übung 3a aus und schreiben Sie je einen Satz.

### 4 Unterstreichen Sie in den Sätzen alle Partizipialgruppen und formen Sie sie in Konditionalsätze um.

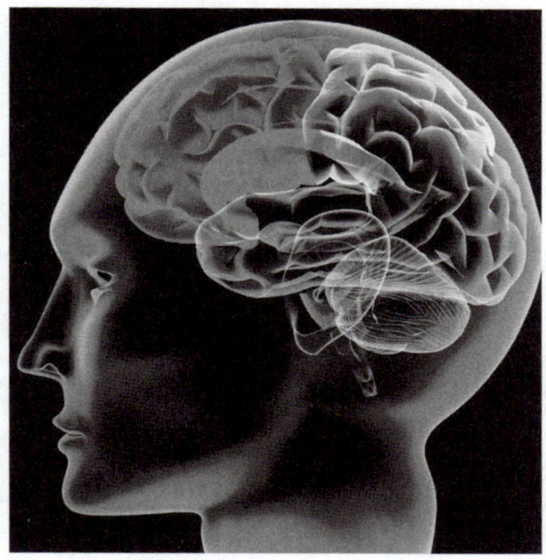

1. Genau genommen, ist das Gehirn die oberste Steuerzentrale unseres Körpers.
2. Verglichen mit dem Gehirn eines Elefanten (5.400 g), ist das menschliche Gehirn um Vieles leichter (1.300 g).
3. Näher betrachtet, verbreiten sich Impulse in unserem Nervensystem mit 400 km/h.
4. Es gibt viele Krankheiten des Gehirns. Alzheimer ist, allgemein formuliert, eine Erkrankung des Nervensystems, die mit zunehmender Verschlechterung der kognitiven Leistungsfähigkeit verbunden ist.
5. Abgesehen von nur 2,2 Prozent der Bevölkerung, die einen IQ von über 130 haben, besitzt die Masse der Bevölkerung (68 Prozent) einen IQ zwischen 85 und 115.
6. Es gibt viele Studien darüber, wie man am effektivsten lernt. Kurz zusammengefasst, lernt man am besten, indem man selber ausprobiert.

*Wenn man es genau nimmt, ist das Gehirn die oberste Steuerzentrale unseres Körpers.*

### 5 Welche Partizipialgruppe passt in die Sätze?

rund gerechnet – verglichen mit – bezogen auf – abgesehen von – im Grunde genommen – ehrlich gesagt

1. ______________________ habe ich heute keine Lust, mit ins Kino zu gehen.
2. ______________________ hast du ja recht. Ich kann das trotzdem nicht machen.
3. ______________________ diesem Fehler, ist das eine gute Arbeit.
4. ______________________ macht das 20 €.
5. ______________________ Ihre Frage, möchte ich Ihnen Folgendes mitteilen.
6. ______________________ deiner stressigen Arbeit, habe ich einen ruhigen Job.

# Falsche Erinnerungen



LB 3.17

**1 Hören Sie das Interview zum Thema „Falsche Erinnerungen" noch einmal in Abschnitten. Machen Sie zu jedem Abschnitt Notizen.**

Abschnitt 1:

1. Definition des Begriffs: „falsche Erinnerungen":

___

___

2. Experiment – Erinnerung an Fahrt mit Heißluftballon:

___

___

3. Entstehen von falschen Erinnerungen:

___

___

Abschnitt 2:

1. Faktoren, die den Speicherprozess beeinflussen:

   a ___

   b ___

2. Manipulation von Erinnerungen:

___

___

___

3. Wichtig für Psychotherapien:

   a positive Eindrücke: ___

   b negative Eindrücke: ___

Abschnitt 3:

Folgen falscher Erinnerungen:

a Zeitzeugen: ___

___

b Zeugenaussagen: ___

___

LB 3.21

**1 Hören Sie noch einmal das Gespräch von Aufgabe 1 im Lehrbuch. Wie, denken Sie, ist die Unterhaltung zwischen Ute und ihrem Arbeitskollegen gewesen? Arbeiten Sie zu zweit und schreiben Sie einen möglichen Dialog.**

| Ute | | Kollege |
| --- | --- | --- |
| *Ja hallo, grüß dich, so eine Überraschung!* | → | |
| | ↙ | |
| | ↘ | |
| | ↙ | |
| | ↘ | |
| | ↙ | |
| | ↘ | |
| | ↙ | |
| | → | |

**2 Ergänzen Sie die Sätze im Futur I oder Futur II.**

Gestern habe ich einen Kollegen getroffen, aber ich denke, er (1) ___________ sich nicht daran ________________ (erinnern). Das war komisch, ich habe mit ihm geredet, aber er hat mich nicht erkannt. Er (2) ___________ wohl einen ganz schlechten Tag ______________________ (haben), dachte ich zuerst. Aber dann habe ich das einer Freundin erzählt und die hat nur gesagt: „Das glaube ich nicht, der (3) ___________ an Gesichtsblindheit ___________ (leiden)!" Sie hatte erst am Tag davor einen Artikel über diese Krankheit gelesen. Sie hat mir dann genau erklärt, was das ist, aber ich weiß nicht recht. Wie (4) ___________ mein Kollege ______________ (reagieren), wenn ich ihn morgen sehe? Was (5) __________ er __________ (sagen)? (6) __________ er mich vielleicht inzwischen ____________________ (erkennen) oder (7) __________ er mich __________ (fragen), was ich am Wochenende gemacht habe?

**3 Lesen Sie die Textabschnitte und notieren Sie Vermutungen zu den Fragen. Verwenden Sie verschiedene Mittel, um Ihre Vermutungen auszudrücken.**

Ich habe immer geahnt, dass etwas nicht stimmt mit mir. Es gab einfach zu viele Momente in meinem Leben, die nach einer Erklärung verlangten. Aber es dauerte 44 Jahre, bis ich im 7. Stock des William-James-Gebäudes an der Harvard University Gewissheit erhielt. In einem fensterlosen Konferenzraum sass ich Ken Nakayama gegenüber.

1. Welche Momente könnte der Autor meinen?
   *Er wird Momente meinen, in denen er ...*
2. Wie wird er Gewissheit erhalten?
   ____________________

„Erzählen Sie", sagt Nakayama.
Ich beginne mit dem peinlichsten Erlebnis von allen: Wo ich aufgewachsen bin, gibt es eine große Fasnacht, zu der auch der Ball im besten Hotel der Stadt gehört. Ich muss knapp über zwanzig gewesen sein, als ich ihn das erste und – aus Gründen, die bald klar werden – einzige Mal besuchte.

3. Aus welchem Grund könnte er den Ball nur ein Mal besucht haben?
   ____________________

Es ist Brauch, dass die Frauen maskiert erscheinen, die Männer in Anzug und Krawatte. Die Frauen fordern die Männer zum Tanzen auf und beginnen mit verstellter Stimme ein Gespräch, das den Männern Gelegenheit gibt, zu erraten, wer unter der Maske steckt. Um Mitternacht ziehen die Frauen die Masken aus, und das Rätselraten hat ein Ende. So jedenfalls die Theorie.

4. Wie könnte der Maskenball für den Autor ausgegangen sein?
   ____________________

Im Verlauf des Abends tanzte ich immer wieder mit einer Prinzessin, die über mein Leben detailliert Bescheid wusste. Als es von der Kirche gegenüber zwölf schlug, spielte die Band einen Tusch. Meine Prinzessin zog die Maske aus und lachte mich an. Ich blickte ihr ins Gesicht und hatte keine Ahnung, wer sie war. Das überraschte mich selber so sehr, dass mir die Geistesgegenwart fehlte, mich aus der Situation zu schauspielern.

5. Wie wird „die Prinzessin" wohl reagiert haben?
   ____________________

Nachdem wir uns eine Weile angestarrt hatten, wandte sich die Prinzessin ab und ging wortlos davon. Meine Recherchen ergaben später, dass sie eine gute Freundin von mir gewesen war – bis zu dem Maskenball jedenfalls.

*Textanfang aus "Hurra, ich ticke nicht richtig!" von Reto U. Schneider, NZZ Folio 04/2008. Ganzer Text unter www.nzzfolio.ch.*

**TIPP** **Zusammenfassungen beurteilen**
Lesen Sie den Text global, um sich zu orientieren. Unterstreichen Sie im Text alle Hauptthemen, die Sie dann in den Zusammenfassungen identifizieren sollen. Eine Zusammenfassung ist die beste, aber die drei anderen sind nicht völlig falsch, d. h., sie enthalten auch viele Informationen aus dem Text. Die beste Zusammenfassung erkennen Sie daran, dass mit ihr alle wesentlichen Informationen wiedergegeben werden.

P TELC

**1 Lesen Sie den folgenden Text. Im Anschluss an den Text finden Sie vier Zusammenfassungen (a–d). Welche Zusammenfassung ist die beste? Es gibt nur eine richtige Lösung.**

## Die 50er-Jahre

**1** Die fünfziger Jahre genießen in der Öffentlichkeit eine sehr unterschiedliche Wertschätzung. Nicht selten dienten sie (seit den siebziger Jahren) in aktuellen politischen Debatten als negativ oder positiv besetztes Symbol. Die besondere Hervorhebung gerade dieser Zeit ist kein Zufall: Die fünfziger Jahre sind die Gründerjahre der Bundesrepublik, in der ein Großteil unserer heutigen politischen und gesellschaftlichen Institutionen und Strukturen wurzelt. Den einen erscheinen sie als einfache und „gute" Zeit, in der die Menschen ein gemeinsames Ziel kannten und mit Optimismus und Tatkraft verfolgten: den Wiederaufbau. Für die anderen sind es „bleierne Zeiten" voll spießigen Muffs, in denen sich eine weitgehend unpolitische Bevölkerung für nichts anderes interessierte als für die Mehrung ihres privaten Wohlstands. (…)

**2** Die fünfziger Jahre waren ein Zeitraum, in dem die Menschen, denen der Krieg noch „in den Knochen steckte", vor allem Ruhe und Sicherheit erstrebten. Es war zudem der Abschluss einer Epoche, die etwa um die Wende zum 20. Jahrhundert begonnen hatte. Die Erwerbsstruktur mit einem hohen Anteil landwirtschaftlicher und sonstiger manueller Arbeit, ein geringer Anteil an höherer Bildung, autoritäre Wertmuster in Ehe, Familie und Schule lassen uns diese Zeit als weit entfernte Geschichte erscheinen. Andererseits zeigen sich die fünfziger Jahre in vielem als der Beginn der heutigen modernen Gesellschaft: Aufstieg des Fernsehens, Anfänge des Automobilbooms, des Massentourismus und der Teenagerkultur mögen als Stichworte ausreichen. Zwischen der Abschaffung der Lebensmittelkarten 1950 und dem ersten Auftritt der „Beatles" (in Hamburg) 1960 scheint jedenfalls weit mehr als ein Jahrzehnt zu liegen.

**3** Das mit den fünfziger Jahren häufig verbundene Bild vom schlemmenden Michel, dem Wohlstandsbürger, der von der „Fresswelle" zu immer feineren sonstigen Genüssen und Vergnügungen überging, ist unzutreffend. In den meisten westdeutschen Haushalten ging es noch lange sehr bescheiden zu. Die Löhne und Einkommen von 1950 entsprachen von der Kaufkraft her etwa denen der besten Jahre der Zwischenkriegszeit (1928 und 1938). Allerdings hatten Krieg und Nachkriegswirren sehr häufig zum Verlust von Hausrat und Einrichtungsgegenständen geführt, sodass es einen großen Nachholbedarf gab. (…)

**4** Da auch die Ausgaben für die Wohnung mit neun bis zehn Prozent während des gesamten Jahrzehnts stabil blieben – Ergebnis gesetzlicher Mietpreisbindungen und staatlicher Wohnungsbaupolitik –, überwog nach Berechnungen des Statistischen Bundesamtes Ende der fünfziger Jahre erstmals der sogenannte „elastische" den sogenannten „starren Bedarf" (Nahrungsmittel, Wohnung, Heizung und Beleuchtung). Die Summe der – in engen Grenzen – wahlweise für verschiedene Zwecke einzusetzenden Ausgaben wuchs an, in vielen Haushalten eine völlig neue Erfahrung.

**5** Aber noch auffälliger war in den fünfziger Jahren der steile Anstieg der Sparquote (Anteil des gesparten an der Summe des verfügbaren Einkommens), die sich im Laufe des Jahrzehnts in etwa verdreifachte und 1960 bei 8,7 Prozent lag; das Bausparen verzwölffachte sich sogar. Man könnte die fünfziger Jahre pointiert als Jahrzehnt des Sparens bezeichnen. Bewusst wurde in vielen Haushalten auf vieles verzichtet, was man sich mit dem gesteigerten Einkommen hätte leisten können. Es handelte sich aber nicht um Konsumverzicht, sondern um die Konzentration auf die wichtigsten Wünsche wie die Erlangung der Wohnung oder des eigenen Heims und die Anschaffung langlebiger Konsumgüter.

**6** Der Ausstattungsgrad mit solchen Gütern war in der ersten Hälfte der fünfziger Jahre noch sehr niedrig. Nach einer Umfrage des Allensbacher Instituts für Demoskopie verfügten 1953 neun Prozent aller Haushalte über einen Kühlschrank und 26 Prozent über einen Staubsauger, 1962/63 waren es – laut Einkommens- und Verbrauchsstichproben des Statistischen Bundesamtes – 52 Prozent bzw. 65 Prozent. Und ähnlich verhielt es sich mit den Steigerungsraten vieler anderer Geräte, die zum größten Teil aber erst seit dem Ende der fünfziger Jahre angeschafft werden konnten.

**7** Vor allem der Kauf eines Personenkraftwagens, für viele Berufspendler unabdingbare Notwendigkeit oder attraktive Alternative zur Fahrt in überfüllten Vorortzügen, rückte nun erst für breitere Schichten in den Bereich des Möglichen. Während 1959 jeder vierte Angestellten- und Beamten- und sogar erst jeder achte Arbeiterhaushalt über ein eigenes Auto verfügte, besaß bereits drei Jahre später ein Drittel aller Arbeitnehmerhaushalte einen „fahrbaren Untersatz“ – überwiegend einen erschwinglichen Kleinwagen. Obwohl sich die Zahl der zugelassenen Personenkraftwagen schon während der fünfziger Jahre verachtfacht hatte, stand Westdeutschland mit vier Millionen zugelassenen Fahrzeugen 1960 erst am Beginn eines Automobil-Booms. (...)

**8** In allen Untersuchungen zur Freizeit in den fünfziger Jahren wurde als auffälligster Grundzug die ausgeprägte Häuslichkeit und das Beisammensein innerhalb der Familie betont. Der private Rückzug prägte nicht nur den werktäglichen Feierabend, sondern auch das lange Wochenende. Arbeit in Haus und Garten, die Lektüre der Tageszeitung und das Radio bildeten das Zentrum der Freizeit. Die Verstärkung nachbarlicher Bindungen, welche die Soziologen und Städteplaner sich von den Siedlungen des sozialen Wohnungsbaus erhofft hatten, wollte sich nicht einstellen, und auch in den neuen Eigenheimvierteln der Vor- und Satellitenstädte lebten die meisten Familien eher für sich.

**9** Für den besonders ausgeprägten Hang zum Familiären und Privaten gab es verschiedene Gründe. Vor allem ist der sehr lange Arbeitstag (Arbeitszeit plus Arbeitswegzeit) anzuführen. Wer zwischen sechs und sieben Uhr morgens aufstand und zwischen 18 und 19 Uhr abends nach Hause zurückkehrte – dies sind die Mitte der fünfziger Jahre ermittelten Durchschnittswerte für die erwerbstätige Bevölkerung –, der suchte zunächst einmal Ruhe. Außerdem lag die Trennung vieler Familien durch die Abwesenheit des Vaters als Soldat und in der Gefangenschaft, der Söhne und Töchter durch die Evakuierung im Krieg, durch Ausbombung und Wohnungsnot noch nicht lange zurück. Das Anwachsen des Wohlstands und der zur Verfügung stehenden Freizeit änderte zunächst wenig an der vorherrschenden Häuslichkeit, die durch steigenden Komfort immer attraktiver wurde, nicht zuletzt durch die Ausstattung mit elektronischen Massenmedien.

**10** Die wichtigste außerhäusliche Unternehmung bildete für einen kleineren Teil der Bevölkerung der Sport. Etwa ein Viertel betätigte sich regelmäßig oder gelegentlich sportlich. Die Mitgliederzahl der Sportvereine erhöhte sich von vier Millionen (1954) auf 4,8 Millionen (1959). Etwa 40 Prozent davon waren Kinder und Jugendliche unter 18 Jahren. Der Vereinssport stellte in den fünfziger Jahren eine männliche Domäne dar. Nur etwa ein Siebtel der erwachsenen Mitglieder waren Frauen.

**11** Die fünfziger Jahre gelten als das deutsche Kinojahrzehnt. Allerdings hatte die Zahl der Kinobesuche mit 490 Millionen (das heißt etwa zehn je Einwohner) 1950 noch längst nicht den im Zweiten Weltkrieg bereits erreichten Höchststand eingeholt. In der ersten Hälfte der fünfziger Jahre erfolgte allerdings eine rasche Zunahme auf etwa 820 Millionen (= 15,6 Kinobesuche je Einwohner) 1956. Danach ging die Zahl der Kinobesuche allmählich wieder unter den Stand von 1950 zurück. (…)

## Zusammenfassungen

a Der Text „Die 50er-Jahre" beschreibt die wirtschaftlichen und sozialen Veränderungen in Deutschland im besagten Zeitraum. Die Jahre zwischen 1951 und 1960 gelten als Gründerjahre der Bundesrepublik Deutschland, auf die zahlreiche politische und gesellschaftliche Institutionen zurückgehen. Zugleich gelangte die Gesellschaft in dieser Zeit zu bis dahin unbekanntem Wohlstand, der Wiederaufbau ging schnell voran und die Wirtschaft boomte. Mit dem wachsenden Wohlstand blieben die meisten Menschen zunächst bescheiden und erwarben Dinge, die im Krieg zerstört wurden, später sparten sie und machten größere und langfristigere Anschaffungen (Wohnung, Auto, Staubsauger usw.), was sich besonders an der enorm steigenden Zahl der gekauften Autos zeigt. In ihrer Freizeit waren die Menschen eher häuslich, weshalb diese Epoche heute für viele Menschen als langweilige Zeit gilt. Wenn die Menschen damals in ihrer Freizeit nicht zu Hause waren, machten die meisten Sport oder sie gingen ins Kino.

b Der Sachtext „Die 50er-Jahre" stellt die wirtschaftlichen und sozialen Entwicklungen in jenen Jahren in Deutschland dar. Diese Gründerjahre der Bundesrepublik Deutschland sind zum einen geprägt vom Geist des Wiederaufbaus und der boomenden Wirtschaft, zum anderen von spießiger Häuslichkeit. Kurz nach dem Krieg war den Menschen damals Ruhe und Sicherheit wichtig und mit dem wachsenden Wohlstand war es vielen Familien möglich, sich ein modernes Zuhause mit technischen Geräten wie Staubsauger, Kühlschrank und Fernsehgerät einzurichten. Zu Beginn dieser Zeitspanne lebten die Menschen überwiegend bescheiden und kauften Hausrat und Einrichtungsgegenstände, die im Krieg verloren gegangen waren. Danach sparten sie für die Anschaffung von langlebigen Konsumgütern und Personenkraftwagen. Die Spareinlagen waren so hoch, dass diese Zeit auch als „Jahrzehnt des Sparens" bezeichnet wird. Die Zahl der Autos, die in Deutschland zugelassen wurden, verachtfachte sich in diesen Jahren. Die heutige moderne Gesellschaft formte sich und die von landwirtschaftlicher und manueller Arbeit sowie geringem Bildungsstand und autoritärem Wertesystem geprägte Zeit fand ein Ende. Außerhäuslich betrieb ca. ein Viertel der Bevölkerung Sport und die Menschen gingen gerne ins Kino.

c Der Artikel „Die 50er-Jahre" hat den besagten Zeitraum zum Thema. Er befasst sich mit den wirtschaftlichen und sozialen Bereichen des Lebens in Deutschland. Die 50er-Jahre gelten als Gründerjahre für die heutige Gesellschaft und die Bundesrepublik, gleichzeitig haftet diesen Jahren auch etwas Spießiges und Langweiliges an, denn die Menschen wünschten sich vor allem Ruhe und Sicherheit. Sie verbrachten viel Zeit zu Hause mit der Familie, lebten bescheiden, sparten ihr Geld und machten selten außerhäusliche Unternehmungen, abgesehen von Sport und Kinobesuchen. Ihr Geld sparten sie vor allem für einen Personenkraftwagen oder für Dinge, die es zu Beginn der 50er-Jahre noch in fast keinem Haushalt gab. Die Arbeitszeiten waren damals sehr lang, die meisten verließen zwischen sechs und sieben Uhr morgens das Haus und kamen zwischen 18 und 19 Uhr zurück.

d „Die 50er-Jahre" ist ein Text, der die Jahre von 1951 bis 1960 in Deutschland beschreibt. Heute werden diese Jahre in der Öffentlichkeit sehr unterschiedlich eingeschätzt, für die einen ist diese Zeit der Beginn der Bundesrepublik und eine Zeit, in der die Menschen den Wiederaufbau als gemeinsames Ziel verfolgten und die Wirtschaft einen Boom erlebte. Für die anderen gilt diese Zeit als schwer und langweilig. Sie sehen in dieser Zeit eine Phase, in der die Menschen sich nicht für Politik interessierten und nur darauf bedacht waren, ihren privaten Wohlstand wachsen zu sehen. Dass der Wohlstand wuchs, zeigt sich deutlich an den rapide steigenden Verkaufszahlen von Staubsaugern, Kühlschränken oder auch Autos. Auch das Wohnen war damals ein wichtiges Thema, denn die Menschen lebten sehr häuslich und verbrachten viel Zeit mit der Familie in den eigenen vier Wänden, ab der Mitte der 50er-Jahre dann auch zunehmend vor dem eigenen Fernsehgerät. Vermutlich auch wegen des vorausgehenden Krieges, in dem viele Familien getrennt waren, genossen die Menschen damals das gemeinsame Familienleben und gingen wenig aus.

LB 3.24

**2 Hören Sie noch einmal das Lied zu Aufgabe 4a im Lehrbuch und ergänzen Sie den Text.**

**Tage wie dieser**

Tage wie dieser
kommen nie wieder.
Tage wie dieser
sollten nie ____________ geh'n.

Du ____________ dich um
und siehst sie wieder.
Du drehst dich um und siehst in deinem
Kopf die ______________________.
Spürst du noch immer nichts?

Du siehst ____________ irgendwo am Ende.
Der Augenblick ist jetzt und fließt wie
____________ durch deine Hände.
Doch du hältst dich,
doch du hältst dich an ihm fest.

Tage wie dieser …

Du ____________ nicht mehr
und siehst sie wieder.
Zerstückelt und zerstochen singen sie leise
ihre ____________.
Sprichst du noch immer nicht?

Sie haben gesagt, es würde ____________,
doch wir sitzen hier ________________,
trinken Wein
und sind einfach nur am Leben.
Bis unsre Welt ____________, es dunkel ist.

Tage wie dieser …

Und alles was uns bleibt
ist ein ______________________.
Du weißt,
was ______________.

Und alles was uns bleibt …

Tage wie dieser …

| **So schätze ich mich nach Kapitel 10 ein: Ich kann ...** | + | 0 | – | **Modul/ Aufgabe** |
|---|---|---|---|---|
| ... eine Radiosendung über „Falsche Erinnerungen“ im Detail verstehen. | | | | M2, A2 |
| ... ein privates Gespräch hören und Vermutungen anstellen. | | | | M3, A1 |
| ... das Lied „Tage wie dieser“ verstehen und über Eindrücke des Liedes sprechen. | | | | M4, A4 |
| ... Texte über die Funktion des Gedächtnisses verstehen und Überschriften formulieren. | | | | M1, A2a |
| ... Fragen zu einem Text über Gesichtsblindheit stellen und beantworten. | | | | M3, A3b |
| ... einen literarischen Text über Erinnerungen an das Jahr 1952 lesen und Informationen zum sozialen Hintergrund verstehen. | | | | M4, A2a |
| ... über Erinnerungen aus der eigenen Kindheit sprechen. | | | | M1, A1 |
| ... Aufgaben zum Thema „Gedächtnistraining“ im Kurs vorstellen. | | | | M1, A4 |
| ... sich im Kurs über das Leben in Deutschland in den 1950er-Jahren austauschen. | | | | M4, A2c |
| ... ein Lied vorstellen, das man mit bestimmten Erinnerungen verbindet. | | | | M4, A5 |
| ... einen Blogbeitrag zum Thema „Falsche Erinnerungen“ schreiben. | | | | M2, A4b |
| ... einen Text darüber schreiben, woran man sich in fünf Jahren erinnern wird. | | | | M4, A3 |

**Das habe ich zusätzlich zum Buch auf Deutsch gemacht: (Projekte, Internet, Filme, Texte, ...)**

| | Datum: | Aktivität: |
|---|---|---|
| | | |
| | | |
| | | |
| | | |
| | | |
| | | |

# Lösungen

## Kapitel 1: Alltägliches

### Wortschatz

**Ü1:** Haushalt/Familie: einen Ausflug organisieren, eine Mitgliedschaft im Fitnessstudio kündigen, den Wocheneinkauf erledigen, die Freizeitgestaltung diskutieren, einen Arzttermin vereinbaren, Behördengänge erledigen, sich die Hausarbeit teilen, die Kinder versorgen, den Kundendienst anrufen, ein Abo (ab)bestellen

Schule/Studium: unter Zeitdruck geraten, sich auf eine Prüfung vorbereiten, einen Aufsatz verfassen, ein Referat halten, durch eine Prüfung fallen, eine Lerngruppe bilden, ein Protokoll schreiben

Beruf: unter Zeitdruck geraten, ein Vorstellungsgespräch absolvieren, beruflichen Verpflichtungen nachkommen, im Stau stehen, an einer Besprechung teilnehmen, eine Konferenz leiten, eine Bewerbung verschicken, sich an den Betriebsrat wenden, an einer Fortbildung teilnehmen, ein Protokoll schreiben

Freizeit: einen Ausflug organisieren, eine Mitgliedschaft im Fitnessstudio kündigen, die Freizeitgestaltung diskutieren, Freundschaften pflegen, zur Ruhe kommen, Konzertkarten besorgen, eine Verabredung absagen, sich eine Sportverletzung zuziehen, einem Verein beitreten

**Ü2a:** 1. die, 2. die, verantwortlich, 3. der, rhythmisch, 4. die, monoton, 5. der, stressig, 6. die, eintönig, 7. die, zerstreut, 8. die, langweilig, 9. die, sicher, 10. die, sorglos, 11. der, spaßig, 12. die, gewöhnlich, 13. die, abwechselnd

**Ü3:** 1. meistern, 2. entfliehen, abschalten, 3. abgewinnen

### Modul 1 Die Zeit läuft …

**Ü1:** 1. Mir läuft die Zeit davon. 2. … sich Zeit lässt. 3. Kommt Zeit, kommt Rat. 4. … mit der Zeit gehen. 5. … eine Frage der Zeit. 6. Zeit ist Geld.

**Ü3a:** 1. etliche/wenige/viele, 2. manche/einige/sonstige, 3. etwas/genug/wenig, 4. allen/solchen/sämtlichen, 5. weiteren/sonstigen/solchen, 6. ein paar/einige/viele

**Ü3b:** 1. keine, 2. manch ein, 3. Welche, 4. Irgendeiner, 5. Jener, 6. Welchen, diese, 7. Manch einem, 8. keinem

**Ü3c:** jede arbeitende, folgende alltägliche, vielen unerledigten, geliebten, ungeliebten, etlichen gestressten, manche wichtige, Irgendeine allgemeine, diese bekannte, verfügbare

### Modul 2 Vereine heute

**Ü1:** 1. g, 2. h, 3. e, 4. a, 5. c, 6. b, 7. d, 8. f

**Ü3:** 1. d, 2. d, 3. c, 4. b, 5. b, 6. c, 7. a, 8. d, 9. a, 10. b

### Modul 3 Chaos im Wohnzimmer

**Ü1a:** Text B ist besser, Text A: Überschrift von Text wird nicht genannt, kein richtiger Einleitungssatz, Text wird gewertet (interessantes Interview), direkte Rede wird verwendet

**Ü2:** 1. Bereitschaft, 2. Unabhängigkeit, 3. Neuheit, Neuigkeit, 4. Gründlichkeit, 5. Verbraucherfreundlichkeit, 6. Empfindlichkeit, 7. Bekanntheit, Bekanntschaft, 8. Seltenheit

**Ü3:** herstellen: das Herstellen, der Hersteller, die Herstellung, der Herstellende

verstehen: das Verstehen, das Verständnis, der Verstand, der Verstehende, der Verstandene

bilden: das Bild, das Bildnis, das Bilden, die Bildung

verkaufen: das Verkaufen, der Verkauf, der Verkäufer, der Verkaufende, das Verkaufte

suchen: das Suchen, die Suche, der Sucher, der Suchende, das Gesuchte

besuchen: das Besuchen, der Besuch, der Besucher, der Besuchende

kritisieren: das Kritisieren, die Kritik, der Kritiker, der Kritisierende

**Ü4:** 1. Forscher, 2. Analyse, 3. Verbindung, 4. Meinung, Wünsche, 5. Streit, 6. Erfahrung, 7. Interesse, 8. Besuch, Kauf

### Modul 4 Alle zusammen

**Ü1:** Jugend: Grünschnabel, halbstark, Stimmbruch, Dreikäsehoch, Göre, Dummer-Jungen-Streich, Leichtsinn, Pubertät, Pickel, altklug, nicht trocken hinter den Ohren;

Alter: Wechseljahre, Weisheit, ergraut, senil, Tanztee, Tattergreis, im besten Alter, betagt, Kaffeefahrt, erfahren

**Ü2:** Gespräch 1: 3, 5, 8, 9, 12; Gespräch 2: 7, 14; Gespräch 3: 1, 2, 4, 6, 10, 11, 13

**Ü3:** 1. dass, 2. brisantes, 3. war, 4. die, 5. Gesundheitswesen (ohne Komma), 6. zum, 7. ✔, 8. abspalten, 9. Sicht, 10. Bevölkerung, 11. Vortrag, 12. die, 13. ✔, 14. können, 15. Konzepte, 16. sind, 17. reicht, 18. sich, 19. ihre, 20. auszuüben, 21. soll, 22. verbringen

## Kapitel 2: An die Arbeit!

### Wortschatz

**Ü1:** 1. Doktor, 2. gründen, 3. Zentrale, 4. Kollege, 5. Patent, 6. ansteigend, 7. Katalog, 8. Leasing, 9. laienhaft

**Ü2:** 8A, 2B: Arbeitsverhältnis, 1C: Angebot, 4D: Betriebsrates, Führungsposition, 3E: Karriereberater, 7F: Vertrag, 6G: Gehaltsvorstellungen, 5H: Bescheid

**Ü3:** Controlling: Geschäftsziele überwachen, Unternehmenszahlen zusammenstellen, Effizienz optimieren, Vorschläge für das Management erarbeiten;

Marketing: Kundenumfragen erheben, Marktanalysen auswerten, Produkte bewerben, Broschüren erstellen, Werbestrategien entwickeln;

Personalabteilung: Arbeitsverträge aufsetzen, Stellenanzeigen formulieren, Weiterbildungen organisieren, Mitarbeiter abmahnen, Bewerbungsgespräche führen;

Einkauf: Dienstleister vergleichen, Rabatte verhandeln, Preise und Konditionen verhandeln;

Verkauf: Kaufverträge aufsetzen, Preise und Konditionen aushandeln, Kundengespräche führen, Rechnungen schreiben, Reklamationen bearbeiten, Verkaufszahlen zusammenstellen;

Logistik: Bestellungen versenden, Aufträge an Firmen erteilen, Verpackung von Waren, Güterströme organisieren, Lager verwalten, Waren für einen Kunden zusammenstellen, Warenbestand prüfen, Waren zum Kunden transportieren

### Modul 1 Ein bunter Lebenslauf

**Ü1:** 1. sie ihren bunten Lebenslauf erklären sollen. 2. dass sie sich neu- oder umorientieren. 3. ihre Gründe ehrlich angeben. 4. warum jemand gewechselt hat und was er gelernt hat. 5. ein Nachteil sein. 6. nur vorsichtig in das Gespräch eingebaut werden.

**Ü2a:** lang ersehntes Bewerbungsgespräch, international bekannten Softwarefirma, ein einzigartiger Job, einem riesigen Sitzungssaal, der sympathischen Stimme, die konkreten Fragen, meine vorbereiteten Antworten, meinem halbjährigen Aufenthalt, interkulturelle Erfahrungen, irgendeine konkrete Tätigkeit, ein blödes Gesicht, nebensächliche Themen, puren Unsinn

**Ü3a:** 1. der Darstellung/Erklärung/Nachvollziehbarkeit. 2. Gründen/Argumenten, 3. revidiert/korrigiert werden kann, 4. schnell erkannt werden. / dem Bewerber schaden. 5. Bewerbers/Bewerberin/Interessenten/Interessentin, 6. schon/bereits/sehr, 7. konkreten/jeweiligen – Bewerber/Interessenten, 8. eine Stelle/Tätigkeit / die Flexibilität

### Modul 2 Probieren geht über Studieren?

**Ü2a:** 2. §4, 3. §6, 4. §3, 5. §5, 6. §1, 7. §2, 8. §7, 9. §1

**Ü2b:** 1. a, 2. a, 3. b, 4. a

### Modul 3 Multitasking

**Ü1a:** 2. d, 3. f, 4. e, 5. a, 6. b

**Ü1b:** 1. leisten, 2. durchführen, 3. ausüben, 4. leiten, 5. funktionieren

**Ü2:** 1. Gehirn, 2. Erledigung/Bewältigung, 3. Stress/Dauerstress, 4. Doppelbelastung, 5. Reaktion, 6. Zeit, 7. Entscheidungsstau, 8. Verschwendung

**Ü3:** 1. d, 2. f, 3. a, 4. b, 5. c, 6. e

**Ü4:** 1. worüber, 2. weshalb/weswegen, 3. wodurch, 4. was, 5. was, 6. woran, 7. womit, 8. was, 9. weshalb/weswegen

**Ü5:** 2. was ein Trugschluss ist. 3. wodurch viele Fehler verursacht werden. 4. worüber viele Studien informieren. 5. was den meisten nicht bewusst ist. 6. worauf ich sehr gespannt bin.

### Modul 4 Soft Skills

**Ü1:** 2. Führungskompetenz, 3. Teamfähigkeit/Teamorientierung, 4. Belastbarkeit, 5. Durchsetzungsvermögen, 6. Flexibilität, 7. Eigeninitiative, 8. Kundenorientierung

**Ü2:** 1. Berufsstart/Berufseinstieg, 2. Lösung, 3. verhält/präsentiert, 4. Stelle, 5. Vorbereitung, 6. wechselt/ändert, 7. Soft Skills/Qualitäten/Fähigkeiten, 8. Interesse, 9. Job-Einsteiger/Berufseinsteiger, 10. Möglichkeit

## Kapitel 3: Hast du Worte?

### Wortschatz

**Ü1:** 1. Wörter, 2. Worte, 3. komme … zu Wort, 4. zu Wort gemeldet, 5. dich beim Wort nehmen, 6. kein Wort verloren, 7. wortgewandt, 8. wortkarg, 9. wortlos, 10. wortwörtlich

**Ü2:** 1. schluchzen, 2. sich vertragen, 3. kooperieren, 4. beweisen, 5. nörgeln, 6. jammern

**Ü4a:** Na ja, so lala, hab, gequatscht, total krass, voll gekracht, brühwarm, Nix, nervig, fix und fertig, Weiß nicht, Das kannst du wohl laut sagen., Total ätzend, voll Hunger, Hey, mach keinen Stress, Na toll, ich schiebe Kohldampf

**Ü5a:** 1. +, 2. +, 3. –, 4. +, 5. +, 6. –, 7. +/–, 8. –

### Modul 1 Immer erreichbar

**Ü1:** 2. Nach Kerstin Cuhl ist es ein Vorteil, jederzeit auf alle Daten Zugriff zu haben. 3. Laut der Tageszeitung besitzt in Deutschland fast jeder ein Handy. 4. Einer Umfrage zufolge verzichten immer mehr Menschen auf ihren Festnetzanschluss. 5. Gemäß unserem Beschluss werden Handys während der Besprechungen ausgeschaltet. 6. Laut einer Studie wird aufgrund von Handy und Internet immer öfter auf feste Arbeitszeiten verzichtet.

**Ü2:** 1. behauptete, 2. beschrieb, 3. betonte, 4. erläuterte, 5. erzählte, 6. meldete, 7. hervorheben, 8. versicherte, 9. entgegnete, 10. teilte mit

**Ü3:** 2. Wie die Nachrichtenagentur meldete, hat die Bundesregierung eine erneute Steuererhöhung beschlossen. 3. Wie die Zeitschrift berichtete, entlässt das Unternehmen die Hälfte der Belegschaft. 4. Wie vereinbart wurde, wird im nächsten Quartal ein neuer Betriebsrat gewählt. 5. Wie eine Umfrage gezeigt hat, haben die meisten Deutschen Angst vor einer Wirtschaftskrise. 6. Wie viele Experten vermuten, wird die momentane Krise noch länger andauern.

**Ü4:** 2. Sie sagt, sie finde es manchmal stressig, dass man sie immer anrufen könne. 3. Sie erzählt, dass ihr Mann im Urlaub sein Handy auch mal abschalte. 4. Er berichtet, seine Tochter habe ihr Handy für Notfälle immer dabei. 5. Sie behauptet, manche Leute würden in Panik geraten, wenn sie mal ihre E-Mails nicht kontrollieren könnten. 6. Er sagt, früher sei es auch ohne Handy gegangen. 7. Er erklärt, er sei gestern nicht ins Netz gekommen und habe deshalb die Nachricht nicht beantworten können. 8. Sie sagt, sie wolle sich auch mal in Ruhe unterhalten, ohne dass das Handy ständig klingele. 9. Er ist der Meinung, wer heutzutage Karriere machen wolle, müsse immer erreichbar sein.

### Modul 2 Gib Contra!

**Ü1a:** 1. in die Offensive gehen, alleine vor dem Spiegel, mit Freunden/Familie, 2. die besten Sätze/Strategien für sich finden, gute Ideen ins Trainingsbuch, 3. Situationen ansehen und bewerten, Beschäftigung mit Äußerungen/Strategien, Training in Kleingruppen, 4. Körperhaltung signalisiert, wer Opfer ist, nicht mehr klein fühlen

**Ü2a:** 1. die Regeln bewusst zu kennen. 2. man kann sie lernen. 3. hätten sie keine systematische/konkrete/allgemeine Erklärung. 4. mit den Regeln schneller werden.

### Modul 3 Sprachen lernen

**Ü1:** 1. der Erwerb, 2. die Kenntnis, 3. die Vermittlung, 4. die Erinnerung, 5. die Teilnahme, 6. die Verbesserung, 7. die Aneignung, 8. kommunizieren, 9. auseinandersetzen, 10. plaudern, 11. darstellen, 12. sprechen, 13. vortragen, 14. korrigieren

**Ü2a:** 2. die Grammatik gut kennen, 3. die sozialen Kontakte aufrechterhalten, 4. die ersten Fehler korrigieren, 5. die Schüler kommunizieren erfolgreich, 6. die Sätze sind klar aufgebaut

**Ü2b:** 2. die Vermittlung der Fremdsprachen, 3. die mühevolle Aneignung einer anderen Sprache, 4. das leichte (Er-)Lernen der Sprachen, 5. die mühevolle Erinnerung an die Regeln, 6. die Optimierung der Sprachkompetenz, 7. die Verbesserung der Sprachkenntnisse

**Ü3a:** antworten: auf, mit; die Beschwerde: über, von, bei; die Unterhaltung: über, mit; sich aufregen: über, wegen; reagieren: auf, mit; diskutieren: über, mit; der Bericht: über, von; hinweisen: auf; die Rede: über, von; sich beschäftigen: mit; der Streit: über, mit, um

**Ü4:** 1. unterscheidet zwischen, 2. nach, kann … beantwortet werden. 3. über, diskutiert werden. 4. forschen zu, 5. wissen, über

**Ü5:** 2. Seine (vielen) Telefonate / Sein (vieles) Telefonieren, 3. Eure (interessante) Präsentation / Euer (interessantes) Präsentieren, 4. Unser Gespräch, 5. Ihre Beherrschung, 6. Ihre Empfehlung

## Modul 4 Sag mal was!

**Ü1:** 1. fürchten, 2. etwas auf sich halten, 3. vermeiden, 4. beibringen, 5. mittlerweile, 6. ausschließlich, 7. imponieren, 8. Gelegenheit, 9. scheinen, 10. auffallen, 11. im Grunde genommen, 12. verblüffen, 13. offenbar, 14. vermuten, 15. betonen, 16. sich sehnen

**Ü2a:** 1. verbunden, 2. Ursprungs, 3. Identität, 4. rückständig, 5. Ausnahme, 6. verpönt, 7. auswärts, 8. Private, 9. Erinnerung, 10. unterdrücken

# Kapitel 4: Wirtschaftsgipfel

## Wortschatz

**Ü2:** 1. Kapital, 2. spekuliert, 3. Börse, 4. Aktionär, 5. Aktienkurs, 6. Finanzen

**Ü3a:** 1. Währung, 2. Wechselkurs, 3. Umsatz, 4. Geschäftsmodell, 5. Kredit, 6. Geldanlage

## Modul 1 Vom Kohlenpott …

**Ü1:** die Autoindustrie, die Unternehmensführung, die Industrieanlage, die Konsumgüterindustrie, die Unternehmensberatung, die Industrieabgase, der Industriezweig, die Stahlindustrie, die Industriestadt, das Industriegebiet, der Unternehmensberater, die Unternehmensleitung, die Spielwarenindustrie, die Unternehmensgründung, die Papierindustrie, das Wirtschaftsunternehmen, der Industriearbeiter, das Handelsunternehmen, die Industriekauffrau, das Gasunternehmen, die Metallindustrie, die Unternehmensziele

**Ü2:** 1. wussten, 2. wurde, 3. fing, 4. schien, 5. sah, 6. rannte, 7. erzählte, 8. glaubten, 9. verboten, 10. fand, 11. gefiel, 12. gab

**Ü3a:** 2. Arbeitsplätze im Bergbau, 3. Wiederaufbau der Bundesrepublik, 4. Kohle und Stahl, 5. die größte Einkaufsstadt, 6. stark zurückgegangen, 7. Öl und Erdgas verdrängten, 8. zu viel Steinkohle

**Ü3b:** 1. f, 3. f, 6. f

**Ü4a:** 1. bevor, 2. nachdem, 3. während, 4. als, 5. bis, 6. nachdem, 7. bevor, 8. seitdem, 9. nachdem

**Ü4b:** 2. nach der Fahrt im gläsernen Rüssel nach oben, 3. während der Wanderung durch die verschiedenen Themengärten, 4. beim Bau zweier Schächte im Januar 1902, 5. bis zum ersten erfolgreichen Kohleabbau, 6. nach zweijähriger erfolgreicher Arbeit, 7. vor der endgültigen Schließung der Grube, 8. seit der Einstellung der Kohleförderung 1943, 9. nach dem Beschluss der Stadt Hamm

**Ü5:** Nach Sonnenuntergang, Bevor die Familie isst, Beim Versuch, Bis der Junge zurückkehrte, Vor dem Regen, Während sie arbeitete, Bei Sonnenschein, Wenn es dunkel wird

**Ü6:** 2. Seitdem die Bundesrepublik Deutschland 1949 aus den Besatzungszonen der drei Westmächte gebildet wurde, war die Hauptstadt Bonn am Rhein. Seit der Bildung der Bundesrepublik Deutschland aus den Besatzungszonen der drei Westmächte war Bonn am Rhein die Hauptstadt. 3. Während sich in den fünfziger Jahren das sogenannte deutsche „Wirtschaftswunder" entwickelte, wurden Millionen Wohnungen gebaut. Während der Entwicklung des sogenannten deutschen „Wirtschaftswunders" in den fünfziger Jahren wurden Millionen Wohnungen gebaut. 4. Nachdem der Wohlstand eingesetzt hatte, konnten sich immer mehr Menschen ein Auto oder eine Urlaubsreise ins Ausland leisten. Nach dem Einsetzen des Wohlstands konnten sich immer mehr Menschen ein Auto oder eine Urlaubsreise ins Ausland leisten. 5. Bevor sich das Wirtschaftswunder rasch entwickelte, wurden große Firmen aufgebaut. Vor der raschen Entwicklung des Wirtschaftswunders wurden große Firmen aufgebaut.

## Modul 2 Mit gutem Gewissen?

**Ü1a:** spezielle Instanz im Bewusstsein; sagt dem Menschen, wie er sein Handeln beurteilen soll, ethische bzw. moralische Gründe; Handlungen ausführen oder unterlassen; Entscheidungen unausweichlich, mehr oder weniger bewusst, Wissen um Voraussetzungen und Folgen; von Normen der Gesellschaft, von individuellen moralischen Einstellungen abhängig; gutes oder schlechtes Gefühl, durch Einschätzung, Beurteilung oder Bewertung eigenen Tuns, Maßstab einer Moral hervorgerufen; fühlt sich gut, wenn er nach seinem Gewissen handelt, schlecht, wenn dagegen

**Ü1b:** 1. im Allgemeinen, 2. beurteilen, 3. Grund, 4. unterlassen, 5. unausweichlich, 6. denkbar, 7. Einstellung, 8. sich äußern, 9. hervorgerufen werden

## Modul 3 Die Welt ist ein Dorf

**Ü2:** pro: 1., 4., 6., 7.; contra: 2., 3., 5.

**Ü3:** 2. dass Informations- und Kommunikationstechnologien ständig weiterentwickelt werden. 3. dass sich die internationale Arbeitsteilung ausweitet. 4. dass der internationale Handel weltweit zunimmt. 5. dass die Kosten für den Transport rapide gesunken sind. 6. dass die internationalen Finanzströme eine hohe Flexibilität haben.

**Ü4:** 1. Durch die Abwanderung von Firmen in andere Länder fallen Arbeitsplätze weg. 2. Durch die Verlängerung von Transportwegen steigt die Umweltbelastung. 3. Durch die Schließung von Firmen im Inland steigt die Arbeitslosigkeit in den nächsten Jahren weiter. 4. Durch die Zunahme der Arbeitslosigkeit in den nächsten Jahren erhöhen sich die Sozialausgaben des Staates enorm. 5. Durch die enorme Erhöhung der Sozialausgaben des Staates steigen die Steuern. 6. Durch den Anstieg der Steuern werden die Leute unzufriedener.

**Ü5:** 1. Bei guter Bezahlung arbeiten Arbeitnehmer gern. 2. Wenn die Gewerkschaften nicht geholfen hätten, hätten die Arbeitnehmer in Europa ähnliche Bedingungen wie in sogenannten Billiglohnländern. 3. Bei Kürzung der Löhne demonstrieren die Arbeitnehmer. 4. Wenn große europäische Firmen in sogenannte Billiglohnländer abwandern, gehen in Europa Arbeitsplätze verloren. 5. Bei rapider Senkung der Transportkosten und schnellerem Warentransport kann der Welthandel enorm zunehmen.

### Modul 4 Gründerfieber

**Ü1:** 1. b (g), 2. e, 3. f (g), 4. g, 5. c (a/g), 6. a (b), 7. d

**Ü3:** 1. Begeisterung, 2. Not, 3. harte, 4. aktiv, 5. aufmerksam, 6. beschäftigen, 7. anschaulich, 8. Geschäftsidee, 9. präziser, 10. Bedenken, 11. Sprüche, 12. Risiko, 13. gelassen, 14. unangenehme, 15. Informationen

**Ü4:** passende Wörter: 1. Unternehmen, 2. Kapitalberater, 3. Geschäftsidee, 4. Alleinstellungsmerkmale, 5. Konkurrenz, 6. Marktsituation, 7. Angebotspalette, 8. Vermarktung, 9. Kreditbedingungen, 10. Laufzeit

## Kapitel 5: Ziele

### Wortschatz

**Ü1a:** Wissen erweitern: büffeln, etwas aufnehmen, sich etwas einprägen, pauken, etwas trainieren, Kenntnisse erwerben in, sich etwas aneignen

Zukunft planen: sich etwas vornehmen, sich entscheiden für, die Weichen stellen für, einen Vorsatz fassen, sich entschließen zu, etwas im Voraus festlegen, eine Entscheidung treffen, einen Entschluss fassen

einen Traum verwirklichen: etwas realisieren, sich einen Wunsch erfüllen, etwas in die Tat umsetzen, etwas wahr machen, etwas zustande bringen, Ernst machen mit, etwas Wirklichkeit werden lassen, etwas durchziehen, etwas betreiben

**Ü2:** das Fernziel, der Vorsatz, der Ehrgeiz, der Plan, der Entschluss, die Bestrebung, die Zielsetzung, die Intention, das Vorhaben, das Nahziel

**Ü3:** 1. Studium, Job, flexibel, Sprachen, die, Ausland, Erfolg, Beruf, leisten;

2. Zielen, bauen, bekommen, Lebens-, kleineren, verwirklichen, beruflicher, Arbeitszeit, absolvieren, machen;

3. Leben, haben, erfolgreich, hohe, gesetzt, größere, Eines, heiraten, schriftlich, Ehrgeiz

### Modul 1 Ab morgen!

**Ü2:** 1. Wegen, 2. Trotz, 3. um … zu, 4. sodass/damit, 5. Obwohl, 6. weil/da, 7. sodass, 8. Damit, 9. Zur

**Ü3:** 1. Viele Leute haben zu viel Stress im Beruf, sodass sie nach Feierabend einfach ihre Ruhe wollen. 2. Weil sie sich zu wenig bewegen, leiden viele Menschen an Rückenproblemen. 3. Weil sie Rückenprobleme haben, nehmen sich viele Leute vor, mehr Sport zu treiben. 4. Obwohl viele Personen hoch motiviert sind, halten sie ihre guten Vorsätze nicht durch. 5. Viele Menschen haben so unrealistische Vorsätze, dass sie ihre Pläne schnell wieder aufgeben müssen. 6. Damit das Vorhaben besser gelingt, sollte man sich zunächst kleinere Ziele stecken. 7. Um ihre Pläne leichter zu verwirklichen, schließen sich einige Leute einer Gruppe an. 8. Um sich zu belohnen, sollte man sich auch mal etwas Schönes gönnen.

**Ü4:** kausal: Wegen des schlechten Wetters hat Jana keine Lust zu joggen.

konzessiv: Trotz einer Verletzung geht Dirk ins Fitnessstudio.

final: Zur Verbesserung ihrer Kondition fährt Gesa jetzt viel Fahrrad.

konsekutiv: Infolge seiner langen Krankheit konnte Karl keinen Sport treiben.

**Ü5:** 2. Obwohl Martin ziemlich schlechte Noten in seiner letzten Prüfung hatte, beginnt er nicht früher zu lernen. Trotz der ziemlich schlechten Noten in seiner letzten Prüfung, beginnt Martin nicht früher zu lernen. 3. Der Abteilungsleiter hatte einen leichten Herzinfarkt, sodass er sich vorgenommen hat, weniger zu arbeiten. Infolge eines leichten Herzinfarktes hat sich der Abteilungsleiter vorgenommen, weniger zu arbeiten. 4. Viele Leute verändern ihre Gewohnheiten, um ihre Lebensqualität zu verbessern. Zur Verbesserung ihrer Lebensqualität verändern viele Leute ihre Gewohnheiten. 5. Weil sie zu gering motiviert sind, geben manche Leute schnell wieder auf. Wegen zu geringer Motivation geben manche Leute schnell wieder auf.

## Modul 2 Der Weg ist das Ziel

**Ü1:** 1. verfehlen, 2. stecken, 3. fassen, 4. haben, 5. ablassen, 6. verfolgen, 7. hinausschießen, 8. setzen

**Ü2:** Ziel-: Zielvorstellung, Zielvorgabe, Zielvereinbarung, Zieleinhaltung, …;
-ziel: Fernziel, Nahziel, Wunschziel, Lebensziel, …

**Ü3:** 1. Sie arbeitet in Werbe- und Marketingabteilungen in fast allen Wirtschaftszweigen und ist in Werbeagenturen, in der Medienbranche sowie im Messe- und Ausstellungswesen tätig. Sie ist in der Regel auf bestimmte Teilgebiete, z.B. Marketing, Werbung, Öffentlichkeitsarbeit, Produktmanagement oder Kundenberatung, spezialisiert. Die meiste Arbeitszeit verbringt sie mit Planen und Organisieren.

2. Sie hat begonnen, Wirtschaftswissenschaften zu studieren und hat nebenbei als Aushilfskraft bei einer Eventagentur gearbeitet. Weil der Job süchtig macht, hat sie das Studium abgebrochen und ist an die Westdeutsche Akademie für Kommunikation gegangen. Nach dem Abschluss hat ihr die Eventagentur eine feste Stelle angeboten.

**Ü4:** 1. f, 2. r, 3. f, 4. r, 5. f, 6. r, 7. r, 8. r

**Ü5:** 2. a, 3. c, 4. b, 5. e

## Modul 3 Jeder kennt jeden

**Ü1:** waagerecht: 1. Netzwerk, 2. Flexibilität, 3. Arbeitgeber, 4. Mobilität, 5. Austausch, 6. Kontakte, 7. Erfolg, 8. Globalisierung, 9. Kommilitone, 10. Arbeitsmarkt, 11. Student, 12. Branche, 13. Beziehung
senkrecht: Registrierung

**Ü3a:** 1. für, 2. bei, nach, 3. über, 4. für, gegen, 5. auf, 6. mit, über, 7. auf, 8. zu, 9. um, 10. an, unter, 11. über, mit, 12. in

**Ü3b:** 2. darauf, 3. darüber, 4. daran, 5. darüber, 6. darin, 7. daran

**Ü3c:** 2. Datenschützer weisen Mitglieder in Netzwerken immer wieder auf besondere Vorsichtsmaßnahmen beim Networking hin. 3. Viele Mitglieder denken oft nicht über den Schutz ihrer persönlichen Daten nach. 4. Man sollte immer an einen möglichen Missbrauch seiner eigenen Daten in Netzwerken denken. 5. Vor der Anmeldung in einem Online-Netzwerk sollte man sich über die Zahlung eines einmaligen oder eines monatlichen Beitrags informieren. 6. Ein großer Vorteil von Netzwerken liegt im möglichen Austausch kurzer Nachrichten. 7. Viele Nutzer glauben durch Kontakte im Netzwerk an berufliche Unterstützung.

**Ü4:** 2. Viele Studenten hoffen darauf, nach dem Studium in einer guten Firma zu arbeiten. Viele Studenten hoffen nach dem Studium auf eine Arbeit in einer guten Firma. 3. Viele Studenten entscheiden sich dafür, sich in einem Netzwerk anzumelden. Viele Studenten entscheiden sich für eine Anmeldung in einem Netzwerk. 4. Viele Studenten freuen sich darüber, in einem Netzwerk viele Kontakte zu schließen. Viele Studenten freuen sich auf das Schließen vieler Kontakte in einem Netzwerk. 5. Viele Studenten bitten darum, über den Ausfall der Vorlesung informiert zu werden. Viele Studenten bitten um Information über den Ausfall der Vorlesung. 6. Viele Studenten denken daran, ihre Seminararbeit rechtzeitig abzugeben. Viele Studenten denken an die rechtzeitige Abgabe ihrer Semesterarbeit.

## Modul 4 Freiwillig

**Ü2:** 1. Grund für Engagement: *Text A:* Viertel, in dem sie wohnt, ist sozialer Brennpunkt, *Text B:* Tante arbeitet als Sozialarbeiterin, *Text C:* Eltern waren auch in so einer Situation, hätten Hilfe gebraucht, *Text D:* schon seit Kindheit stark mit Natur verbunden

2. Einstellung gegenüber Engagement vorher: *Text B:* fand das immer toll, wollte auch mithelfen, *Text C:* hatte eigentlich keine Lust, dachte, das koste nur Zeit und bringt ihm nichts

3. übernommene Arbeiten/Aktionen: *Text A:* Patenschaft für Jungen, treffen einmal pro Woche, Freizeitaktivitäten, bei Schulproblemen helfen,

*Text C:* unterstützt türkische Mitbürger bei Behördengängen und Arztbesuchen, dolmetscht, *Text D:* Baum besetzt

4. gemachte Erfahrungen: *Text D:* man kann etwas erreichen, wenn man sich einsetzt und man kann andere motivieren

5. Reaktion des persönlichen Umfelds: *Text B:* finden das interessant, wollen sich auch engagieren, bleibt bei Vorsätzen

## Kapitel 6: Gesund und munter …

### Wortschatz

**Ü1a:** 2. Schienbein, 3. Ellenbogen, 4. Daumen, 5. Wimpern, 6. Nieren, 7. Bauchnabel, 8. Bandscheibe

**Ü2:** 1. g, 2. h, 3. a, 4. i, 5. b, 6. c, 7. d, 8. e, 9. f

**Ü3:** 1. behandeln/diagnostizieren/therapieren, 2. einnehmen/schlucken/brauchen, 3. ausmachen/absagen/einhalten, 4. kleben, 5. achten, 6. reiben/schmieren/auftragen, 7. auflösen, 8. freimachen

**Ü4a:** Zuerst muss die Person auf den Rücken gedreht werden. Die Arme und Beine liegen gerade herunter. Dann wird das rechte Bein aufgestellt. Der linke Arm wird auf Schulterhöhe angehoben, der Unterarm wird nach oben angewinkelt. Danach wird der rechte Arm angewinkelt und auf den Bauch gelegt. Dann fasst man die Person an der rechten Seite und dreht sie mit etwas Schwung auf die linke Seite. Die Person liegt auf dem linken Bein und der linken Schulter. Das rechte Bein wird weiter bis auf den Boden gezogen. Die rechte Hand kommt unter die linke Wange. So liegt der Kopf etwas höher. Die Person liegt nun stabil. Am linken Handgelenk kann man den Puls messen.

### Modul 1 Zu Risiken und Nebenwirkungen …

**Ü1a:** falsch: 3, 4

**Ü2a:** 1. dass sie sich bereits besser fühlen. 2. dass sie mit einfachen Mitteln hergestellt werden können. 3. dass sie nicht genug Zeit für ihre Patienten haben. 4. dass sie gut therapiert worden sind. 5. dass sie zu schnell zu Medikamenten greifen. 6. dass sie völlig wirkungslos sind.

**Ü2b:** 1. sie mit neuen Methoden zu bekämpfen. 2. die Therapierisiken nicht einschätzen zu können. 3. von einer Kräuterfrau geheilt worden zu sein. 4. mit Hausmitteln behandelt werden zu können. 5. von Ärzten als gleichberechtigte Partner behandelt worden zu sein? 6. dank Placebos gute Therapiemöglichkeiten gefunden zu haben.

**Ü2c:** Er selbst war der Ansicht, wegen seiner Migräne Tabletten nehmen zu müssen. Mein Bruder sagt heute, von seinen Medikamenten beinahe abhängig geworden zu sein. Er hatte sich schon damit abgefunden, sein Leben lang mit den Schmerzen leben zu müssen. Es war sein Glück, diesen Tipp bekommen zu haben. Für ihn war es ideal, von ihr das Rezept zu bekommen.

### Modul 2 Gesünder leben

**Ü1:** 2. geschaffen/bevorzugt sein, 3. weiter in der geistigen Entwicklung, 4. etwas nicht beachten/wahrnehmen / etwas ignorieren, 5. Oft / Meist / In der Regel, 6. Es ist auch möglich wie in/bei, 7. ein sehr individuelles Konzept, 8. Programm, das eine Krankheit früh feststellt

**Ü2a:** Unterschiede bei: Ich esse zu wenig Obst und Gemüse. Es kommt häufig vor, dass ich spätabends Heißhunger bekomme. Ich esse zu unregelmäßig. Ich nehme mir zu wenig Zeit beim Essen. Ich esse zu viel zwischendurch, ohne Hunger zu haben. Ich esse zu viele Fertiggerichte.

**Ü3a:** 1. Augen zu! 2. Kleine Kopfmassage, 3. Kopf hängen lassen, 4. Abrollen

### Modul 3 Wenn es juckt und kribbelt

**Ü1:** Haut: Ekzeme, Juckreiz, Kribbeln und Anschwellen der Mundschleimhaut, Quaddeln, Rötungen, Ausschlag, Bläschen, taube Zunge (Mundschleimhaut), rote Augen (Netzhaut)

Atemwege: Asthma, Schnupfen, Atembeschwerden

Herz-Kreislauf-System: allergischer Schock, niedriger Blutdruck, verlangsamter Herzschlag, Herzrasen

**Ü2:** 1. Immer mehr Stoffe, die Allergien auslösen, werden bekannt. 2. Dass die Zunahme der Allergien auch viel mit Stress und Umwelteinflüssen zu tun hat, wird dennoch vermutet. 3. Heute werden deutlich mehr Allergien verzeichnet, als noch vor zwanzig Jahren. 4. Immer häufiger wird behauptet, dass Allergien „Modekrankheiten" seien.

**Ü3a:** 2. Mit den Patienten müssen verschiedene Tests durchgeführt werden. 3. Dafür müssen (von den

Patienten) einige Nadelstiche ertragen werden. 4. Wirksame Medikamente können manchmal nicht verschrieben werden. 5. Allergien können meistens nicht geheilt werden. 6. Die Symptome von Allergien können (von der modernen Medizin) verringert werden.

**Ü3b:** 2. verschiedene Tests durchgeführt werden müssen. 3. einige Nadelstiche ertragen werden (müssen). 4. wirksame Medikamente manchmal nicht verschrieben werden können. 5. Allergien meist nicht geheilt werden können. 6. die Symptome von Allergien verringert werden können.

**Ü4:** 2. dass ein ausführlicher Gesundheitscheck durchgeführt werden muss / hätte durchgeführt werden müssen. 3. dass die Ergebnisse gründlicher analysiert werden müssen / hätten analysiert werden müssen. 4. dass wirksame Medikamente früher hätten verschrieben werden können. 5. dass seine Symptome schon vor langem hätten geheilt werden können.

**Ü5:** 1. Die Ursachen von Allergien sollen (von den Medizinern) noch besser erforscht werden. 2. Noch mehr Geld soll (von der Pharmaindustrie) für die Erforschung von neuen Medikamenten zur Verfügung gestellt werden. 3. Allergieauslösende Stoffe in Kleidung sollen (von der Textilindustrie) vermieden werden. 4. Auch Inhaltsstoffe von Aufdrucken auf T-Shirts sollen (von Textilherstellern) angegeben werden. 5. Die Verträglichkeit von Kleidungsstücken soll (von unabhängigen Prüfstellen) noch besser überprüft werden.

## Modul 4 Mythen der Medizin

**Ü1b:** Bsp.: München u. Herzerkrankungen: ca. 30 Großpraxen, Kliniken usw. f. Herzbeschw.

Kardiologen: Kontrastmittel in Blutgef.
→ erkennen Engstellen = evtl. Infarkt

… USA 1 Mio/Jahr
D 200.000

… 1,3 Mio EW: 3–5 Labore ↔ Geschäft für alle

→ zu viele unnötige Unters. mit Herzkatheter + Ärzte wenig Erfahrung

**Ü2a:** 1. Der erste Satz – der letzte Satz! 2. Pflegen Sie die Freiheit! 3. Zeig her deine Hände! 4. Sieh mir in die Augen! 5. Überfordern Sie Ihre Zuhörer nicht! 6. Halten Sie Wort!

**Ü3:** 1. c, 2. a, 3. h, 4. b, 5. g, 6. e

# Kapitel 7: Recht so!

## Wortschatz

**Ü1a:** Polizei: Arrest, Aussage, Befragung, Beobachtung, Bericht, Durchsuchungsbeschluss, Ermittlung, Fahndung, Geständnis, Kommissar, Notruf, Revier, Spurensicherung, Verbrecherkartei, Verdächtige, Verhör, Verwarnung, Wachtmeister, Zelle, Zeuge;

Gericht: Angeklagter, Anhörung, Aussage, Bericht, Eid, Geldbuße, Geständnis, Haftstrafe, Justiz, Kläger, Rechtsanwalt, Richter, Staatsanwalt, Urteil, Verfahren, Verhandlung, Verteidigung, Zeuge; Durchsuchungsbeschluss, Verwarnung

Gefängnis: Arrest, Ausbruch, Bericht, Besuchszeiten, Freigang, Haftstrafe, Hochsicherheitstrakt, Rückfallquote, Vollzug, Wärter, Zelle

**Ü2a:** 1. der Betrug, 2. die Erpressung, 3. der Überfall, 4. die Verletzung, 5. der Raub, 6. der Diebstahl, 7. der Mord, 8. die Nötigung, 9. die Fälschung, 10. die Entführung

**Ü2b:** 1. Betrug, 2. gefälscht, 3. Überfällen, 4. verletzte, 5. erpresste, 6. überfallen, 7. entführten, 8. verletzen, 9. ermorden, 10. Fälschung, 11. Betrug, 12. Raub, 13. (Körper)Verletzung

**Ü3:** 1. c, 2. g, 3. d, 4. h, 5. a, 6. b, 7. e, 8. f

**Ü4:** 1. der Straftäter, der Betrüger, der Fälscher, …; 2. die Tat, die Straftat, das Vergehen, die strafbare Handlung, …; 3. die Beobachtung, die Verfolgung, die Überwachung, die Kontrolle, …; 4. das Gefängnis, die Haftanstalt, der Knast, der Bau, die Justizvollzugsanstalt, …

## Modul 1 Dumm gelaufen

**Ü1:** 1. dank/infolge/aufgrund/mithilfe/wegen, 2. mit, 3. zum , 4. Nach, 5. mit, 6. mithilfe/mittels/aufgrund, 7. Vom, 8. zu, 9. wegen, 10. bei/während, 11. Bei, 12. gegenüber, 13. Wegen, 14. Bei,

**Ü2:** 2. d, 3. e, 4. f, 5. a, 6. c, 7. b

**Ü3:** 1. Entsprechend der Sicherheitsstufe werden heute alle Zufahrtsstraßen kontrolliert. 2. Hinsichtlich der Verschärfung des Strafgesetzes bin ich mit Annette einer Meinung. 3. Aufgrund der hinterlassenen Spuren konnte die Polizei den Täter gestern festnehmen. 4. Mangels eindeutiger Beweise muss die Polizei den Verdächtigen laufen lassen. 5. Mithilfe einer eindeutigen Zeugenaussage wurde die Unschuld des Mannes bewiesen.

6. Entgegen den Vermutungen ist die Jugendkriminalität letztes Jahr nicht angestiegen. 7. Gegenüber der Presse sagte der Zeuge heute Morgen nichts über den Vorfall.

**Ü4a:** 1. Dass es aber auch Gefahren birgt, bedarf keiner Erklärung. 2. Nachdem der Täter schon die Tür des Hauses aufgebrochen hatte, besann er sich eines Besseren und ging nach Hause. 3. Der Täter schlief am Tatort ein. So viel Dummheit spottet jeglicher Beschreibung. 4. Dass der Dieb seine Visitenkarte hinterließ, entbehrt jeglicher Logik.

**Ü4b:** 1. angeklagt, 2. überführt, 3. bezichtigen sich

## Modul 2 Strafe muss sein?!

**Ü1:** 1. Entwicklungen beschreiben, 2. Wesentliche Inhalte nennen, 3. Werte einer Grafik vergleichen, 4. Prozentverteilungen wiedergeben, 5. Grafiken interpretieren

**Ü2:** 1. so viel Aufmerksamkeit zu bekommen. 2. Anerkennung durch Aufmerksamkeit. 3. realistisch ist. 4. im Leben noch im Gesetz. 5. mit den richtigen Regeln die gewünschte Wirkung erzielt wird.

**Ü3:** 1. Ausdruck, 2. zu, 3. gerechnet, 4. falsch/ gelogen, 5. möchte, 6. verstanden, 7. sich, 8. Beruf/Alltag, 9. Gefühl, 10. mit

## Modul 3 Alltag im Knast

**Ü1:** 1. die Justizvollzugsanstalt, 2. der Strafgefangene, 3. der Wiederholungstäter/Einzeltäter, 4. die Sicherheitsvorkehrung, 5. die Einzelzelle, 6. die Anstaltsleitung, 7. der Freigang, 8. die Haftstrafe, 9. der Vollzugsbeamte, 10. der Sozialarbeiter

**Ü2:** 1. r, 2. f, 3. 0, 4. r, 5. r, 6. 0, 7. f, 8. f, 9. f, 10. r

**Ü3a:** 2. die Haftstrafe, die verbüßt werden muss / die zu verbüßen ist, 3. die Regeln, die eingehalten werden müssen / die einzuhalten sind, 4. die Insassen, die integriert werden sollen / die zu integrieren sind, 5. die Schwierigkeiten, die abgesehen werden können / die abzusehen sind, 6. ein Häftling, der entlassen werden soll / der zu entlassen ist

**Ü3b:** 2. das festzulegende Strafmaß, 3. das zu bezahlende Honorar, 4. die zu vermeidenden Konflikte, 5. die zu leistende Arbeit, 6. das ernst zu nehmende Resozialisierungsprogramm, 7. die zu beobachtende Entwicklung

**Ü3c:** 1. Das Resozialisierungsprogramm der Gefängnisse, das durchgeführt werden soll / das durchzuführen ist, stößt in der Öffentlichkeit ..., 2. Wenn über ein neu zu errichtendes Gefängnis diskutiert wird, dann regt sich schnell ... / Wenn über ein Gefängnis diskutiert wird, das neu errichtet werden soll, dann regt sich schnell ..., 3. Die Gründe dafür sind meist Ängste vor einer Gefahr, die nicht kalkuliert werden kann / die nicht zu kalkulieren ist und einem Rückgang der Immobilienwerte, der befürchtet werden muss / der zu befürchten ist. 4. ... denn die Gefängnisse sind voll und die Anzahl der zu verurteilenden Täter / der Täter, die verurteilt werden sollen, wird nicht geringer. 5. Kriminalität und ihre Folgen bleiben also in jeder Konsequenz eine gesellschaftliche Aufgabe, die ernst genommen werden muss / die ernst zu nehmen ist.

## Modul 4 Kriminell

**Ü2c:** 1. gehört zur Sparte der, 2. Im Mittelpunkt des Geschehens steht, 3. Schauplatz ist, 4. Es geht in dem Buch um Folgendes, 5. Es gibt verschiedene Handlungsstränge und zwar, 6. Es ist ein lesenswertes Buch

# Kapitel 8: Du bist, was du bist

## Wortschatz

**Ü1:** 1. die Seele – seelisch, 2. der Körper – körperlich, 3. der Geist – geistig, 4. der Glaube – gläubig, glaubhaft, 5. der Aberglaube – abergläubisch, 6. die Überzeugung – überzeugt, 7. der Charakter – charakterlich, charakterstark, 8. Das Geheimnis – geheimnisvoll, 9. das Talent – talentiert, 10. die Vernunft – vernünftig, 11. der Traum – träumerisch, 12. die Psyche – psychisch, 13. das Herz – herzlich, 14. das Gemüt – gemütlich, gemütvoll, 15. das Gefühl – gefühlvoll, 16. der Verstand – verständlich, verständig, verständnisvoll, 17. die Religion – religiös, 18. die Empfindung – empfindlich, empfindsam, 19. die Ängstlichkeit – ängstlich, 20. die Panik – panisch

**Ü2:** positiv: sorgenfrei, froh, lebenslustig, dynamisch, vergnügt, zufrieden

negativ: deprimiert, niedergeschlagen, mutlos, verzweifelt, entmutigt, geknickt

**Ü3:** 1. sich auskennen, 2. das Verständnis, 3. reagieren, 4. vernünftig, 5. sich verändern, 6. schüchtern, 7. überblicken, 8. die Behauptung, 9. krank

**Ü4:** 1. Geisteszustand, 2. Geistesgegenwart, 3. Geistesgeschichte, 4. Geisteswissenschaft, 5. Geistesblitz, 6. Geistesabwesenheit

**Ü5:** 2. Das kleine Kind schreit sehr lange und laut. 3. Der Baulärm vor unserem Haus geht mir auf die Nerven. 4. Er hat viele kluge Gedanken interessant und witzig formuliert. 5. Sie liebt ihn sehr. 6. Er ist ein Mensch, der immer gut zu anderen ist. 7. Heute Morgen hat meine Kaffeemaschine nicht mehr funktioniert. 8. Das macht mir Sorgen.

## Modul 1 Interessantes aus der Psychologie

**Ü1a:** 2. annehmen, 3. wirklich, 4. gegenüberstellen, 5. untersuchen, 6. unverkennbar, 7. Frustration, 8. überraschend, 9. verstecken, 10. zeigen, 11. im Gegensatz zu, 12. Rest

**Ü2:** 1. B, 2. A, 3. B, 4. B, 5. A

**Ü3:** 2. Die Ärzte wollen gestern mit der Untersuchung begonnen haben. 3. Das Experiment soll durchgeführt werden. 4. Das Experiment soll durchgeführt worden sein. 5. Prof. Müller will an einer weiteren Studie arbeiten. 6. Prof. Müller will an einer weiteren Studie gearbeitet haben. 7. Ein neuer Impfstoff soll entwickelt werden. 8. Ein neuer Impfstoff soll entwickelt worden sein.

**Ü4:** 1. Ich weiß es nicht genau, er soll gestern Vater geworden sein. 2. Ich weiß es nicht genau, sie soll vorige Woche ihre Arbeit verloren haben. 3. Ich weiß es nicht genau, er soll in den letzten Wochen Diät gemacht haben. 4. Ich weiß es nicht genau, sie soll seit Januar ins Sportstudio gehen. 5. Ich weiß es nicht genau, er soll seit Montag viel Besuch bekommen haben. 6. Ich weiß es nicht genau, sie soll seit Anfang des Monats Urlaub haben.

**Ü5:** 2. Ein neuer Operationssaal soll gebaut werden. 3. Es soll eine umfangreiche Untersuchung geben. 4. Es soll ein neues Medikament gegen Malaria entwickelt worden sein. 4. Der Forscher will mehrere Beweise für seine Entdeckung haben. 5. Ein neues Virus soll gefunden worden sein.

## Modul 2 Von Anfang an anders?

**Ü1a:** Vergleichen Sie mit den Aussagen aus dem Vortrag im Lehrbuch. Wenn Sie ein Mann sind, müssten Sie die Aufgabe A schneller und lieber gelöst haben. Gleiches gilt bei Aufgabe B, wenn Sie eine Frau sind. Im Vortrag wird darauf hingewiesen, dass Männer ein besseres räumliches Vorstellungsvermögen haben, wogegen Frauen Aufgaben gut lösen können, die sie sprachlich umsetzen können. Da es sich aber im Vortrag immer um durchschnittliche Werte handelt, können Sie aber auch eine Ausnahme sein und auch als Frau besser Aufgabe A oder als Mann schneller Aufgabe B gelöst haben. Vergleichen Sie nun im Kurs.

**A**

**B:** Möbel: Schrank, Stuhl, Tisch, Sofa
Kleidung: Pullover, Bluse, Jacke, Kleid
Tiere: Pferd, Biene, Fisch, Kamel
Medien: Monitor, Drucker, Internet, Kamera

**Ü2a:** 1. welche, 2. unterschiedlichen, 3. fest, 4. ✔, 5. bei, 6. das, 7. entscheidende, 8. körperliche, 9. beeinflussen, 10. auf, 11. Bindungen, 12. größere, 13. durch, 14. Ihre, 15. ✔, 16. sich, 17. spiegeln, 18. ✔, 19. zu, 20. Ausnahmen, 21. Lern-, 22. vom

**Ü3:** Nachfragen stellen: Kann man aus Ihren Aussagen den Schluss ziehen, dass …?; Mir ist noch unklar, ob …; Habe ich Sie richtig verstanden, dass …?; Ist es richtig, dass …?; Ist mit der Annahme, dass … , gemeint, dass …?; Mich interessiert noch, ob …; Es wäre nett, wenn Sie den Punkt … noch näher erläutern könnten.;

Einwände äußern: Ein Problem sehe ich in …; Ihrer Aussage, dass …; kann ich nicht zustimmen, weil …; … halte ich für problematisch.; Ihre Aussage, dass …, könnte man aber auch so interpretieren, dass …; Was halten Sie von der Gegenthese, dass …?; Den Schluss zu ziehen, dass …, finde ich unlogisch.; Man könnte Ihnen entgegnen, dass …; Ich bin mir nicht sicher, ob man wirklich sagen kann, dass …; Unklar bleibt, ob …

## Modul 3 Voll auf Zack!

**Ü1:** 1. ein ganz normales Kind sei. 2. er einfach nur etwas schneller ist. 3. eingeschult werden soll. 4. die Jahrgangsstufen im gemeinsamen Klassenverband unterrichtet. 5. den Problemen mit der Schule. 6. Jonas unkonzentriert und nicht bei der Sache sei.

**Ü2a:** niedrig: möglicherweise, angeblich, eventuell, vielleicht

mittel: wahrscheinlich, vermutlich

hoch: sicher, zweifellos, bestimmt, gewiss

**Ü3:** Man muss ihn unterstützen. Man muss ihn unterstützt haben. Er muss unterstützt worden sein.

Man dürfte die Entscheidung korrigieren. Die Entscheidung dürfte korrigiert werden. Die Entscheidung dürfte korrigiert worden sein.

Man muss ihn gefördert haben. Er muss gefördert werden. Er muss gefördert worden sein.

**Ü4:** 2. Vermutlich hat er die Prüfung geschafft. 3. Bestimmt hat die Lehrerin das falsch verstanden. 4. Es sieht so aus, als ob das Problem bald gelöst wird. 5. Zweifellos wurde der Vorfall der Schulleitung gemeldet. 6. Der Brief an die Eltern ist wahrscheinlich längst angekommen. 7. Es besteht die Möglichkeit, dass der Termin für die Schuluntersuchung verlegt worden ist. 8. Ich bin überzeugt, dass dem Lehrer das Problem längst bekannt ist.

**Ü5:** 2. Er könnte hochbegabt sein. 3. Er muss die Aufnahmeprüfung bestanden haben. 4. Er kann/dürfte sich in der neuen Klasse wohlfühlen. 5. Jonas muss große Probleme haben. 6. Jonas Noten können/dürften besser werden. 7. Er muss die Schule erfolgreich absolvieren. 8. Er könnte ein Studium beginnen. 9. Er muss die Stelle bekommen haben.

## Modul 4 Alles nicht so einfach

**Ü1a:** Das Kind sagt: „Mach ich doch gar nicht!", denn es hat die Beine auf und nicht unter dem Tisch. Der Vater will, dass sich das Kind ordentlich an den Tisch setzt und die Füße vom Tisch nimmt. Mit dem Spruch „Solange du deine Füße noch unter meinen Tisch steckst (oder stellst) …" werden Regeln eingeleitet, die Eltern durchsetzen wollen. Es heißt „übersetzt": Solange wir dich ernähren, finanzieren, dir eine Wohnung bieten, gelten unsere Regeln.

**Ü1b:** Es wird gegessen, was auf den Tisch kommt. Wenn du das Essen nicht isst, scheint morgen nicht die Sonne. Mit dem Essen wird nicht gespielt. Lehrjahre sind keine Herrenjahre.

**Ü3:** der/die Erziehungsberechtigte, der Erziehungsstil, die Erziehungsmaßnahme, die Erziehungsmethode, das Erziehungsproblem, der Erziehungsfehler, der Erziehungsratgeber, das Erziehungsverhalten, die Erziehungswissenschaft, das Erziehungsziel, die Musikerziehung, die Kindererziehung, die Verkehrserziehung

**Ü4a:** **autoritär**

Verhalten der Erziehenden: Kind wird in Verhalten/Denken gelenkt, viele Anordnungen und Befehle, Wünsche/Bedürfnisse der Kinder werden selten respektiert, Eltern stellen hohe Anforderungen;

Umgang mit unerwünschtem Verhalten: Kinder werden getadelt/zurechtgewiesen;

Negative Aspekte: wenig emotionale Unterstützung, Einschränkung der Kreativität und Spontanität, aggressives Verhalten kann auftreten (gegenüber Schwächeren, Ruf nach Aufmerksamkeit), egozentrisches Sprachverhalten (Nachahmung Eltern), Selbstständigkeit wenig gefördert, Selbstwertgefühl gering

**antiautoritär**

Verhalten der Erziehenden: ohne Zwang, Kindern wird freie Hand gelassen, Entfaltung von Kreativität, Persönlichkeit, Selbstbewusstsein, Gemeinschaftsfähigkeit, kein strikt organisierter Alltag, Raum für Spiel und Entscheidungen der Kinder lassen, Selbstentfaltung nicht unterdrücken;

Umgang mit unerwünschtem Verhalten: Grenzen klar machen;

Negative Aspekte: Erziehungsstil hat schlechten Ruf, weil manche Menschen Kinder ganz ohne Grenzen aufwachsen lassen

**Ü5:** 1. r, 2. f, 3. f, 4. f, 5. f, 6. r, 7. r, 8. r

# Kapitel 9: Die schöne Welt der Künste

## Wortschatz

**Ü1:** 1. Werk, 2. Epoche, 3. Atelier, 4. Motiv, 5. Drama, 6. Museum, 7. Regisseur, 8. Skulptur, 9. Bühne, 10. Gemälde, 11. Leinwand, 12. Skizze, 13. Porträt, 14. Schriftsteller

**Ü2:** 1. vorspielen, 2. bewundern, 3. beeinflussen, 4. Ausbildung

**Ü3:** 1. Debüt, 2. Überraschungserfolg, 3. Erfolg, 4. Werk, 5. Genre, 6. Darstellung, 7. Thema, 8. Wunderkind, 9. Konzert, 10. Opern, 11. Gattungen, 12. Ewigkeit

## Modul 1 Kreativ

**Ü1:** einfallsreich, erfinderisch, ideenreich, fantasievoll, produktiv, schöpferisch

**Ü3:** 1. hat angefangen, 2. habe besucht, 3. hat gegenübergestellt, 4. hat beigebracht, 5. haben aufgeschrieben, 6. hat beantwortet, 7. habe verstanden, 8. hat erklärt, 9. hat gefallen, 10. habe mitgenommen

**Ü4:** 2. Das Auto fuhr mich fast um. 3. Der Lehrer ging mit seinen Schülern sehr streng um. 4. Mit dieser Taktik umging er das Problem. 5. Die Studenten übersetzten den Text in ihre Muttersprache. 6. Die Fähre setzte vom Festland auf die Insel über. 7. Während des Auslandspraktikum stellte sie ihre Möbel bei Freunden unter. 8. Sie unterstellte ihrer Kollegin Faulheit. 9. Der Schreck durchfuhr sie bei dem Gedanken. 10. Die S-Bahn fuhr bis zum Flughafen durch.

**Ü5:** 2. Ich habe ziemlich große Angst, bei der Aufnahmeprüfung durchzufallen. 3. Hat der Verlag vergessen, dem Schriftsteller das Geld zu überweisen? 4. Die Stadt hat vor, das gesamte Theater umzubauen. 5. Ich hatte keine Zeit, das Manuskript gründlich durchzusehen. 6. Meine Eltern versuchen immer, mich bei meinen Vorhaben zu unterstützen. 7. Bei dem Casting waren sehr viele Leute und Sina hatte Angst, in der Masse unterzugehen. 8. Der Schauspieler versucht, die Gefühle der Hauptfigur widerzuspiegeln.

## Modul 2 Film ab!

**Ü1a:** 1H, 2E, 3D, 4B, 5C, 6J, 7I, 8G, 9F, 10A

**Ü2:** Fehler in der Zusammenfassung:
... das Wetter ... auch erfahrene Filmemacher oft nicht rechnen.

... im Studio ist auch meist das Arbeitsklima besser, denn die Schauspieler haben weniger Stress.

... Second Unit Team ... filmt parallel zum eigentlichen Team ungefähr die Hälfte der Filmszenen.

Früher war es nicht möglich, die Zuschauer mit speziellen Effekten in eine Traumwelt zu entführen.

Korrektur der Fehler:
Erfahrene Filmemacher rechnen mit wettertechnischen Schwierigkeiten. Im Studio wird man nicht von Touristen belästigt oder von Polizisten verhaftet. Das Second Unit Team filmt Explosionen, Massenszenen und Stunts. Seit jeher arbeitet man mit Spezialeffekten.

**Ü3a:** 2A, 3C, 4J, 5D, 6F, 7H, 8I, 9B, 10G

## Modul 3 Ein Leben für die Kunst

**Ü1:** 1. f, 2. r, 3. r, 4. f, 5. f

**Ü2:** 1. Daraufhin, 2. andernfalls, 3. Somit, 4. Dennoch, 5. Demgegenüber, 6. Vielmehr, 7. Dennoch, 8. Stattdessen, 9. Folglich, 10. Dagegen, 11. Währenddessen

**Ü5:** 1. Damit lässt sich kein Einkommen erzielen. 2. Das ist ja ganz einfach. 3. Sie war perfekt vorbereitet.

## Modul 4 Leseratten

**Ü2:** 1. f, 2. b, 3. e, 4. d, 5. f, 6. a, 7. c, 8. e, 9. e, 10. f

# Kapitel 10: Erinnerungen

## Wortschatz

**Ü1a:** erinnern: etwas dämmert jemandem, gedenken, etwas auffrischen, etwas fällt jemandem ein, an etwas zurückdenken, etwas kommt jemandem in den Sinn, sich etwas ins Gedächtnis zurückrufen

vergessen: entschwinden, ein schlechtes Gedächtnis haben, jemandem ist etwas entfallen, etwas verbummeln, ein Gedächtnis wie ein Sieb haben, etwas nicht behalten, etwas aus dem Gedächtnis verlieren

**Ü1b:** 1. verbummelt, 2. an ... zurückdenke, 3. aufgefrischt, 4. gedacht, 5. entfallen, 6. kommt ... in den Sinn 7. nicht behalten, 8. hast ... wie ein Sieb

**Ü2:** 1. c, 2. e, 3. a, 4. f, 5. b, 6. d

**Ü3:** 1. Schlüssel, 2. Rendezvous, 3. Versprechen, 4. Regenschirm, 5. Geheimzahl, 6. Ausweis, 7. Termin, 8. Datum, 9. Geburtstag, 10. Monatskarte, 11. Portemonnaie, 12. Verabredung

## Modul 1 Erinnern und Vergessen

**Ü1:** Text 1: 2., 6. Text 2: 4., 5., 8. Text 3: 1., 3., 7.

**Ü2a:** 1. Empfindung, Spürsinn, 2. Moment, Zeitpunkt, 3. entziffern, auflösen, 4. sehr groß, mächtig, 5. bombardieren, schießen, 6. behalten, aufbewahren, 7. Bereich, Gebiet, 8. abweichend, unterschiedlich

**Ü2b:** 1. gelangen (Z. 4), 2. begreifen (Z. 7), 3. behalten (Z. 10), 4. unterteilen (Z. 12), 5. aktivieren (Z. 26), 6. nennen (Z. 27)

**Ü2c:** 2. schwächer werden, 3. bisher, bis jetzt, bis zu diesem Zeitpunkt, 4. klarer und verständlicher, 5. überdeckt

**Ü3a:** 1. anders formuliert, 2. bei Licht betrachtet, 3. angenommen, dass 4. davon ausgehend, dass 5. grob geschätzt, 6. davon abgesehen, dass

**Ü4:** 2. Wenn man das menschliche Gehirn mit dem eines Elefanten vergleicht, ist das menschliche Gehirn um Vieles leichter. 3. Wenn man es näher betrachtet, verbreiten sich Impulse in unserem Nervensystem mit 400 km/h. 4. Alzheimer ist, wenn man es allgemein formuliert, eine Erkrankung des Nervensystems. 5. Wenn man von nur 2,2 Prozent der Bevölkerung absieht, die einen IQ von 130 haben, besitzt die Masse der Bevölkerung einen IQ zwischen 85 und 115. 6. Wenn man es kurz zusammenfasst, lernt man am besten, indem man selber ausprobiert.

**Ü5:** 1. Ehrlich gesagt, 2. Im Grunde genommen, 3. Abgesehen von, 4. Rund gerechnet, 5. Bezogen auf, 6. Verglichen mit

## Modul 2 Falsche Erinnerungen

**Ü1:** Abschnitt 1: 1. Gedächtnisinhalte, die nicht einem vergangenen tatsächlich erlebten Geschehen entsprechen, aber trotzdem als so erlebt empfunden werden. 2. Probanden wurden Fotomontagen vorgelegt, auf denen sie als Kind im Heißluftballon zu sehen sind. Alle konnten sich erinnern, aber die Fahrt mit dem Heißluftballon fand nie statt. 3. Falsche Erinnerungen entstehen nicht absichtlich. Das Gehirn merkt sich nur einen Bruchteil. Es entstehen Wissenslücken, die mit neuen Informationen gefüllt werden.

Abschnitt 2: 1a. Gefühle, 1b. jeweilige Situation, 2. mit einfachen Mitteln wie Filmen, Fotos, glaubhaften Erzählungen möglich, aber nur begrenzt möglich, neue Information muss in den bereits vorhandenen Kontext passen, 3a. werden eher behalten, 3b. verblassen schneller

Abschnitt 3: 1a. Können oft nur schwer unterscheiden, ob der Betreffende etwas wirklich erlebt hat oder mit Schilderungen aus den Medien durcheinanderbringt. Manchmal wollen Befragte auch absichtlich vertuschen. 1b. Unschuldige werden als Täter identifiziert, aber die Betroffenen sehen dem Täter nur ähnlich. Alte Informationen werden mit neuen vermischt und wie Puzzleteile zu einem neuen Bild zusammengefügt.

## Modul 3 Kennen wir uns ...?

**Ü2:** 1. wird ... erinnern, 2. wird ... gehabt haben, 3. wird ... leiden, 4. wird ... reagieren, 5. wird ... sagen, 6. wird ... erkannt haben, 7. wird ... fragen

**Ü3:** 1. Er wird Momente meinen, in denen er sich an wichtige Ereignisse oder Begegnungen nicht erinnert hat. 2. Er wird vielleicht dank eines Tests Gewissheit erhalten. 3. Er wird möglicherweise Probleme mit verkleideten Menschen haben. 4. Er könnte die Frau nicht erkannt haben. 5. Sie wird wütend gewesen sein.

## Modul 4 Weißt du noch ...?

**Ü1:** Beste Zusammenfassung: Text b, zweitbeste: Text a, drittbeste: Text d, schlechteste: Text c

**Ü2:** gesamter Text des Liedes: siehe Transkript auf Seite 170.

## Kapitel 1

**Modul 2** Aufgabe 2

1 ○ Ich bin 26 Jahre alt, sammle Pilze und studiere Maschinenbau im zwölften Semester.
Eines gleich vorweg: Wir sind kein Speisepilz-Verein! Für uns ist alles interessant, nicht nur Steinpilze und Pfifferlinge. Wenn ich Leuten erzähle, dass ich im Pilzverein bin, denken sie immer, dass man da gemeinsam Schwammerl kocht. Aber wir arbeiten sehr wissenschaftlich – die Pilze werden gesammelt, mithilfe von Mikroskop und Fachliteratur bestimmt, danach werden sie besprochen und kartiert. Ich meine, ich sammle Pilze schon auch einfach so, zum Essen, bin aber nicht besonders scharf drauf. Das ist so ähnlich wie bei meinem Freund: Der ist Angler, isst aber keinen Fisch.
Der Geruch ist übrigens auch wichtig beim Bestimmen von Pilzen: Manche riechen fruchtig oder mehlig, andere nach Marzipan, Rettich, Kakao oder Urin. Und angeblich gibt es sogar einen Pilz, der nach nassem Hund riecht. Ja, im Sommer bin ich zwei- bis dreimal pro Woche draußen und manchmal helfe ich bei Tagungen mit. Mit meinem Studium hat mein Hobby rein gar nichts zu tun. Ich bin auch nicht im Verein, damit ich einen Ausgleich habe. Ich finde Pilze einfach schön.

2 ● Ich bin 26 Jahre alt, kümmere mich um das Gemeinschaftsleben im Münchner Olympiadorf und studiere Erdkunde und Physik auf Lehramt im siebten Semester.
Hier im Olympiadorf wohnen etwa 1.400 Studenten. Viel vom Dorfleben findet in unserem Verein statt – wir haben eine eigene Kneipe, ein Kino, eine Disco, eine Töpfergruppe und eine Werkstatt für Holz und Metall. Ich bin der erste Vorsitzende des Vereins der Studenten im Olympiazentrum. Vom Zeitaufwand her macht das pro Woche zwanzig Stunden aus, zum Teil auch mehr. Im vergangenen halben Jahr habe ich zum Beispiel die Buchhaltung gemacht, wie in einem ganz normalen Unternehmen. Na ja, nebenbei jobbe ich noch und das Studium gibt es ja auch noch. Das ist schon viel. Aber es macht mir einfach riesig Spaß, weil ich Leute kennenlerne, und das ist mir sehr wichtig. Außerdem stellen wir hier alles selbst auf die Beine. In unseren Betrieben arbeiten etwas siebzig Beschäftigte – das sind alles Studenten, von der Putzkraft bis zum Geschäftsführer. Und bei uns ist der Vereinsgeist auch noch richtig da. Woanders kocht jeder sein eigenes Süppchen, bei uns ist das nicht so, wir halten zusammen und kennen uns alle untereinander. So entstehen Freundschaften, die man – glaube ich – woanders nicht so leicht finden kann, jedenfalls nicht in dieser Tiefe.

3 □ Ich bin 29 Jahre alt, studiere Finanz- und Wirtschaftsmathematik im zwölften Semester und engagiere mich in meinem Tanzverein „Grün-Gold-Club".
Bei mir war das so, Nachbarinnen haben mich zum Tanzen überredet. Ich war gerade mal 13 Jahre alt und wollte das eigentlich nicht. Inzwischen bin ich Vorsitzender des „Grün-Gold-Clubs" in München. Mich fasziniert einfach immer wieder die Kombination aus Sport, Musik und künstlerischem Ausdruck. Ich selbst bin aktiver Tänzer in der Lateinformation. Zurzeit trainiere ich zehn Stunden pro Woche und 15 Stunden bin ich mit der Organisation beschäftigt. Ich schaue, dass alles läuft, und halte auch den Kontakt zu den Tanzsportverbänden. Dazu kommen noch die Turniere, für die man zum Teil um fünf Uhr morgens aufstehen muss und erst nach Mitternacht wieder nach Hause kommt. Weil ich außerdem noch arbeite, ist klar, dass ein paar Semester draufgehen. Das lässt sich gar nicht vermeiden. Mit meiner Tätigkeit im Verein versuche ich, mich einzubringen – ich denke, bürgerschaftliches Engagement gehört einfach zum gesellschaftlichen Leben dazu und das Unterrichten macht mir einfach Spaß.

4 ■ Ich bin 21 Jahre alt, studiere im fünften Semester Maschinenbau und motiviere Kommilitonen und Kommilitoninnen zum Briefeschreiben für Amnesty International.
Das Schöne an Amnesty International ist, dass man zu etwas Großem beiträgt und gemeinsam etwas bewirken kann – wenn da zum Beispiel ein Gefängnisleiter einen ganzen Sack voll Post aus der ganzen Welt bekommt. Amnesty macht fast alles mit Briefen. Das finden manche komisch, weil wir uns nicht irgendwo anketten wie Greenpeace. Aber ich finde das eine ganz tolle Sache.
Unsere Amnesty-Hochschulgruppe wurde im Dezember 2006 gegründet. Ich war von Anfang an dabei. Wir sind nur zu acht und haben es nicht leicht, weil wir als politische Gruppe gelten. Deshalb bekommen wir an der Uni keinen Raum und dürfen nicht so richtig werben. Aber wir hatten schon einen Infostand in der Mensa, um Unterschriften gegen Guantanamo zu sammeln. Wir haben uns orangefarbene Overalls angezogen, einer von uns kniete mit Ohrenschützern am Boden wie ein Häftling in Isolationshaft. Anfangs hatte ich ein komisches Gefühl. Ich wusste nicht, ob meine Kommilitonen mich auslachen würden. Aber die meisten haben sehr positiv reagiert.

5 △ Ich bin 26 Jahre alt, arbeite an meiner Promotion in Neuropsychologie und schmücke mich am liebsten mit schönen Argumentationsketten.
Zum Debattierclub bin ich gekommen, weil ich Lust hatte, meine Rhetorik zu verbessern. Aber nicht auf die übliche Weise – Seminare in Abendkursen hatte ich schon gemacht, aber ich wollte noch etwas Knackiges. Der Debattierclub ist spannend, weil man über ganz unterschiedliche Themen kontrovers diskutiert: Ob man die Ein- und Zwei-Cent-Münzen abschaffen sollte oder der Afghanistan-Einsatz verlängert werden soll. Man vertritt dabei nicht seine eigene Meinung, sondern wird einem Team zugeteilt. Es geht darum, gute Argumente zu finden und sie logisch aneinanderzureihen. Man will mit dem, was man sagt, das Publikum überzeugen, nicht die Gegenseite – die hat ja ihre feste Meinung. Inzwischen macht es mir Spaß, vor Leuten zu

reden. Außerdem habe ich die Scheu vor Kontroversen abgebaut. Viele Menschen scheuen Konflikte und sagen lieber gar nichts. Die meisten Freunde waren erstaunt, als ich ihnen vom Debattierclub erzählt habe. Aber auch angetan.

6 ▲ Ich bin 29 Jahre alt, studiere Sonderschullehramt im neunten Semester und begleite Sterbende.
Jeder, der hier im Hospiz stirbt, bekommt einen Gedenkstein. Den kann er entweder selbst bemalen, oder er überlässt es seinen Angehörigen. Das hier ist der Stein von einer Frau, die ich begleitet habe. Sie starb kurz vor ihrem 44. Geburtstag an Krebs. Wir hatten ein sehr schönes Verhältnis. Am Anfang kam ich einmal pro Woche für vier Stunden zu ihr. Wir haben die ganze Zeit geredet. Es war gut, dass sie jemanden hatte, der gefühlsmäßig nicht so stark involviert war. Aber wir haben auch viel zusammen geweint. Das ist halt das Schwierige: Einerseits lernt man sich gut kennen, andererseits darf man sich emotional nicht zu sehr einlassen auf den Menschen – der Abschied ist ja programmiert. Am Schluss, als das Reden sie sehr angestrengt hat, saß ich oft einfach nur da und habe ihre Hand gehalten. Ich bin der einzige Student unter den 150 Hospizhelfern hier. Hm, wie ich dazu gekommen bin? Ich habe im Krankenhaus gearbeitet. Ein 14-jähriger krebskranker Junge war oft im Aufwachraum. Ich habe ihn gefragt: „Wie ist das jetzt, nach dem Anfangsschock?" Er hat geantwortet: „Jetzt kommt keiner mehr von meinen Schulfreunden." Der Junge ging mir nicht mehr aus dem Kopf. Letztes Jahr habe ich einen Kurs beim Münchner Hospizverein gemacht. Die Meinungen über mein Ehrenamt sind geteilt. Manche sagen: „Du lässt an krassen Dingen nichts aus."

7 ◇ Ich bin 27 Jahre alt und studiere Ethnologie und Romanistik im 6. Semester.
Ich bin lange Zeit ganz bewusst kein Vereinsmitglied gewesen, weil ich immer gegen diese Vereinsmeierei war. Ich dachte immer, Leute, die in einem Verein sind, wissen sonst nix mit sich anzufangen oder haben keine Freunde ... Aber dann bin ich über einen Freund auf die „Interessengemeinschaft Modellraketen" aufmerksam geworden und das fand ich dann doch so verrückt, dass ich mal mitgegangen bin. Das ist schon lustig, hier treffen sich Leute, die Spaß daran haben, Modellraketen zu basteln und zu starten. Mir gefällt das, auch weil es etwas ist, was so gar nichts mit meinem Studium zu tun hat. Hier lerne ich mal was ganz Neues und bekomme auch Einblicke in technische Abläufe und das finde ich sehr spannend. Nun kann man natürlich sagen, dass man dafür keinen Verein braucht, aber die IMR (so heißt die Abkürzung für die Interessengemeinschaft Modellraketen) ist ein überregionaler, internationaler Modellraketenflug-Dachverein für Deutschland, Österreich und die Schweiz. Und neben ganz praktischen Dingen, wie Versicherungsschutz und Einkaufsrabatten, erhält man hier auch wirklich hilfreiche aktuelle Informationen und kann sich mit anderen über Probleme austauschen – und bei diesem Hobby sind Probleme häufig, denn oft starten die mühsam gebastelten Raketen nicht, sondern verbrennen am Boden und die ganze Arbeit war umsonst ...

8 ◆ Ich bin 25 Jahre alt und studiere Elektrotechnik im 5. Semester an der TU in München.
Seit einem Jahr bin ich Mitglied im Verein der Münchner Volkssternwarte. Für die Sterne und Planeten unseres Sonnensystems habe ich mich schon als kleines Kind interessiert und ich bin immer wieder fasziniert, wenn ich durch die großen Teleskope der Sternwarte den Mars beobachten kann. Der Mars ist mein Lieblingsplanet, denn er ist der Planet, der der Erde am nächsten ist, und seit wir wissen, dass es dort auch Wasser gibt, sind viele Forschungsprojekte im Gange – und wer weiß, vielleicht landen wir ja doch eines Tages auf dem Mars. Jedenfalls bin ich hier an der Quelle und lerne immer wieder Neues zum Thema. Hier in der Volkssternwarte werden auch viele Kurse und Vorlesungen zum Thema Astronomie angeboten. Vor Kurzem hatten wir z.B. eine Mondfinsternis, da war hier richtig viel los und ich habe eines unserer Teleskope betreut und den Menschen erklärt, was sie sehen können, wenn sie durchschauen. Das fand ich prima, denn auch ich habe dabei sehr viel gelernt, nämlich wie man Dinge erklären und präsentieren kann, davon hatte ich vorher nicht viel Ahnung.

## Modul 4 Aufgabe 2a

**Dialog 1**

○ Als ich so alt war wie du ... ja, viele große Träume hatte ich. Weißt du – alles lag vor mir. Es war die Zeit des Wirtschaftswunders. Ich wollte Abitur machen und dann studieren.

● Echt? Du hast studiert? Wusste ich gar nicht.

○ Nein, nein ... ich wollte ... habe ich aber leider nicht. Meine Eltern fanden ... „Mädchen und Abitur? Das lohnt sich nicht. Mädchen heiraten doch und bekommen Kinder." Naja, und so war es dann ja auch.

● Aber Karriere hast du trotzdem gemacht.

○ Naja, Karriere ... Ich weiß nicht. Aber ich hab ja meine Ausbildung als Goldschmiedin gemacht. ... Ein toller Beruf. ... Finde ich auch heute noch. Und im Laufe der Jahre habe ich auch meine Erfolge gehabt ... und mein Geld verdient, ... auch ohne Studium.
Wenn man ein Ziel hat ... naja, das geht auch über Umwege. Das habe ich damals schon gedacht.

● Ist doch klasse.

○ Ja, bin ich auch froh. Ich bin zufrieden mit Familie und Beruf. Manche von meinen alten Schulfreunden konnten sich damals nie so richtig entscheiden. Dann haben sie andere entscheiden lassen ... tja, und waren immer unzufrieden.

● Nee, so will ich bestimmt nicht enden.

○ Na, dann sag mal, was du willst. Wenn du so alt bist wie ich, was willst du dann alles gemacht haben?

● Äh … na, so habe ich das noch gar nicht gesehen. … Aber studieren will ich nicht.

○ Aber du machst doch dein Abi.

● Ja, klar … sicher … aber dann will ich erst mal Sachen ausprobieren. Vielleicht ein paar Praktika machen und überall mal reinschnuppern. … Verreisen und andere Länder sehen.

○ Oh ja, das wollte ich damals auch. Aber das liebe Geld … was hatte ich für Illusionen. Weißt du, ich hatte ja keine Ahnung, was Reisen kosten.

● Wenn ich mal so alt bin wie du, will ich jedenfalls was erlebt haben. Wenn ich mir das vorstelle, jeden Tag nur ins Büro, dann in Rente und was war … 40 Jahre nix anderes als Arbeit … Nee, das wär nichts für mich.

○ Wie stellst du dir denn dein Leben mit 70 vor?

● Naja, eigentlich nicht so anders. Nur, dass ich mehr Erfahrungen habe, weil ich ja viel erlebt hab. Ich würde gern viel mit meiner Familie machen … ich hoffe, ich hab eine eigene … Ja, das wär mir auch wichtig.

○ Ja, Familie ist toll.

● Ich würde den anderen gern etwas von meiner Zeit geben, zuhören und auch mal einen Rat geben, so wie du. Ich glaube, man kann nur viel geben, wenn man auch mal über seinen Tellerrand geschaut hat …
Und ich will dann auch so aktiv sein wie du … reisen und so … Ich hab dann ja Zeit und hoffentlich auch Geld.

○ Nana, ich glaube, ich muss dir noch ein bisschen mehr von mir erzählen …

**Dialog 2**

○ Also das Alter vom Michael … wie alt bist du eigentlich?

● Rat mal …

○ Weiß nicht, los sag schon …

● 55.

○ Echt? Nee, jetzt mal ehrlich.

● Ja, ehrlich. 55. Soll ich dir meinen Pass zeigen?

○ Wahnsinn … Ja, also … das Alter von Michael. Ja, wenn man so fit ist wie er, ist das bestimmt super. Man kann alles machen, hat schon eine Position im Beruf. Die Kinder sind schon groß. Ja, das ist dann bestimmt so eine Zeit, in der man noch mal richtig Gas gibt.

● Wie meinste das denn jetzt?

○ Ich wär manchmal froh, wenn ich nicht noch mein Studium, Familie und so vor mir hätte. Das kann doch voll stressig werden. Für den Sport hat man dann bestimmt kaum noch Zeit. Aber mit 55 … da kann man wieder richtig was für sich selbst machen. Man ist dann auch noch kein Tattergreis. Gebrechlich und vergesslich und so. Ja, … stell ich mir gut vor. Naja, aber eben nur, wenn ich dann auch noch fit bin.

● Na, ich hoffe mal, dass deine Wünsche in Erfüllung gehen. In deinem Alter, da hatte ich nur den Sport im Kopf. Was anderes als Turnen und Wettkämpfe gab's für mich gar nicht. Und dann … dann war Sport ja auch bei der Bundeswehr etwas Positives und dann habe ich auch Sport studiert. Das war schon schön, diese Zeit. Aber zum Spitzensportler oder gar für Olympia hat's dann aber nie gereicht. Tja, bis Anfang 20 war das immer mein großer Traum.

○ Und warum hat er sich nicht erfüllt?

● Ach, ich war sehr ehrgeizig, weißt du … zu verbissen. Ich war fleißig, aber ich konnte mich nie gut konzentrieren. Ich hätt auch mal was anderes machen müssen … dann wär ich entspannter und besser gewesen. So war ich … gutes Mittelmaß, ja … Mittelmaß. Später war ich viel besser, aber da war ich zu alt für den Spitzensport.

○ Schade … Aber dann ist es ja gut, wenn ich manchmal lockerer und entspannter bin.

● Entspannt ja, aber Training und Fleiß müssen trotzdem sein. Und Nächte auf Partys durchmachen und Leistungssport vertragen sich halt nicht so gut.

○ Jaja, schon gut. Hab' verstanden … Was machen wir jetzt?

**Dialog 3**

○ Hi, Erwin.

□ Hallo.

● Was macht ihr?

○ Wir stellen gerade Interviewfragen zusammen. Es geht um Jugendliche und ihre Träume.

● Frag mich doch mal.

□ Hey, bist du'n Jugendlicher?

● Wenn ihr ins Jahr 1954 zurückgeht, dann schon. Ich gehe mal rüber in die Aufnahme und ihr macht ein Interview mit mir.

○ Ja, coole Idee. Warte … Wir schreiben das Jahr 1954. Bei uns im Studio sitzt Erwin, 14 Jahre alt. Erwin, welche Wünsche hast du?

● Ich? Ich wünsche mir, dass meine Mutter eine gute Arbeit bekommt und wir wieder eine ganz normale Familie sind. Wir haben immer Geldsorgen.

□ Hört sich ja nicht gut an. Und andere Träume?

● Ich wollte Journalist werden. Die Begeisterung, die ich dafür hatte, die würde ich heute gern noch einmal spüren. Das ist wirklich toll, wenn man jung ist.

○ Aber du bist kein Journalist geworden …

● Stimmt, das war auch schon klar, als ich so alt war wie du, Fritz.

□ Wieso?

● Ich musste Geld verdienen, die Familie unterstützen. Ich hatte vier Geschwister, die noch zur Schule gingen. Ich hatte einfach nicht die Lust, nach einem Arbeitstag noch Abendkurse für Journalismus zu besuchen. Das ärgert mich heute noch.

○ Was rätst du jungen Leuten heute? Im Rückblick.

● Nicht verbissen bei einer Sache zu bleiben, mal was auszuprobieren. Sich nicht so ernst zu nehmen und die Dinge nicht immer in Schwarz und Weiß einzuteilen. Das macht das Leben bunter und zeigt neue Perspektiven.

□ Versteh ich nicht.

● Naja, ihr habt immer Themen wie Umweltzerstörung, Gerechtigkeit in der Welt, Genmanipulation und so weiter. Dass Jugendliche kritisch sind, ist gut und genau richtig. Aber ihr müsst auch das Schöne, Positive sehen. Da sind so viele schöne Dinge im Leben.

○ Hast du die genossen?

● Leider zu wenig. Ich hatte immer das Gefühl, dass ich keine Zeit habe. Dann hatte ich Zeit und musste erst wieder lernen, das Schöne im Alltag zu sehen und zu genießen.
... So, und jetzt ihr. Wir haben das Jahr ... äh ... 2060. Wie findet ihr das?

○ Cool, seit über 40 Jahren keine Schule mehr. Das kann nur gut sein.

□ Nee, schrecklich. Dann ist das Leben vorbei. Nach 30 passiert sowieso nichts Spannendes mehr.

● Na, dann viel Spaß in den nächsten zehn Jahren, lieber Fritz. Aber lass dir gesagt sein, dass dann noch sehr viel passiert.

□ Aber nichts Neues, keine echten Überraschungen.

● Du musst dich selbst überraschen. Mach Dinge, die du noch nie gemacht hast. Es gibt so viel Neues, dafür reicht ein Leben leider nicht.

□ Also ... ich weiß nicht.

○ Och ...doch ... vielleicht bin ich um die 60, 70 noch ganz fit. Ich kann mir das auch gut vorstellen. Vor mir liegt eine Zeit mit Faulenzen, Reisen, Freunde treffen und Senioren-Partys machen. Nicht so schlechte Aussichten.

● Siehste, Fritz. Lena blickt voll durch ...

## Kapitel 2

### Modul 2 Aufgabe 3

○ Fachhochschule Worms, Studienberatung, guten Tag. Sie sprechen mit Herrn Weber.

● Guten Tag, Herr Weber. Mein Name ist Anna Novotná. Ich komme aus Košice. Ich bin zurzeit Au-pair-Mädchen in Regensburg und möchte im nächsten Jahr, im Wintersemester, gern an Ihrer Fachhochschule Touristik und Verkehrswesen studieren. Und da wollte ich mich einfach mal erkundigen, ob das geht.

○ Was haben Sie denn für einen Schulabschluss?

● Ich habe in der Slowakei das staatliche Gymnasium in Poprad besucht. Das Gymnasium hat eine bilinguale Sektion, wo der Unterricht auf Deutsch und Slowakisch erteilt wird. Deshalb konnte ich das slowakische und das deutsche Abitur ablegen.

○ Gut. Dann haben Sie ja das Abitur. Das ist nämlich eine Zulassungsvoraussetzung.

● Was sind denn die anderen?

○ Neben dem Abitur brauchen Sie ein abgeschlossenes kaufmännisches Praktikum, das „Vorpraktikum", am besten in den Bereichen Touristik/Verkehrswesen oder in nahestehenden Branchen und natürlich Englischkenntnisse.

● Was für ein Praktikum?

○ Das Vorpraktikum. Dieses Praktikum ist dazu gedacht, dass die Studenten noch vor ihrem Studium die kaufmännische Praxis kennenlernen und Einblicke in fachspezifische und betriebswirtschaftliche Zusammenhänge der Touristik und des Verkehrswesens erhalten.

● Aber wo genau kann man so ein Praktikum machen?

○ Oh, da gibt es viele Möglichkeiten, z.B. bei Reiseveranstaltern, in Reisebüros, in Hotels, im Kurwesen, aber auch im Messe- und Kongresswesen.

● Wie lange muss denn so ein Praktikum dauern?

○ Mindestens zwölf Wochen, also ein Vierteljahr. Die Art der Tätigkeit und die Dauer des Praktikums müssen Sie durch Vorlage von Zeugnissen oder Bescheinigungen nachweisen.

● Gut, dann habe ich dafür ja noch ein bisschen Zeit. Ich dachte nämlich schon, so ein Praktikum müsste noch länger dauern.

○ Nein, länger nicht. Und sollte das Praktikum noch zum Zeitpunkt der Bewerbung andauern, so müssen Sie sich nur das voraussichtliche Ende des Praktikums bescheinigen lassen. Diese Bescheinigung reichen Sie dann mit Ihren Bewerbungsunterlagen bei uns ein.

● Schön, wenn das geht. Sie haben vorhin gesagt, dass ich auch Englischkenntnisse brauche?

○ Ja, Englisch ist Pflichtsprache.

● Ich habe im Gymnasium Englisch als zweite Fremdsprache gelernt. Aber ich habe keine Prüfung gemacht.

○ Na, eigentlich ist das so: Wir verlangen mit den Bewerbungsunterlagen ein Zeugnis, aus dem hervorgeht, dass der künftige Student in Englisch das Niveau B1 des Europäischen Referenzrahmens erreicht hat.

● Von diesem Niveau habe ich auch schon gehört. Meine Freundin lernt in der Volkshochschule Deutsch in einem B1-Kurs.

○ Na, sehen Sie. Und dort können Sie sicherlich auch die Englischprüfung auf diesem Niveau ablegen. Fragen Sie doch mal in der Volkshochschule nach.

● Ja, das werde ich gleich morgen tun. Eine letzte Frage habe ich noch. Wenn ich im nächsten Jahr im Wintersemester mit dem Studium beginnen möchte, bis wann muss ich mich dann beworben haben?

○ Die Bewerbungsfristen sind ganz einfach: Wenn Sie im Wintersemester beginnen wollen, müssen Sie Ihre Unterlagen bis zum 15. Juli eingeschickt haben. Für das Sommersemester ist das der 15. März. Ach, und noch etwas: Es stehen pro Semester nur 62 Studienplätze zur Verfügung. Derzeit gibt es aber viel mehr Bewerber. Aus diesem Grund müssen wir nach bestimmten Kriterien auswählen.

● Und wie machen Sie das?

○ 80 Prozent der Studienplätze vergeben wir nach Notendurchschnitt, 20 Prozent für die Wartezeit.

● Für die Wartezeit?

○ Ja, wenn Sie für das Wintersemester abgelehnt wurden, weil die 62 Plätze weg sind, dann kommen Sie auf die Warteliste.

● Ach so ist das. Bekomme ich dann von Ihnen Bescheid?

○ Sie bekommen in allen Fällen von unserer Fachhochschule einen schriftlichen Bescheid.

● Gut, dann weiß ich jetzt ja bestens Bescheid. Ich danke Ihnen für dieses informative Gespräch.

○ Gern geschehen. Und wenn Sie noch Fragen haben, dann rufen Sie mich einfach an.

## Modul 4 Aufgabe 3b

### Abschnitt 1

○ Herzlich Willkommen zu unserer heutigen Sendung aus der Reihe „Beruf heute". Unser Thema: „Soft Skills – die Wichtigkeit der sogenannten ‚weichen Faktoren'". Bei uns im Studio die Arbeitspsychologin Marianne Wolters. Guten Morgen, Frau Wolters.

● Guten Morgen.

○ Heute spielen ja Soft Skills eine größere Rolle denn je und sind in aller Munde. Erfolg hat, wer sich gut verkauft, überzeugend auftritt und mit unterschiedlichsten Menschen klarkommt. Wirft man einen Blick in die Stellenanzeigen von Jobbörsen und Tageszeitungen, hat man den Eindruck, dass ohne Soft Skills gar nichts mehr geht.

● Das ist richtig. In so gut wie jeder Stellenanzeige soll der zukünftige Mitarbeiter nicht nur das entsprechende Fachwissen aufweisen, sondern auch andere Fähigkeiten mitbringen, also zum Beispiel flexibel, zielstrebig, kommunikations- und teamstark sein.

○ Gilt dieser Anspruch für alle Unternehmen? Gibt es da Zahlen?

● Ja, laut einer Studie halten 93 Prozent der Unternehmen Soft Skills für den Berufseinstieg für genauso wichtig oder wichtiger als Fachwissen. Man will keine Ellenbogentypen mehr, die nur den persönlichen Erfolg im Auge haben. Der Bewerber soll sich ins Team integrieren können, Sprachkompetenz und Kundenorientierung aufweisen.

○ Warum werden diese Fähigkeiten heute im Gegensatz zu früher als so wichtig betrachtet?

● Nun, als Grund für die gestiegene Wertschätzung der weichen Faktoren kann man die Veränderung der Arbeitswelt ansehen, also den Wandel von der Industriegesellschaft hin zu einer Dienstleistungsgesellschaft. Die industrielle Revolution hat Tugenden wie Fleiß, Pünktlichkeit und Ordnung gefördert. Heute jedoch hängt der Erfolg eines Unternehmens weniger von den Produktionsverhältnissen als vom Umgang mit Kunden und Mitarbeitern ab. Das erfordert ein überzeugendes Auftreten und kommunikative Fähigkeiten des Personals.

○ Und Teamarbeit war ja früher auch nicht so verbreitet.

● Richtig. Die flachen Hierarchien und das Arbeiten in weitgehend unabhängigen Teams verlangen Eigenmotivation, Einfühlungsvermögen und Konfliktfähigkeit. Nur so kann ein Team wirklich erfolgreich arbeiten.

### Abschnitt 2

○ Neben all den bereits genannten Fähigkeiten wird ja auch immer permanente Veränderungsbereitschaft gefordert.

● Ja, genau. Die Halbwertszeit von Wissen ist ja extrem kurz heutzutage und der technologische Fortschritt ist rasant. Um da am Ball zu bleiben, muss man sich immer wieder verändern und weiterentwickeln. Das wird heute einfach erwartet von den Personalchefs.

○ Seit wann spricht man eigentlich von Soft Skills?

● Soft Skills sind hierzulande seit rund 15 Jahren in aller Munde. Aber schon in den 70er-Jahren sprach man von Schlüsselqualifikationen.

○ Können Sie das näher erläutern?

● Ja, natürlich. Man hatte erkannt, dass Fachwissen durch den schnellen technischen Fortschritt an Wert verliert. Immer wichtiger sind deshalb Fähigkeiten und Fertigkeiten geworden, die keinen unmittelbaren Bezug zu praktischen Tätigkeiten haben, sondern den Menschen in die Lage versetzen, sich permanent neue Qualifikationen zu erschließen. Schlüsselqualifikationen in diesem Sinne sind vor allem Lernfähigkeit, analytisches Denken und Veränderungsbereitschaft.

○ Wie ging es dann weiter?

● Also, in den darauffolgenden Jahrzehnten beschäftigte sich die Wirtschafts- und Arbeitspsychologie verstärkt mit den Themen „effiziente Organisation" und „Führung". Man hat erkannt, dass Fluktuation und Krankenstand, aber auch Umsatz und Gewinn davon abhängen, wie ein Unternehmen organisiert ist und wie die Mitarbeiter behandelt werden. So wurden die Soft

Skills schnell zum Lieblingsthema der Personalabteilungen.

○ Ganz besonders hat sich ja das Bild der Führungskraft seither verändert.

● Ja, das ist richtig. Eine Führungskraft wird heute eher wie ein Moderator und Motivator gesehen, weniger wie ein Aufseher.

○ Welche Fähigkeiten sind denn heute ganz besonders populär?

● Nun, die jüngsten Aufsteiger unter den Soft Skills sind interkulturelle Kompetenz und vernetztes Denken.

○ Wie kommt das?

● Die interkulturelle Kompetenz verdankt ihre Popularität natürlich der zunehmenden Globalisierung. Immer mehr Unternehmen bauen Vertriebs- oder Produktionsstandorte im Ausland auf und suchen deshalb Mitarbeiter, die nicht nur Fremdsprachen beherrschen, sondern auch die nötige Sensibilität für andere Denkweisen mitbringen.

○ Und was genau ist mit dem Begriff „vernetztes Denken" gemeint?

● Laut einer Studie einer bekannten Unternehmensberatung ist für Manager vernetztes Denken die Königskompetenz unter den Soft Skills. Damit ist gemeint, dass man auch komplexe Zusammenhänge überblickt, also nicht nur im einfachen Ursache-Wirkung-Modus denkt.

○ Können Sie das an einem Beispiel deutlich machen?

● Sicher. Ein Ingenieur wird kaum ein innovatives Produkt schaffen, wenn er nur die technische Machbarkeit vor Augen hat. Denn eine Innovation hängt ja von vielen Faktoren ab, etwa vom Zeitgeist, vom Design, vom Preis und von der Verkaufsstrategie. Der Blick über den eigenen Tellerrand wird wichtiger, die Grenzen zwischen den Berufen werden weicher.

● Wie können denn die Arbeitgeber diese Art des Denkens fördern?

○ Ja, also, manche Firmen bieten ihren Mitarbeitern sogenannte Querdenkerseminare an. Andere bilden Innovationskreise, in denen Mitarbeiter aller Bereiche über neue Ideen diskutieren.

**Abschnitt 3**

○ Nun erfordert ja nicht jede Position dieselben Kompetenzen im selben Ausmaß, wie es die Stellenanzeigen suggerieren. Da soll immer jeder teamfähig und kommunikationsstark sein, egal ob Vertriebsingenieur, PR-Manager oder IT-Spezialist. Am Ende der Anzeige heißt es dann gern noch: „Eigeninitiative, Flexibilität und Belastbarkeit runden Ihr Profil ab."

● Ja, Sie haben recht. Die Gleichförmigkeit der Ausschreibungen weist auf einen Widerspruch hin. Einerseits wissen die Unternehmen, dass sie für ihren Erfolg Mitarbeiter brauchen, die weitaus mehr Fähigkeiten besitzen als nur reines Fachwissen. Andererseits gehen sie mit den weichen Faktoren sehr undifferenziert um. Beispiel Kommunikationsstärke. Davon braucht ein Vertriebsmitarbeiter, der Kunden überzeugen muss, viel mehr als ein Ingenieur im Bereich „Entwicklung".

○ Man kann viele Soft Skills ja auch unterschiedlich interpretieren.

● Ja, genau, zum Beispiel „Teamfähigkeit". Ist damit gemeint, dass man Kritik vertragen muss oder muss man sich durchsetzen können? Und was heißt belastbar? Soll man immer bereit sein, Überstunden zu leisten? Oder bedeutet das, dass man auch in hektischen Zeiten gelassen bleibt und Aufgaben delegiert? Leider sieht man Stellenanzeigen nicht an, ob sich hinter den Soft-Skills-Schlagwörtern auch gut durchdachte Personalkonzepte verbergen. Und ob der Personalentscheider unter Kommunikationsstärke oder Sozialkompetenz das Gleiche versteht wie der Bewerbungskandidat, kann letztlich nur das persönliche Bewerbungsgespräch klären.

○ Frau Wolters, vielen Dank für dieses interessante Gespräch. Wir machen jetzt erst mal ein bisschen Musik und danach geht es weiter mit folgenden Themen ...

## Kapitel 3

### Auftaktseite Aufgabe 1a

○ Das habe ich von meiner Mutter gelernt. Die stellt zwar zwischendurch auch Fragen, das schon, aber sie erwartet keine Antworten. Die redet da einfach drüber weg, also die Frage hat praktisch nur noch die Funktion zu überprüfen, ob der Zuhörer noch lebt.
Sie redet auch nicht wirklich mit einem Gesprächspartner, sondern nur in dessen Beisein. Redet auch gern über mich, gern auch mit Fremden, während ich dabeisitze.
Kennen Sie das, wenn Mütter über einen reden, während man dabeisitzt? „Ach, er verliert auch immer alles."
Das sagt die ständig, ja. Ich denk mir, wie kommt die da drauf? Bis es mir einfiel: Ich habe 1965 beim Urlaub in Holland mein Portemonnaie verloren. Das stimmt, aber ich will das nicht mehr hören.
Jedes Mal, wenn ich zu Hause rausgehe, ruft mir meine Mutter hinterher: „Und verlier nicht wieder dein Portemonnaie!" Ich sag dann immer: „Mutter, das war 1965, es waren 30 Pfennig drin." Sagt meine Mutter: „Das war damals viel Geld!"

### Auftaktseite Aufgabe 2a

○ Hihihi. Ja, der ist gut ...

● Kennt ihr den mit dem Sonderurlaub und dem Verrückten? Nee, erzähl ... Los ...

○ Also ... äh ... wie war das ... Ja ... da ist ein Mann, der überlegt wegen Sonderurlaub ... naja, also wie er am besten frei bekommt ... Und er denkt, dass er frei bekommt, wenn er verrückt ist ... also ... äh ... den

Verrückten spielt. Und dann hängt er sich an die Decke. Hihihi … der ist echt gut …

● Ja und? Ist das der Witz?

○ Nein, warte, es geht noch weiter … Die Kollegin fragt, was er macht, und er erzählt es ihr. … Pass auf … Und jetzt kommt der Chef und fragt, was das soll. Hihihi …, sagt der Mann: Ich bin eine na … Dings … äh … Glühbirne, ja 'ne Lampe. Super, ne? Der Chef sagt, dass er wohl verrückt ist, und schickt ihn nach Hause. Und dann? Weißt du, was dann passiert?

● Weiß ich doch nicht. Was denn?

○ Die Kollegin geht auch, weil sie ohne Licht nicht arbeiten kann. Verstehst du? Hahaha … Keine Glühbirne, kein Licht …HIHIHI. Der ist gut, ne? Oder?

● Ja, ja … sehr witzig! Mann, du kannst echt keine Witze erzählen.

## Auftaktseite Aufgabe 2b

○ Hihihi, der Witz ist gut …

● Kennt ihr den mit dem Sonderurlaub?

○ Nee, erzähl … Los ...

● Also … äh … Ein Mann überlegt, wie er ein paar Tage Sonderurlaub bekommen kann.
Am besten scheint es ihm, verrückt zu spielen, damit sein Chef ihn zur Erholung nach Hause schickt. Er hängt sich also im Büro an die Zimmerdecke.

○ Was? Echt?

● Ja, warte … Seine Kollegin fragt ihn, warum er das denn tut, und er erklärt es ihr. Wenige Minuten später kommt der Chef … sieht seinen Angestellten an der Decke hängen.
„Hey Müller, warum hängen Sie an der Decke?"
„Ich bin eine Glühbirne!"
„Sie müssen verrückt sein, gehen Sie mal für den Rest der Woche nach Hause und ruhen sich aus. Montag sehen wir dann mal weiter."
Der Mann geht, die Kollegin aber auch.
Auf die Frage des Chefs, warum sie denn auch gehe, sagt sie:
„Im Dunkeln kann ich nicht arbeiten."

## Modul 2 Aufgabe 2

○ Ich begrüße Sie, liebe Hörerinnen und Hörer, heute wieder sehr herzlich bei „Sprich mit mir!". Und auch heute haben wir zum Thema Kommunikation wieder einen interessanten Gast im Studio, Herrn Dr. Richard Traber. Herzlich willkommen.

● Hallo, Frau Wulff, ich freue mich über die Einladung.

○ Ja, wir freuen uns auch, Sie hier zu haben. Sie sind Trainer für Schlagfertigkeit. Eine sprachliche Fähigkeit, die viele gern hätten, aber die leider nicht alle beherrschen.

● Ja, richtig. Jemandem Paroli bieten zu können macht das Leben leichter, wer das nicht kann, ist schneller Ziel von Hohn und Spott.

○ Wen betrifft das genau?

● Eigentlich alle Menschen, die nicht schnell verbal reagieren können. Das fällt einem natürlich besonders dann auf, wenn man verbal angegriffen wird. Das geht ja schon in der Schule los. Aber auch Erwachsene kennen solche Situationen, wenn sich z.B. Kollegen bei der Arbeit über einen lustig machen. Das kann dann bis zum Mobbing gehen.

○ Aber es gibt doch Unterschiede bei den Altersstufen. Erwachsene attackieren und reagieren doch sicher ganz anders als Kinder.

● Ja, natürlich. Beginnen wir mal mit den Schülern. In deutschen Schulen sind Hänseleien an der Tagesordnung. Laut einer Studie, dem LBS-Kinderbarometer, leiden über 30 Prozent der Kinder zwischen 9 und 14 Jahren unter verbalen Angriffen und fühlen sich ausgegrenzt. Meistens geht es dabei um das Äußere: die Kleidung, das Aussehen oder die Figur. Manchmal auch um die Noten. Kinder sind bei ihren Angriffen anders als Erwachsene. Sie sind viel direkter und haben weniger Hemmungen. Die Attacken sind also meistens wirklich gemein und verletzend.

○ Und bei den Erwachsenen?

● Auch hier sollte nicht unterschätzt werden, wie viele Menschen sich durch öffentliche Kommentare ihrer Mitmenschen verletzt fühlen. Nur sind diese meist versteckter, subtiler und finden oft, nicht für alle hörbar, wie auf dem Schulhof, statt, sondern in Räumen, in denen sich der Angreifer sicher fühlt. Also in der Kaffeeküche, im eigenen Büro statt in der Mitarbeitersitzung. Aber egal, ob Kinder oder Erwachsene, der Verlauf der Kommunikation ist gleich.

○ Nämlich?

● Es gibt sozusagen einen Täter und ein Opfer. Eine Person versucht, die andere zu erniedrigen. Oft, um anderen gegenüber seine Macht zu demonstrieren. Aus Kindermündern hört man dann so etwas wie „Fettklopps", Erwachsene kennen Äußerungen wie „Schönes Kostüm. Passt gar nicht zu Ihnen." Jetzt könnte vom kommunikativen Gegenüber alles Mögliche kommen, ein Gegenangriff, ein Contra. Oft passiert aber gar nichts. Man sucht nach der passenden Antwort, einem fehlen die Worte und man bleibt sprachlos. Oft versucht man der Situation auszuweichen und flieht. Dann triumphiert der Angreifer, er hat sein Ziel erreicht. Das Opfer fühlt sich schlecht.

○ Wie geht es dann weiter? Das ist doch sicher nicht das Ende.

● Wenn der Täter sich immer wieder Erfolg von seinen Angriffen verspricht, wird er es sicher weiter und wiederholt versuchen. Das Opfer fühlt sich immer schlechter, verliert an Selbstbewusstsein, wird manchmal sogar krank.

○ Aber es gibt Auswege aus der Situation. Zum Beispiel Ihr Schlagfertigkeitstraining.

● Ja, aber nicht nur meins. Es gibt viele Kommunikationstrainer, die dabei helfen können, sich verbal zu wehren. Vor Kurzem ist ein Ratgeber von dem Trainer Matthias Pöhm für Schüler erschienen, mit vielen Tipps, um schlagfertiger zu werden. Davon können auch Erwachsene lernen.

○ Zum Beispiel?

● Pöhm geht davon aus, dass die beste Abwehr darin besteht, den Angreifer zu überraschen.

○ Und wie macht man das dann konkret?

● Pöhm nennt fünf Abwehrstrategien, die man einsetzen kann, wenn ein Schüler zum Beispiel zum anderen sagt: „Hey, du stinkst." Die erste Strategie ist, so Pöhm, zu überraschen, indem man übertreibt. Der angegriffene Schüler könnte mit einer Übertreibung zustimmen und sagen: „Ja, du hast recht. Warte erst einmal, bis ich die Schuhe ausgezogen habe!"

○ Ganz schön raffiniert, und die zweite?

● Die zweite Strategie ist das Ironisieren. Der Angegriffene gibt sich gleichgültig und sagt gelangweilt: „Ach ja? Was du nicht sagst." Schwieriger ist dann schon die dritte Strategie, nämlich das Kontern. Dabei antworte ich etwas, was den anderen selbst schlecht dastehen lässt. Aber, und das ist wichtig, er muss erst einen Moment nachdenken, bevor ihm die Botschaft klar wird. Zum Beispiel: „Na, dann passen wir ja gut zusammen." Verwirren ist die vierte Strategie. Man reagiert einfach mit einem anderen Thema. Der andere muss den Eindruck haben, er hätte im Gespräch etwas verpasst. Zum Beispiel: „Aber das kann man doch gar nicht essen." Und die letzte Strategie ist schon fast eine rhetorische Kunst, nämlich den anderen ins Leere laufen zu lassen. Dazu geht man auf seinen Angriff ein und zieht einen eigenen Nutzen daraus, z.B.: „Klar, da bleiben wenigstens die unangenehmen Leute auf Distanz!"

○ Das hört sich in der Theorie ja schon einmal gut an. Aber funktioniert das auch in der Praxis?

● Aus eigener Erfahrung kann ich sagen, dass man die Schlagfertigkeit tatsächlich lernen kann. Aber man muss trainieren, trainieren, trainieren. Am wichtigsten ist, dass man sich nicht mehr versteckt, sondern aktiv in die Offensive geht. Jeder kann das trainieren. Man kann erst einmal vor dem Spiegel anfangen und dann auch mit Freunden oder der Familie üben. Die Schlagfertigkeit kommt nicht von heute auf morgen, sondern Schritt für Schritt.

○ Kann denn jeder lernen, Contra zu geben? Jeder Mensch ist doch anders.

● Ja, und deshalb muss auch jeder für sich ausprobieren, mit welchen Strategien und mit welchen Sätzen man sich am wohlsten fühlt. Die Lieblingssätze, um jemandem die Stirn zu bieten, sollten einem gut gefallen und für möglichst viele Situationen leicht zu variieren sein. Wie man handelt und was man sagt, sollte man am besten in ein Trainingsbuch schreiben.

○ Und Erwachsene können das bei Ihnen lernen?

● Richtig, ich biete Kommunikationsseminare für unterschiedliche Konfliktsituationen an, in denen man gern schlagfertiger sein möchte. Im Beruf, in der Familie, in der Nachbarschaft,...
Je nach Situation sind sehr unterschiedliche Angriffe möglich, denen ich meine verbale Abwehr anpassen muss.

○ Und wie lange dauert so ein Training?

● Das ist individuell sehr unterschiedlich. Zuerst gibt es für alle ein Basisseminar, in dem wir Konfliktsituationen auf Video ansehen und analysieren, bevor wir uns mit den Strategien und möglichen Äußerungen beschäftigen. Das eigentliche Training findet dann in Kleingruppen mit zwei bis drei Personen statt.

○ Und wie setzen sich die Gruppen zusammen?

● Danach, wie leicht oder schwer es den Personen fällt, Contra zu geben. Manche stürzen sich gleich in die Kommunikation und wollen sprechen, andere fangen erst einmal mit der Körperhaltung an.

○ Wieso das?

● Sich nicht mehr klein fühlen, fängt mit dem Körper an. Gerade stehen, den anderen in die Augen schauen ... das macht kein Opfer. Das Training soll dann auch noch üben, wie man sich gegen verbale Angriffe unempfindlicher macht. Denn es lohnt sich nicht, auf jeden Unsinn zu reagieren.

○ Sehr interessant. Das finden auch unsere Zuhörer, die in unserer Sendung mit unseren Experten diskutieren können. Die erste Anruferin kommt aus Bochum. Sind Sie bereit?

● Ja, gern. Wer ist denn in der Leitung? ...

## Modul 4 Aufgabe 1

1 Ich schwätz eigentlich mit meiner Familie Dialekt, ansonschten vermeid ich ihn eher und sprech Hochdeitsch. Eigentlich gfällt mir mein Dialekt ja, aber irgendwie komm ich mir doch a bissle unmodern vor, wenn ich so schwätz. Eigentlich komisch, ha?

2 Die mesten Leute mögen ja den Klang von unserm Dialekt hier nicht so gerne. Oft genug muss er ja für blöde Witze herhalten. Des stert mich natürlich schon. Ich selber sprech gern Dialekt. Im Dialekt gibt es viel farbigere, präzisere Ausdrücke als im Hochdeutschen. Manche Situationen kann ma halt einfach mim Dialekt viel besser beschreiben als mit Hochdeutsch, weil die Wörter besser passen. Aber jeder sollte natürlich och gut Hochdeutsch sprechen könn. Kann ich och, aber muss ich ja nicht jetzt, ne?

3 Dialekte sind doch wat Schönes, damit kann man sin Herkunft zeijen, dat hat wat mit Identität zu don. Isch

spresch jern Dialekt und freu misch immer, wenn isch jemandem treff, mit dem isch Dialekt sprechen kann.

4 Nun, ich spreche eigentlich immer Dialekt und selten Hochdeutsch. Der Dialekt ist bei uns weit verbreitet. Auch in den Medien wird oft Dialekt gesprochen. Also, hier ist das ganz normal.

5 Es klingt ja oft so'n bisschen ruppig, wie die Leute quatschn. Da können dann die, die nicht so vertraut damit sind, janz schön schnell beleidigt sein. Momentan wohne ick ja nicht in Berlin. Aber zu Hause quatsch ick eigentlich immer so. Aber auch nur in bestimmten Situationen, beim Shoppen oder wenn ick weggehe oder so. In der Uni, da quatsch ick natürlich immer Hochdeutsch.

6 Meine Oma hat immer Platt mit mir gesnackt, hat es mir so beigebracht. Ich selber spreche es aber eigentlich gor nicht mehr. In meim Umfeld spricht keiner mehr Platt, das finde ich wirklich schade. Wär ja echt traurig, wenn das komplett verschwinden täte.

7 I red gern und oft im Dialekt, a im Büro. Wann i allerdings mit Leit zum do habe, die betont Hochdeutsch redn, da bemüh ich mich halt, a so zu redn. I find das a sche, dass Dialekte insgesamt wieder besser angsehn san und wieder an höheren Stellenwert ham.

8 I mog's, Dialekt zu reden. Es gibt so viele spezielle Ausdrück, die in der Hochsprach überhaupt nicht vorkemmen, bsonders schön kann man Übertreibungen und Ironie ausdrücken. Des kommt im Dialekt irgendwie besser uma.

## Kapitel 4

### Modul 1 Aufgabe 2a

○ Guten Abend meine Damen und Herren. Ich begrüße Sie recht herzlich hier im Goethe-Institut zu unserer Vortragsreihe: „Landeskunde für Deutschlernende und -lehrende". Ich freue mich ganz besonders, Herrn Prof. Böttger von der Ruhr-Universität Bochum begrüßen zu dürfen. Er wird uns in seinem Vortrag eines der wichtigsten Ballungsgebiete Deutschlands vorstellen: das Ruhrgebiet. Bitteschön, Prof. Böttger …

● Vielen Dank, Frau Dr. Förster. Ich möchte Ihnen, meine Damen und Herren, am Anfang meines Vortrags eine alte Sage aus dem Bergbau erzählen. In der Geschichte geht es darum, wie die wirtschaftliche Entwicklung des Ruhrgebiets ihren Anfang genommen haben soll:

*Zu einer Zeit, als die Menschen noch nicht wussten, dass man mit Kohle Feuer und Wärme erzeugen kann, weidete an einem kühlen Herbsttag ein Hirtenjunge seine Schafe dort, wo die Berge an die Ufer der Ruhr stoßen. Als er hungrig wurde, fing er ein paar Fische und entzündete ein kleines Holzfeuerchen, um sie zu braten und um ein wenig Wärme für die Nacht zu haben. Am nächsten Morgen schien das Feuer erloschen. Als der Hirtenjunge in die Asche greifen wollte, zuckte er jedoch erschrocken zurück, denn er sah, dass die Steine, auf denen er am vergangenen Abend das Feuer entzündet hatte, heiß und rotglühend geworden waren. Der Junge hatte so etwas niemals zuvor gesehen und rannte verstört nach Hause zu seinen Eltern, denen er sein Abenteuer erzählte. Auch Vater und Mutter konnten sich den Spuk nicht erklären und glaubten, dass es sich um ein Werk des Teufels handeln müsse. Sie verboten ihrem Sohn, jemals von seinem Erlebnis zu sprechen. Fortan weidete dieser seine Schafe woanders, doch diese unheimliche Begebenheit konnte er niemals vergessen.*

*Als der Hirtenjunge zu einem stattlichen Mann herangewachsen war, wollte er sich eine Frau suchen. Doch unter den Mädchen seiner Heimat fand sich keine, die ihm gefiel. Allerdings gab es in der Stadt Essen ein liebes und freundliches Mädchen, das er gern heimgeführt hätte. Dieses Mädchen hatte aber schon so manchen, der um ihre Hand angehalten hatte, abgewiesen, weil sie sich nicht entscheiden konnte. Da bestimmte eines Tages ihr Vater, dass sie denjenigen heiraten solle, der ihr den schönsten Edelstein als Hochzeitsgabe bringen könne.*

*Als der Hirtenjunge dies hörte, war er sehr traurig, denn er besaß nicht genug Geld, um jemals wertvolle Diamanten oder Geschmeide erwerben zu können. Doch da erinnerte er sich an die glühenden Steine, die er vor vielen Jahren einmal gesehen hatte. Mit einer Spitzhacke und einem Holzkästchen begab er sich zum Ruhrufer, wo er einstmals das Feuer angezündet hatte, und löste einige der Steine, die er dort vorfand. Hierbei fiel ihm auf, dass diese Steine schwarz waren und glänzten.*

*Mit seinem gefüllten Holzkästchen ließ er sich sodann bei dem schönen Mädchen melden. Als er eintrat und seine schwarzen Steine vorzeigte, lachten und spotteten das Mädchen und ihr Vater über ihn, weil sie nicht glauben konnten, dass die schwarzen Steine als Edelsteine oder Diamanten angesehen werden könnten. Der Hirtenjunge aber ließ sich nicht beirren und bat darum, dass er seine Steine ins Holzfeuer legen dürfe.*

*Der Wunsch wurde ihm gewährt, und schon bald flackerte das Feuer hoch auf, und die schwarzen Steine erglühten in prächtigem Rot so hell und klar, wie noch niemals ein Edelstein geleuchtet hatte. Als das Mädchen dies sah, entflammte ihr Herz für den Hirtenjungen. Schon wenige Wochen später wurde eine prächtige Hochzeit gefeiert. Später kamen viele Menschen von weit her an diese Stelle und wollten von den Steinen haben, weil sie erfahren hatten, dass man mit ihnen viel besser heizen konnte als mit Holz. Wie sie früher das ausgeglühte Holz „Holzkohle" genannt hatten, so tauften sie die schwarzen Steine „Steinkohle".*

Niemand weiß, ob diese Legende wahr ist. Aber zumindest könnte sie sich so irgendwann im Mittelalter, irgendwo knapp südlich der Ruhr, zugetragen haben. Seit der Entdeckung der Steinkohle hat das Ruhrgebiet – auch Revier, Pott, Ruhrpott oder Kohlenpott genannt – eine rasante Entwicklung genommen. Es

umfasst eine Fläche von 4.435 km² und die größte Ausdehnung von Osten nach Westen beträgt 116 km und von Norden noch Süden 67 km. Mit knapp über fünf Millionen Einwohnern ist das Ruhrgebiet die bevölkerungsreichste Region Deutschlands. Zählt man die umliegenden Städte dazu, sind es sogar fast zehn Millionen. Das Ruhrgebiet ist dicht besiedelt, besteht aus vielen großen Städten, die fast oder ganz zusammengewachsen sind. Die bekanntesten und größten sind Dortmund, Essen, Duisburg, Bochum und Gelsenkirchen. In den letzten 60 Jahren, also seit dem Zweiten Weltkrieg, hat sich das Ruhrgebiet drastisch verändert: Von einer durch den Krieg gezeichneten Trümmerlandschaft wurde es zu einer Region der Dienstleistungen. Wie ist es dazu gekommen?
Eine erste Phase dieser Entwicklung stellen die Jahre zwischen 1947 bis 1957 dar: die Revitalisierungsphase. Nach dem Ende des Krieges stieg die Bevölkerungszahl bis 1950 rasch an, denn es gab reichlich Arbeitsplätze im Bergbau, der in dieser Zeit seinen Höhepunkt erreichte. Kohle war der wichtigste Grundstoff für alle anderen Wirtschaftszweige. Sie spielte beim wirtschaftlichen Wiederaufbau der Bundesrepublik eine entscheidende Rolle. Das Ruhrgebiet galt als Aushängeschild der bundesdeutschen Wirtschaft der Nachkriegszeit: Seine Kohle und sein Stahl waren der Motor des Wirtschaftswunders. Ein Drittel aller Beschäftigten arbeiteten im Bergbau. Dadurch, dass die Menschen nun wieder mehr Geld zur Verfügung hatten, blühte der Handel in der Region auf. So entwickelte sich zum Beispiel die Stadt Essen im ersten Nachkriegsjahrzehnt zur größten Einkaufsstadt der Region.
Doch der Aufstieg hielt nicht lange an. Bis zum Beginn des wirtschaftlichen Abschwungs vergingen nur wenige Jahre. Ab 1957 setzte die zweite Phase ein: Der Beginn der Kohlekrise. Der Anteil der Kohle aus dem Ruhrgebiet an der Weltproduktion war stark zurückgegangen, wofür es mehrere Gründe gab. Zum einen konnte Kohle in anderen Ländern wesentlich preiswerter gefördert werden, denn die Lagerstätten waren ergiebiger und die Kohle einfacher abzubauen. Außerdem gingen wichtige Teile des Absatzmarktes verloren, da an die Stelle von Kohle nun Öl und Erdgas traten. So stellte zum Beispiel einer der wichtigsten Abnehmer „Die deutsche Bundesbahn" ihre Züge auf elektrischen Antrieb um, weshalb sie keine Kohle mehr brauchte. Dadurch war die Produktion der Steinkohle zeitweise weit höher als die Nachfrage. Die unmittelbare Folge war natürlich, dass durch den Rückgang des Steinkohlebergbaus viele Menschen ihre Arbeitsplätze verloren, dass sie umschulen oder in Frührente gehen mussten.
Die Kohlekrise hatte aber auch längerfristige Folgen für die gesamte Region. Mit ihr setzte der ökonomische Wandel des Ruhrgebiets ein.
Um den Veränderungen Rechnung zu tragen, wurden in den Jahren 1961 bis 1994 mehr und mehr Arbeitsplätze im Dienstleistungssektor geschaffen. Vor dem Beginn der Kohlekrise arbeiteten die meisten Menschen in der Rohstoffverarbeitung. Anfang der 90er-Jahre gab es wesentlich mehr Beschäftigte im Dienstleistungssektor. Handel, Verkehr und Nachrichtenübermittlung, Banken und Versicherungen sowie Gaststätten und das Beherbergungsgewerbe entwickelten sich enorm. Großstädte wie Dortmund und Essen wurden immer mehr zu Dienstleistungszentren mit einem großen Angebot im Bereich Kultur und Bildung. Zusammen mit Bochum sind diese Städte heute auch die wichtigsten Verwaltungszentren des Ruhrgebiets. Mittlerweile macht der Dienstleistungssektor mit mehr als zwei Dritteln der Beschäftigten den höchsten Anteil an Arbeitsplätzen im Ruhrgebiet aus.
Da die Kohlekrise die Menschen zum Umdenken zwang, begann mit dem Ausbau des Dienstleistungssektors auch ein bildungspolitischer und kultureller Wandel. Innerhalb kürzester Zeit entstanden ab den 60er-Jahren in Bochum, Dortmund, Essen, Duisburg und Hagen neue Universitäten. Dazu kamen acht Fachhochschulen, die Folkwang-Hochschule für Musik, Theater und Tanz sowie je drei forschungsnahe Fraunhofer- und Max-Planck-Institute. Mit weit mehr als 150.000 eingeschriebenen Studenten ist das Ruhrgebiet mittlerweile zur dichtesten Hochschullandschaft Europas geworden. Auch im kulturellen Bereich hat das Ruhrgebiet in den letzten Jahrzehnten eine enorme Entwicklung vollzogen. Heutzutage gibt es in der Region ein dichtes Netz an kommunalen Theatern und Opernhäusern. Dazu kommen zahlreiche kleine Theatergruppen auf mehr als 150 freien Bühnen. Große Festivals wie die „Ruhrfestspiele" in Recklinghausen, das „Theaterfestival Ruhr" oder die „Ruhr-Triennale" haben das Ruhrgebiet weit über seine Grenzen hinaus bekannt gemacht.
Eine herausragende Leistung in der kulturellen Entwicklung hat die „Internationale Bauausstellung Emscher-Park (IBA)" vollbracht. Einer der Schwerpunkte dieses auf zehn Jahre angelegten Projekts war die Restaurierung alter Industriedenkmäler, z.B. stillgelegter Zechen. Während der Kohleförderung wurde in diesen Anlagen schwer gearbeitet. Die Bauwerke, die damals entstanden, werden heute kulturell genutzt und sind auf der „Route der Industriekultur" zu bemerkenswerten touristischen Highlights geworden, die große Besucherströme anziehen.
Und nicht zu vergessen am Ende: Einen weiteren kulturellen Schub bekam die Region durch die Ernennung von Essen zur „Kulturhauptstadt Europas 2010".

## Modul 1 Aufgabe 3a

1. Seit der Entdeckung der Steinkohle hat das Ruhrgebiet eine rasante Entwicklung genommen.
2. Nach dem Ende des Krieges stieg die Bevölkerungszahl bis 1950 rasch an.
3. Die Kohle spielte beim wirtschaftlichen Wiederaufbau der Bundesrepublik eine entscheidende Rolle.

4. Bis zum Beginn des wirtschaftlichen Abschwungs vergingen nur wenige Jahre.
5. Vor dem Beginn der Kohlekrise arbeiteten die meisten Menschen in der Rohstoffverarbeitung.
6. Während der Kohleförderung wurde in diesen Anlagen schwer gearbeitet.

## Modul 3 Aufgabe 1

SWR 3 Tagesthemen mit Tom Buhrow, mit Tom Buhrow, Tagesthemen mit Tom Buhrow. Hier ist das Erste Deutsche Fernsehen mit den Tagesthemen. Tim fragt Tom.

○ ARD Tagesthemen, Tom Buhrow. Guten Tag.

● Hallo, Tom, hier ist Tim. Was ist Globalisierung?

○ Oh, davon hört man jetzt ganz oft. Also, Globalisierung beschreibt in einem Wort die zahlreichen Änderungen, die es gibt, seit unsere Welt ein Dorf geworden ist.

● Äh, aber die Welt ist doch viel größer als ein Dorf.

○ Ja, stimmt, also die Ausmaße sind dieselben, die die Welt immer hatte, aber durch Telefon, Internet und schnelle Reisemöglichkeiten, z.B. Flugzeug, sind wir Menschen viel direkter und schneller miteinander verbunden. Also meine Kinder zum Beispiel, die emailen ihren Freunden, die sie noch in Amerika haben. Das wäre früher gar nicht möglich gewesen, als ich noch Kind war. So, und dadurch entstehen natürlich ganz neue Möglichkeiten, vor allem auch wenn wir Dinge kaufen und verkaufen.

● Äh, was denn zum Beispiel?

○ Eigentlich fast alles: Möbel, Fernseher, Computer, Autos, deine Turnschuhe. Weißt du zum Beispiel, wo deine Turnschuhe herkommen?

● Ja, das sind amerikanische Turnschuhe, aber die habe ich bei uns in der Stadt im Laden gekauft.

○ Ah okay, also amerikanische, sagst du. Jetzt guck se dir mal genau an. Was steht denn innen auf dem Schild drauf? Da steht irgendwo „Made in", gemacht in …

● Wart mal, bitte.

○ Musste die Schuhe erst ausziehen, ne?

● Oh, da steht „Made in China". Meine Turnschuhe kommen von China nach Amerika und dann nach Deutschland. Dann ist doch die Globalisierung eigentlich perfekt, oder?

○ Ja, naja, also pass auf. Die amerikanischen Turnschuhe kommen also aus China, weil die Menschen da für sehr niedrigen Lohn arbeiten. Aber deshalb gibt's in Amerika in den Fabriken auch weniger Jobs, weil das jetzt die Leute in China machen.

● Aber dann ist die Globalisierung ja doch was Schlechtes?

○ Es ist gut und schlecht. Das Problem ist, dass sich jeder von uns freut, wenn wir etwas günstig kaufen können, ne? Deine Schuhe sind jetzt billiger, als wenn die in Deutschland oder in Amerika auch wirklich zusammengenäht und hergestellt würden. Aber jeder, der was kauft, muss auch darüber nachdenken, warum viele Dinge bei uns so superbillig sind.

● Ich hab's ein bisschen verstanden.

○ Ja, es ist auch nicht ganz einfach zu erklären. Aber wenn du beim Einkaufen mal darauf achtest, wo die Sachen herkommen und für wie viel sie hier verkauft werden, dann kannst du für dich immer nachrechnen, ob der Preis okay ist oder nicht. Oder ob der, der die Turnschuhe zum Beispiel zusammengenäht hat, einen fairen Lohn bekommen hat dafür oder nicht.

● Ich glaube, jetzt hab ich's verstanden. Superbillig ist nicht immer fair, oder?

○ Nicht immer, es ist nicht automatisch unfair, aber es ist auch nicht automatisch fair.

● Okay, vielen Dank, Tom.

○ Dann ruf einfach wieder an, wenn du eine neue Frage hast.

## Modul 4 Aufgabe 3

Schönen guten Abend meine Damen und Herren, ich begrüße Sie recht herzlich zu unserer Vortragsreihe für Firmengründer. Ich freue mich sehr, dass Sie so zahlreich zu unserem heutigen Vortrag mit dem Thema „Bankgespräche erfolgreich führen" erschienen sind. Letzte Woche hatten wir ja bereits den Business- und Finanzplan zum Thema und vorletzte Woche ging es um das Thema Marketing und Vertrieb. Heute möchte ich Ihnen viele hilfreiche Tipps und Hinweise geben, damit Sie realistische Aussichten haben, von einer Bank ein Darlehen zu erhalten. Denn oft ist es ja das leidige Thema Geld, an dem die besten Ideen und Vorhaben scheitern.
Ich möchte Ihnen heute Abend zu folgenden Punkten Informationen liefern:

1. Terminvereinbarung, d.h., was sollte ich alles schon bei der Terminvereinbarung wissen?
2. Das Bankgespräch, d.h., welche Argumente sollten vorbereitet sein, welche Präsentationsinhalte, wie wird die Präsentationsform sein und wie könnte der Gesprächsabschluss aussehen?

Beginnen wir mit der Terminvereinbarung. Sie haben also eine tolle Geschäftsidee und sind bereits aus der Phase des Träumens heraus. Damit meine ich, Sie sind dabei, diese Idee ganz konkret umzusetzen, haben einen Businessplan erstellt, Ihre finanzielle Lage überprüft und auch die Marktsituation analysiert. Sie wissen jetzt also, ob es Konkurrenz auf dem Markt gibt, und, wenn ja, wie stark sie ist und wie Sie sich davon abheben können und so weiter und so fort. Was Ihnen jetzt noch fehlt, ist ein Kreditgeber, damit Sie mit Ihrem Unternehmen starten können. Und allerspätestens hier beginnt das Abenteuer Firmengründung richtig spannend zu werden, denn so manch einer ist schon bei der Terminvereinbarung gescheitert, denn manche Banken lehnen bei schlecht vorbereiteten Anrufern einen Termin von vornherein ab. Mit welchen Fragen müssen Sie also jetzt bereits rechnen? Nun, auf jeden Fall werden Sie gefragt werden:

- in welcher Branche Sie eine Firma gründen möchten, das interessiert den Geldgeber natürlich, da die verschiedenen Branchen unterschiedlichen Risikograden zugeordnet sind.
- Dann möchte ihr Gesprächspartner sicherlich wissen, wie Ihre Geschäftsidee lautet – worum es also genau bei Ihrem Geschäftsvorhaben geht – und was das Besondere daran ist.
- Schließlich wird bereits hier die Frage nach der Höhe des von Ihnen benötigten Kredits auf Sie zukommen. Machen Sie sich also vorher Gedanken darüber und geben Sie hier möglichst konkrete und realistische Zahlen an.

Wichtig ist bei diesem Gespräch, dass Sie die Fragen kurz und konkret beantworten können, und zwar so, dass ihr Gesprächspartner Sie gut versteht! Da gibt es eine ganz einfache Möglichkeit, das zu üben, und zwar mithilfe des sogenannten „Fahrstuhlgesprächs". Stellen Sie sich vor, Sie sind in einem Fahrstuhl und haben 60 Sekunden Zeit, einer Person, die mit Ihnen im Fahrstuhl ist, Ihre Geschäftsidee zu vermitteln. Um das kurz und knapp zusammenzufassen, habe ich Ihnen hier einen Spickzettel für das Fahrstuhlgespräch zusammengestellt. Schaffen Sie es, in 60 Sekunden verständliche und überzeugende Antworten auf diese vier Fragen zu geben?

1. Was ist mein Angebot?
2. Was ist das Besondere an meiner Geschäftsidee?
3. Woher kommt die Idee? und
4. Was sind meine persönlichen Fähigkeiten?

Üben Sie das Beantworten dieser Fragen vor der Terminvereinbarung – allerspätestens beim Bankgespräch selbst sollten Sie „das Fahrstuhlgespräch" perfekt beherrschen.

So – nun gehen wir also einmal davon aus, dass Sie erfolgreich einen Termin für ein Bankgespräch vereinbart haben – wie geht's jetzt weiter? Welche Themen und Fragen werden Sie in diesem Gespräch erwarten? Wie können Sie sich auf dieses Gespräch vorbereiten? Ich habe Ihnen hier die wichtigsten Inhaltspunkte auf einer Folie zusammengefasst. Sie sehen hier die drei Leitpunkte: Ihr Vorhaben, Ihre Kompetenzen und Ihre Finanzen.
Zunächst geht es also um Ihr genaues Vorhaben: Wie ist Ihre Geschäftsidee, was hat die Marktanalyse ergeben und – sehr wichtig – welche Alleinstellungsmerkmale kann Ihre Geschäftsidee bieten? Schließlich sollten Sie noch Ihre Überlegungen zum Marketing und Vertrieb beschreiben und natürlich einen umfassenden Businessplan vorlegen können.
Dann wird Ihr Kreditberater sicherlich etwas über Ihre Kompetenzen erfahren wollen: Wie steht es mit Ihrem fachlichen Know-how, mit anderen Worten, kennen Sie sich in Ihrem Fach gut aus? Haben Sie kaufmännisches Know-how und verfügen Sie über unternehmerische Fähigkeiten?
Und dann natürlich ein Punkt, der für die Bank besonders wichtig ist – die Finanzierung. Hier wird Ihr Gesprächspartner wissen wollen, wie es um Ihre Vermögensverhältnisse steht, wie Ihre Finanzplanung aussieht (ist sie realistisch und gründlich berechnet?) und natürlich wird Ihre Kreditwürdigkeit geprüft.
Ihr Ziel sollte es sein, Ihren Kundenberater vom Erfolg Ihres Vorhabens zu überzeugen, indem Sie ihm die wichtigsten Punkte Ihres Businessplans vorstellen.
Als guter Gesprächspartner kennen Sie nicht nur Ihre eigenen Ziele und Interessen, sondern machen sich auch Gedanken über die Interessen Ihres Gegenübers. Welche Bedenken könnte er bzw. sie haben? Aus welchen Gründen könnte er oder sie einen Kredit verweigern? Und v.a.: Mit welchen Argumenten können Sie diese Bedenken zerstreuen?

So, wichtig im Beratungsgespräch ist natürlich auch, wie Sie sich verhalten: Als Erstes gilt auf jeden Fall:

**1. Zeigen Sie Begeisterung für Ihre Geschäftsidee.**
Um Ihren Kundenberater zu überzeugen, gehört auch Begeisterung dazu. Denn nur, wenn Sie sich tatsächlich selbstständig machen möchten und nicht aus der Not heraus gründen, werden Sie auch die nicht selten harte Anlaufphase durchhalten. Ihre Motivation und Begeisterung für Ihr Vorhaben sollte der Kundenberater hören können.

**2. Hören Sie „aktiv zu".**
„Aktives Zuhören" ist eine wichtige Gesprächstaktik. Zeigen Sie Ihrem Gesprächspartner, dass Sie aufmerksam zuhören. Schauen Sie Ihn an und beschäftigen Sie sich nicht mit anderen Dingen, während er spricht. Blättern Sie also nicht gleichzeitig in Ihren Unterlagen oder in Unterlagen der Bank. Aktives Zuhören ist nicht nur höflich, es signalisiert Ihrem Gesprächspartner: Mich interessiert, was Sie sagen.

**3. Beschreiben Sie die Alleinstellungsmerkmale anschaulich.**
Um das Alleinstellungsmerkmal Ihres Angebots deutlich zu machen, sollten Sie so genau wie möglich sagen, was das Besondere daran ist. Vermeiden Sie allgemeine Formulierungen wie „Mein Angebot ist besser, schneller, schöner". Das ist alles sehr relativ. Wenn möglich, zeigen Sie Zeichnungen oder Fotos oder bringen Sie Ihr Produkt mit. Je präziser Sie Ihr Produkt beschreiben, desto besser kann es sich Ihr Gegenüber vorstellen. Aber achten Sie hier auch wieder darauf, dass Ihre Beschreibung anschaulich und verständlich ist. Verlieren Sie sich nicht in Fachbegriffen und komplexen, verwirrenden Beschreibungen.

**4. Gehen Sie auf die Bedenken des Kreditberaters ein.**
Gehen Sie auf die Bedenken Ihres Gesprächspartners ein und sorgen Sie so für Klarheit. Der Kreditberater sollte den Eindruck haben, dass Sie seine Bedenken ernst nehmen und konkret darauf antworten. Klopfen Sie daher keine Sprüche und antworten Sie nicht mit Allgemeinplätzen

wie „Ach, das kriege ich schon hin und das Risiko wird doch eh meistens überschätzt. Meine Erfahrung hat mir gezeigt, dass man nur Mut haben muss."
Und – ganz wichtig, deswegen sage ich es noch einmal: Stellen Sie sich auf das Informationsbedürfnis ihres Gesprächspartners ein: Ein Banker will wissen, ob es sich lohnt, in Ihr Vorhaben zu investieren. Ihre persönlichen Träume und Wünsche interessieren ihn dabei wenig.

**Und 5. Bleiben Sie gelassen.**
Auch wenn Sie unangenehme Fragen gestellt bekommen, oder Fragen, die wie ein Vorwurf klingen: Bleiben Sie gelassen und reagieren Sie offen. Ihr Kundenberater will Sie nicht beleidigen, sondern bestimmte Informationen bei Ihnen einholen. Stellen Sie sich daher auf solche Fragen ein.

Und zu guter Letzt noch ein offenes Wort – sicherlich erscheint es Ihnen selbstverständlich, aber die Erfahrung zeigt leider immer wieder, dass diese beiden Punkte gar nicht so selbstverständlich sind: Es geht um den ersten Eindruck, also Ihr persönliches Auftreten und Ihr äußeres Erscheinungsbild. Deswegen möchte ich hier noch einmal Klartext reden:
Zeigen Sie sich selbstbewusst, gut informiert und freundlich – aber eben nicht überheblich, besserwisserisch oder einschmeichelnd! Und was Ihr Äußeres betrifft, so kleiden Sie sich angemessen. Ihr Kreditberater wird aus Ihrer Kleidung darauf schließen, welchen Eindruck sie bei anderen Geschäftsterminen vermitteln. Ihre Kleidung sollte also zu Ihnen und zu Ihrer Geschäftsidee passen.

Vergessen Sie zum Abschluss des Gesprächs nicht, sich danach zu erkundigen, wann Sie mit einer Entscheidung seitens des Kreditgebers rechnen können. Und: Fassen Sie die wichtigsten Punkte des Gesprächs noch einmal zusammen. Das Zusammenfassen ist eine wichtige Gesprächstechnik. Sie sorgt für Verbindlichkeit – „Sie erhalten dann von mir ..." – und macht Ihrem Gesprächspartner deutlich, dass Sie alles verstanden haben und wie die nächsten Schritte aussehen werden. Die „Zusammenfassung" eignet sich auch dann, wenn Sie Zweifel haben, ob Sie Ihren Gesprächspartner richtig verstanden haben. „Habe ich Sie richtig verstanden, dass ...?"
Und noch ein letzter Hinweis, das gesamte Gespräch betreffend: Machen Sie sich Notizen – vor allem, wenn Sie Fristen der Bank gegenüber einzuhalten haben oder noch Unterlagen an die Bank schicken sollen – und erstellen Sie gleich nach dem Gespräch ein kurzes Ergebnisprotokoll, in dem Sie die wichtigsten Ergebnisse und auch Aufgaben, die Sie aus dem Gespräch mitgenommen haben, kurz zusammenfassen.
Bei diesem Punkt angelangt, sind wir schon mitten drin im Thema für nächste Woche, wo wir uns damit befassen werden, wie man ein – auch später noch aufschlussreiches – Ergebnisprotokoll verfasst und wie man Bankgespräche sinnvoll nachbereitet.
Für heute aber genug zu diesem Thema, ich danke Ihnen für Ihre Aufmerksamkeit und wünsche Ihnen einen guten Nachhauseweg.

## Modul 4 Aufgabe 4a

○ Ja, Herr Burger, dann erzählen Sie mir doch bitte noch einmal kurz, warum Sie sich eigentlich selbstständig machen möchten. Sie haben doch – wie ich Ihrem Lebenslauf entnehmen kann – einen ganz guten und interessanten Arbeitsplatz?

● Ja, ich arbeite schon seit vielen Jahren als Angestellter und mein Aufgabenbereich ist wirklich nicht schlecht. Aber mir ist schon vor zwei Jahren die Idee gekommen, mich selbstständig zu machen, und ich habe die Idee lange mit mir herumgetragen. Ich denke, ich bin noch jung genug, um etwas Neues zu beginnen, und ich würde doch sehr gern mein eigener Herr sein und meine eigenen Ideen umsetzen.
Ich habe jetzt so lange abgewogen, ob ich diesen Schritt wagen soll, und ich kann Ihnen sagen – ich meine, dass ich mir das zutraue. Ich habe in meinem Beruf sowohl kaufmännische Erfahrung gesammelt als auch Führungskompetenz bewiesen und ich bin gesundheitlich fit. Auch schon im Betrieb habe ich immer wieder gern neue und herausfordernde Aufgaben angenommen. Das reizt mich einfach und macht mir Spaß – auch wenn das viel Arbeit bedeutet.

○ Ach ja, das verstehe ich. Nun, ich habe mir ja Ihren Businessplan angesehen und Sie schreiben, dass Sie bereits einen Auftraggeber für Ihr Unternehmen haben.

● Hmm, stimmt.

○ Das ist ja schon mal ein guter Anfang. Mir ist allerdings nicht so ganz klar, wie Sie weitere Auftraggeber gewinnen möchten. Welche Pläne haben Sie denn und was würden Sie tun, wenn Ihnen der Auftraggeber, den Sie bereits gefunden haben, wieder abspringt?

● Na ja, daran habe ich natürlich auch schon gedacht. Deswegen habe ich mir von einem Partner ein paar Maßnahmen ausarbeiten lassen. Diese Maßnahmen sind hier ausgearbeitet, ich lasse Ihnen das gern da, Sie können sich die Unterlagen ja dann später mal ansehen.

○ Ähm, ja, danke.
Nun, dann erzählen Sie mir doch bitte mal, was eigentlich das Besondere an Ihrer Geschäftsidee ist. Meines Wissens gibt es ja bereits ähnliche Unternehmen auf dem Markt, einige davon sogar ganz in der Nähe Ihres Standortes. Was wollen Sie denn tun, um sich von der Konkurrenz zu unterscheiden?

● Ach wissen Sie, auf den ersten Blick mag das so aussehen, als ob die Konkurrenz das Gleiche bietet, aber mein Angebot ist bei genauerem Hinsehen ganz anders. Unsere Produkte sind qualitativ deutlich hochwertiger und haben eine wesentlich längere Lebensdauer. Außerdem ist unser Produktdesign viel besser – unsere Ware gefällt einfach jedem. Ich hoffe natürlich, dass die Konkurrenz uns da nicht zu schnell nacheifern wird.

○ Nun ja, wir haben leider schon oft die Erfahrung gemacht, dass gerade Unternehmen in Ihrem Bereich relativ schnell wieder schließen mussten. Ist Ihnen bewusst, dass die Risiken in diesem Bereich recht hoch sind?

● Ja, dessen bin ich mir voll und ganz bewusst. Ich habe deswegen im Businessplan einige Maßnahmen entwickelt, um mögliche Risiken zu vermeiden. Die Grundlage für diese Maßnahmen sind meine langjährige Berufserfahrung und aktuelle Daten aus der Branche. Ich kann Ihnen das gern kurz erklären, wenn Sie möchten?

○ Ja gern, so viel Zeit sollten wir uns schon nehmen. (...)

○ Danke, sehr schön, ich sehe, Sie haben sich das alles gut überlegt. Dennoch: Wie können wir denn sicher sein, dass Sie Ihr Darlehen auch pünktlich zurückzahlen?

● Nun ja, also ich habe doch schon so lange mein privates Konto bei Ihnen, da wissen Sie doch, dass ich nicht zu den Leuten gehöre, die ständig ihr Konto überziehen und immer im Minus sind. Also ich denke, daher sollten Sie wissen, dass Sie bei mir natürlich damit rechnen können, Ihre Raten pünktlich zu bekommen.

○ Nun gut, Herr Burger, das hört sich ja alles ganz gut an. Ich werde Ihre Unterlagen im Haus prüfen lassen und sobald ich von Ihnen den noch fehlenden Kostenvoranschlag erhalten habe, dauert es noch etwa zehn Tage, bis Sie von uns hören.

● Gut, herzlichen Dank, dann warte ich, bis Sie sich melden.

## Kapitel 5

### Modul 2 Aufgabe 2

○ Wer kennt das nicht, liebe Hörerinnen und Hörer: Ich weiß genau, was ich will. Ich weiß genau, wohin ich will. Ich weiß genau, was zu tun ist. Aber ich mache es einfach nicht. Viele Menschen haben ambitionierte Ziele und Visionen im Kopf, trauen sich aber nicht, diese auch umzusetzen. Wie immer habe ich Gäste im Studio, mit denen ich über dieses Thema sprechen möchte. Ich begrüße recht herzlich Frau Wendt ...

● Guten Tag.

○ ... und Herrn Lehmann.

□ Guten Tag.

○ Frau Wendt, Sie sind von Beruf Marketing- und Kommunikationswirtin. Was genau muss man sich darunter vorstellen?

● Kommunikationswirte arbeiten in Werbe- und Marketingabteilungen in nahezu allen Wirtschaftszweigen. Sie sind in Werbeagenturen, in der Medienbranche sowie im Messe- und Ausstellungswesen tätig. In der Regel spezialisieren sie sich auf bestimmte Teilgebiete, z.B. Marketing, Werbung, Öffentlichkeitsarbeit, Produktmanagement oder Kundenberatung. Die meiste Arbeitszeit verbringt ein Kommunikationswirt mit Planen und Organisieren.

○ Und wie sind Sie darauf gekommen, genau das zu werden?

● Eigentlich war alles purer Zufall ... Nach dem Abi wollte ich Hotelkauffrau werden. Hotels fand ich schon immer spannend. Nach einigen Vorstellungsgesprächen und der Erkenntnis „zu viel" Arbeit und „zu wenig" Geld bin ich dann an eine Bank gegangen. Nach der Ausbildung war klar, dass dies nicht mein Endziel sein kann. Ich habe dann Wirtschaftswissenschaften an der Uni Wuppertal begonnen und nebenbei als studentische Aushilfskraft bei einer Eventagentur angefangen. Da der Job süchtig macht, habe ich das Studium aufgegeben und bin nach Köln an die WAK, Westdeutsche Akademie für Kommunikation, gegangen. Nach meinem Abschluss hat mir die Eventagentur dann gleich einen festen Job angeboten.

○ Das klingt nach Erfolg über Umwege.

● Ja, so ist es. Wissen Sie, Arbeitszeit ist Lebenszeit. Deshalb sollte jeder den richtigen Beruf haben.

○ „Das hört sich gut an", mögen jetzt sicherlich die einen Zuhörerinnen und Zuhörer denken. „Wenn das so einfach wäre ...", vielleicht andere. Aber wir haben ja einen Experten im Studio, den wir fragen können. Herr Lehmann, Sie arbeiten als Berater und Coach, sind langjähriger Unternehmer. Klingt das, was Frau Wendt sagt, nicht ein bisschen zu idealistisch?

□ Nein, überhaupt nicht. In meinen Beratungen als Coach treffe ich immer wieder auf Menschen, die einerseits unsicher sind, ob sie sich beruflich verändern sollen, und die andererseits auch nicht wissen, wie man dieses Ziel am besten realisieren kann. Deshalb leiden die einen im Beruf still vor sich hin, die anderen äußern ihren beruflichen Frust durch ständige „Was wäre, wenn ..."-Szenarien. Erstaunlich wenige Menschen wählen den dritten Weg und probieren aus, was in ihnen steckt und was sie alles noch erreichen können. Dabei geht es um sehr viel. Die Zeit, die wir im Job verbringen, ist ein Großteil unserer Lebenszeit. Da hat Frau Wendt recht. Warum diese dann mit Dingen verbringen, die uns nicht ausfüllen? Viele denken: Von irgendwas muss man ja leben. Man kann froh sein, in der heutigen Zeit einen Job zu haben. Falsch gedacht! Gerade in der heutigen Welt mit so wenig Freizeit sollte einem die Arbeit Spaß machen.

○ Wie finde ich denn heraus, ob eine berufliche Veränderung für mich notwendig ist?

□ Zunächst sollten Sie einmal eine Bestandsaufnahme machen. Welcher Teil Ihrer Tätigkeit macht Ihnen besonders Spaß? Wo blühen Sie richtig auf? Aber auch: Was machen Sie überhaupt nicht gern? Wo langweilen Sie sich besonders, wo passieren Ihnen die meisten Fehler? Schreiben Sie auch dieses Ergebnis auf ein Blatt Papier und entwickeln Sie daraus Ihr Stärken- und Schwächenprofil. Überlegen Sie dann ganz genau und seien Sie dabei ehrlich, wie hoch der Anteil der angenehmen Tätigkeiten in Ihrem derzeitigen Job ist. Liegt er unter 50 Prozent, sollten Sie sich Gedanken über eine Veränderung machen.

● Ein solches Stärken- und Schwächenprofil ist wirklich sehr nützlich. Als ich damals meine Ausbildung bei der Bank gemacht habe, war mir das eine große Hilfe und hat mir die Entscheidung leichter gemacht.

○ Und wenn ich dann wie Frau Wendt feststelle, dass ich mich beruflich verändern sollte, wie muss ich dann vorgehen?

□ Stellen Sie sich in einer ruhigen Minute die Frage nach Ihren Wünschen: Wovon haben Sie immer schon geträumt? Geht Ihnen das Herz auf, wenn Sie an die Jobs Ihrer Freunde und Kollegen denken? Was wollten Sie unbedingt werden, als Sie mit der Schule fertig waren? Schreiben Sie diese Gedanken auch auf ein Blatt Papier, und machen Sie daraus Ihren Das-könnte-sein-Leitfaden.

○ Also ich glaube, den Hörern fällt da sofort vieles ein, z.B. mehr Geld zu verdienen.

□ „Mehr Geld verdienen" oder so etwas wie „mehr mit Menschen zu tun haben" reicht nicht aus. Nehmen Sie sich zum Beispiel vor, dass Sie in einem halben Jahr bei Herrn Mayer im Vertrieb arbeiten und dort 500 Euro mehr im Monat verdienen. Oder dass Sie in einem Jahr eine Boutique in Berlin-Mitte besitzen, die auf asiatische Mode spezialisiert ist. Stellen Sie sich dabei auch ruhig einmal vor, wie sich der neue Schreibtischstuhl oder der Fußboden Ihrer Boutique so anfühlt. Aber ganz wichtig: Formulieren Sie ein Ziel, das die richtige Größe für Sie hat. Eine zu kleine Veränderung fordert Sie nicht genug heraus. Eine zu große Veränderung lässt Ihr Ziel zum Luftschloss anwachsen.

○ Und wie lässt sich dann ein solches Ziel umsetzen?

□ Nur mit einem Plan. Sie sollten sich fragen: Wie kommen Sie zu Ihrem Ziel? Welche Teilschritte sind nötig? Welcher Zeitrahmen ist realistisch? Welche Verbündete brauchen Sie? Planen Sie bis ins Detail und schreiben Sie alles auf. Ihr Plan hilft Ihnen auch über Durststrecken hinweg. Wenn Ihnen schon beim Planen die Luft ausgeht, sind Sie noch nicht reif für eine Veränderung.

○ Verbündete? Wen meinen Sie damit?

□ Nun, man sollte sich fragen, ob man sein Ziel allein erreichen kann oder ob man sich dafür Verbündete, Partner und Förderer suchen muss. Oft verschieben Menschen ihren Start immer wieder, weil Sie auf einen Partner warten, der sie mitzieht.

○ Welchen Tipp, Herr Lehmann, würden Sie unseren Hörerinnen und Hörern am Ende geben?

□ Ganz zum Schluss möchte ich Ihnen eine alte Weisheit mit auf den Weg geben: Die Qualität unserer Ziele bestimmt die Qualität unserer Zukunft. Daran sollten Sie denken, wenn Sie neue Ziele für sich formulieren.

○ Das, meine lieben Hörerinnen und Hörer, ist ein guter Schlusssatz für unsere Sendung. Bis zum nächsten Mal …

## Modul 4 Aufgabe 4a

Sie engagieren sich in einer Selbsthilfegruppe, sind mit der Feuerwehr zur richtigen Zeit am rechten Ort oder halten mit einer Tanzgruppe das Dorfleben zusammen. Ohne die Ehrenamtlichen wäre vieles in unserer Gesellschaft nicht möglich. NDR Info stellt in einer Serie engagierte Norddeutsche vor. Hören Sie drei Beispiele.

1 Wenn die Segel gehisst sind, dann kann es losgehen mit der Mytilus. Auf der Elbe und der Nord- und Ostsee ist das knapp zwanzig Meter lange Holzsegelschiff zu Hause. Die Crew besteht aus Ehrenamtlichen, einem Skipper und ein bis zwei Bootsleuten, dazu kommen zehn Gäste. Diese, meist Jugendliche, können sich allerdings nicht zurücklehnen und die Aussicht genießen. Sie müssen kräftig mit anpacken: Segel setzen, Knoten üben, auf den Klüverbaum klettern, navigieren, Wache halten, kochen, abwaschen. Es geht um Zuverlässigkeit und Teamarbeit, um das Überstehen realer Abenteuer und um Verantwortlichkeit. Für Gesche Kiekbusch, die Vorsitzende des Vereins Mytilus e.V. ist der Höhepunkt eines jeden Tages der Abend in der Gemeinschaft.
„Das ist ganz ganz toll nach so einem erlebnisreichen super Segeltag, blauer Himmel, Sonne, irgendwo dänische Südsee abends in 'ne Bucht einzulaufen, Anker rasselt runter, Stille im Schiff und Leute gehen baden. Es wird Essen gekocht, die ersten Gitarren kommen hervor und man singt und arbeitet vielleicht noch ein bisschen am Schiff oder so. Also, es ist 'ne ganz tolle Stimmung einfach: Ja, man kriegt halt ganz, ganz viel zurück."
Die junge Frau mit den kurzen blonden Haaren ist mit Feuereifer dabei. Im Alltag sitzt sie eher hinter dem Computer. Sie korrigiert Bücher, bevor die Verlage sie in Druck geben. Aber in ihrer wenigen Freizeit segelt sie für ihr Leben gern. Als sie vor fünf Jahren von dem Projekt „Mytilus" erfahren hat, war sie sofort dabei. Außerdem findet sie die Arbeit mit Jugendlichen einfach toll. Das geht auch Jan Stolzenberg so. Der junge Kassenwart mit dem Spitznamen „Oppa" sagt, nach einer Woche könnten die Jugendlichen das Schiff theoretisch auch alleine segeln, denn „sie sind engagiert, haben das Leben noch vor sich und haben Spaß an der Sache."
Jan Stolzenberg, im Moment Hausmann mit zwei kleinen Kindern, hat wenig Zeit, aber er versucht, so oft wie möglich, auf der Mytilus zu segeln, sie aber auch, wie im Moment, auf einer Werft zu überholen. Jan Stolzenberg sorgt auch dafür, dass der Nachwuchs nicht ausbleibt, und bringt heute häufiger seinen Sohn mit.
„Ja, der Große, den nehme ich auf die Überführungsfahrt zurück nach Övelgönne, da kommt der Große mit. Der ist auch schon ganz heiß drauf."

Der Große ist in diesem Fall gerade mal fünf Jahre alt. Die kleine Schwester von zwei Jahren wartet noch auf ihren ersten Einsatz auf der Mytilus. Stolzenberg und Kiekbusch sind zwei von etwa dreißig bis vierzig aktiven ehrenamtlichen Helfern, die der Verein hat und die alle mit anpacken, wenn es darum geht, das Schiff, das schon 1939 vom Stapel lief, in Schuss zu halten. Viel Arbeit fällt in jedem Fall an, sagt Gesche Kiekbusch.
„Das ist 'nen Holzschiff und Holz will gepflegt sein. Wir müssen kalfatern, das heißt, die Nähte zwischen den Planken müssen gesäubert werden, neues Werg reingestopft und dann mit Pech wieder, mit Teer zugestopft werden, damit die Nähte einfach wasserdicht sind. Ja, und hinterher muss halt wieder Farbe neu drauf."
Genug zu tun also für die freiwilligen Helfer, die ihre Freizeit opfern, damit in den Herbstferien die nächsten Jugendlichen ausfahren können, um die Faszination des Segelns zu erleben und die eigenen Stärken und Grenzen kennenzulernen.

2 Matthias Schulz hat einen Beruf, der ihn oft viel Kraft kostet. Der 29-Jährige arbeitet als Krankenpfleger am Rostocker Universitätsklinikum in der Kinder- und Jugendpsychiatrie. Schon als Kind war Matthias in der Arbeitsgemeinschaft „Junge Sanitäter" aktiv, seit zwölf Jahren ist er beim Jugendrotkreuz.
„Was mich daran hält, ist das schöne Gefühl, anderen helfen zu können. Es ist ein Riesen-Teamgefühl, also wir sind ne riesengroße Supertruppe, es ist ne super Kameradschaft und, ja, es macht halt einfach riesig Spaß."
Seit fünf Jahren ist Matthias Kreisleiter des Jugendrotkreuz in Schwerin und dort verantwortlich für die Jugendarbeit. Mal einfach nur auf der Couch liegen, ist nicht sein Ding.
„Also, in meiner Freizeit bin ich Mitglied im Drachenboot-Team, fahre dort regelmäßig zu Wettkämpfen und zum Training, logischerweise. Und ansonsten bin ich noch weiter beim Roten Kreuz aktiv. Also, ich bin Mitglied im Katastrophenschutz, im Sanitätszug des Kreisverbandes Schwerin. Ich schlaf' auch irgendwann, ja klar. Also, das sind halt Sachen, die teilt man sich halt ein. Das ist halt ne Frage des Zeitmanagement. Das lässt sich alles verbinden."
In seiner ehrenamtlichen Tätigkeit beim Roten Kreuz hat der Krankenpfleger schon viel erlebt und gesehen, darunter auch schwere und belastende Einsätze.
„Ich hatte drei Reanimationen in meinem Leben. Gott sei Dank weiß ich, dass die das auch überlebt haben, und das sind Sachen, die einen schon mitnehmen. Also, da überlegt man dann schon: Okay, hat man da alles richtig gemacht, hätte man es besser machen können? Aber Gott sei Dank weiß ich, dass so weit erst mal alles richtig gelaufen ist. Ja, das macht einen dann schon stolz, aber es ist halt schon schwer und nachdenklich."
Weil Matthias weiß, wie wichtig es ist, schnell und richtig helfen zu können, bildet er auch Schulsanitäter aus. Es ist ein gemeinsames Projekt vom DRK und der Stadt Schwerin. An den Schulen der Landeshauptstadt gibt es inzwischen 180 Schüler, die fit in Erster Hilfe sind. Zu ihnen gehört die fünfzehnjährige Mareike vom Goethe-Gymnasium, die gerade einen wichtigen Einsatz hinter sich hat.
„Und zwar kam ein kleiner Junge zu uns in Raum gerannt, da ist ne Naht aufgegangen. So, musste irgendwie mit sieben Stichen genäht werden schon mal und der hat ne Flasche draufgekriegt und die ist also wieder aufgegangen. Da haben wir ihn halt zu uns in' Raum geholt und dann hat Steffi 'n Druckverband draufgelegt und ihn anschließend ins Sekretariat gebracht. Die Lehrerin kam dann auch gleich und die war superfroh, dass sie nichts machen musste. Und also, wir haben auch gemerkt, dass die Schüler uns wirklich annehmen."
Ein halbes Jahr dauert die Ausbildung zum Schulsanitäter und alle kommen sie freiwillig in ihrer Freizeit. Das beeindruckt die Ehrenamtsmanagerin beim DRK Kreisverband, Karin Hoffmann, immer wieder.
„Klar sage ich manchmal: Alle Achtung, jeder andere würde euch nen Vogel zeigen, auf Deutsch gesagt. Diese Schüler sitzen am Freitag um vierzehn Uhr, am Dienstag um sechzehn Uhr da, wo andere nach Hause gehen und sagen, jetzt habe ich Schluss, sitzen diese Schüler und warten. Warten auf uns vom DRK oder auch auf die Ehrenamtlichen, die da mit hinkommen, und freuen sich auf das Projekt."
Erste Hilfe kann jeder lernen, sagt Karin Hoffman, auch leistungsschwächere Schüler. So macht sie nicht selten die Erfahrung, dass diese durch den Teamgeist unter den Schulsanitätern oft plötzlich bessere Zensuren schreiben. Manchmal nur, sagt Matthias Schulz, wünschte er sich mehr Respekt und Anerkennung.
„Viele Leute können das nicht verstehen, warum man in seiner Freizeit sich zum Beispiel für andere Menschen engagiert. Sei es jetzt beim Roten Kreuz oder beim THW oder bei der Feuerwehr, wie auch immer. Das können viele Leute nicht nachvollziehen. Die haben genug Stress in ihrem Beruf. Das habe ich sicherlich auch und alle unsere Helfer auch. Aber trotz alldem sind wir der Meinung, okay, es sollte nicht jeder nur an sich denken und was-weiß-ich machen, sondern auch auf seine Umwelt links und rechts gucken."

3 „Manchmal lassen die auch nur einmal klingeln, deswegen wartet man dann zwei-, dreimal, bis man sich dann meldet. Jugendliche beraten Jugendliche, hallo."
Die 19-jährige Lynn hat an diesem Sonnabend Telefondienst. Die zierliche Schülerin sitzt in einem kleinen Büro der Arbeitsgemeinschaft Kinder- und Jugendschutz Hamburg e.V. Es ist viel los. Sobald Lynn ein Gespräch beendet hat, klingelt das Telefon sofort wieder. Ein Thema brennt vielen Anruferinnen besonders auf der Seele.
„Also, eine Zeit lang war es ganz oft, dass Mädchen angerufen haben, so zwölf, dreizehn, die dann gesagt haben: ‚Ja, mein Freund hat mich verlassen und ich weiß gar nicht, warum.' Und das kam so oft vor, also mindestens fünfmal an einem Nachmittag. Und man

konnte dann echt schon so'n Band abspielen, so: ‚Hast du denn gefragt, warum, und hast du mit ihm gesprochen?' Dann kam immer ein Nein, das waren immer so Wiederholungen."
Heute Nachmittag wechselt sich Lynn am Telefon mit einer anderen Beraterin ab, Ronja, auch neunzehn Jahre alt. Wie alle Freiwilligen haben die jungen Frauen vorher eine 60-stündige Ausbildung für die Telefondienste absolvieren müssen. Im Jahr laufen fast 3.000 Anrufe auf. Kein Wunder, sagt die Abiturientin. Manchmal seien die jungen Leute einfach die besseren Ansprechpartner.
„Weil Erwachsene schon ein bisschen älter sind und einfach nicht mehr wissen, wie's ist, jung zu sein, teilweise. Also, weil sich das ja wirklich immer verändert. Gut, ich bin jetzt neunzehn, manchmal verstehe ich die Zwölfjährigen selber schon nicht mehr. Also, es entwickelt sich alles immer sehr schnell und wir sind einfach dichter dran als jemand, der Ende zwanzig, dreißig, vierzig ist."
Auf der anderen Seite werden die jugendlichen Beraterinnen aber auch mit Themen konfrontiert, die eine ganz andere Dimension haben als zum Beispiel Liebeskummer. Lynns erstes Gespräch heute war so eins, es ging um Essstörungen. „Ja also, es hörte sich sehr danach an. Also sie meint, hat immer gesagt: ‚Ja, ich habe irgendwie gar keinen Hunger.' Und dann habe ich ihr ein bisschen erklärt, was Bulimie ist und so weiter. Und dann hat sie auch gesagt, dass sie ganz plötzlich dann ganz viel essen muss und dann ganz doll Hunger kriegt und dass sie dann danach immer auf Toilette geht. Und dann war halt klar, dass sie sich dann übergibt und so weiter. Und also, ich denk' mal schon, dass das stimmt, ja."
Mitten im Gespräch hat das Mädchen plötzlich aufgelegt, ohne dass es vorher ein Anzeichen dafür gab. Eine schwierige Situation für Lynn.
„Natürlich 'n bisschen doof, dass sie jetzt aufgelegt hat. Weil dann weiß man halt nicht, wie geht das jetzt mit ihr weiter. Also, ich hätte gern noch weiter mit ihr gesprochen und deswegen ist man immer so'n bisschen so allein damit plötzlich."
Für solche Momente ist immer ein erwachsener Berater im Hintergrund. Er oder sie sitzt im Nebenzimmer und ist ansprechbar, wenn die Jugendlichen das möchten, erzählt Monika Steiniger, die Koordinatorin des Jugendtelefons.
„Dann gibt es einmal im Monat eine Supervisionsgruppe für die Jugendlichen. Das ist auch gewollt und ist quasi eine Verpflichtung, daran teilzunehmen. Da trifft sich dann die Gruppe und bespricht noch mal, was so an schwierigen Gesprächen reingekommen ist."
Trotz der vielen schwierigen Momente macht die Beratung viel Spaß, finden Lynn und Ronja. Auch für Monika Steiniger ist das Kinder- und Jugendtelefon ein Erfolg.
„Einmal haben die Anruferinnen und Anrufer was von diesem besonderen Angebot, dass eben Gleichaltrige beraten – und unsere Beraterinnen und Berater haben uns auch schon ganz oft so zurückgemeldet, dass sie da auch ganz viel so für sich irgendwie mitnehmen, aus der Ausbildung und auch aus dem Miteinander hier."

## Kapitel 6

### Modul 1 Aufgabe 2

○ In der medizinischen Forschung sind sie immer dabei, wenn es um das Thema Wirksamkeit von Medikamenten geht. Eine Gruppe in der Experimentreihe bekam sie stets, die Placebos: die Pillen ohne Wirkstoff, ohne Power, meist nur harmlose Zuckerdragees, die eigentlich nichts ausrichten können.
Doch heute wissen wir, dass diese Pillen ohne pharmazeutischen Wirkstoff sehr wohl etwas bewirken können, zum Teil so viel wie das entsprechende Medikament mit einem chemischen Cocktail. Nebenwirkungen – so gut wie keine. Und neuere Experimente weisen diese Wirkung sogar nach, ganz zum Ärger der pharmazeutischen Industrie und vieler traditioneller Schulmediziner.
Ich begrüße Sie, meine Damen und Herren, zu unserem heutigen Thema, den Placebos.
Bevor wir uns mit den neueren Forschungsergebnissen beschäftigen, zunächst die Übersetzung: Placebo kommt aus dem Lateinischen und heißt „Ich werde gefallen."
Wie groß dieses Gefallen oder auch Missfallen ist, können wir daran sehen, dass inzwischen internationale Symposien stattfinden, wie kürzlich in Süddeutschland, die zeigen, dass sich die Placebo-Forschung und der Placebo-Effekt zu ernst zu nehmenden Themen in der Wissenschaftsdiskussion gemausert haben.
Trotz aller Forschung steht immer noch die Frage im Raum, ob die Placebos tatsächlich eine Wirkung beim Patienten erzeugen oder ob es sich um reine Einbildung bei den Patienten handelt.
Mit dieser Frage beschäftigt sich die Psychoimmunologie, genauer damit, welchen Einfluss eine Vorstellung in unserem Denken auf unser Immunsystem besitzt.
Tauchen wir also ein in die wissenschaftliche Betrachtung und Analyse der Placebos.
Dazu gleich vorweg eine Definition, was wir unter Placebos verstehen:
Die klassische Definition, die Placebos als „Medikament ohne pharmazeutischen Wirkstoff" beschreibt, wird aus heutiger Sicht um einiges erweitert. Sie ist umfassender geworden, bezieht den Patienten als wichtigen Bestandteil der möglichen Wirkung mit ein.
Wir betrachten Placebos als eine komplexe Interaktion, eine Wechselwirkung, bei der Kommunikationsprozesse und Stoffe ohne Wirkung zum Einsatz kommen und bei der eine messbare Wirkung auftritt.
Wie diese Aspekte im Einzelnen zusammenhängen, wollen wir in unserer Sendung aus unterschiedlichen Blickwinkeln näher beleuchten. Zunächst möchten wir Sie mit den neuesten Fakten aus der Placebo-Forschung vertraut machen und im Anschluss klären, welche Rolle das Arzt-Patienten-Verhältnis dabei spielt.

Bevor hier im Studio eine Expertenrunde diskutiert, ob wir mit unserer Definition zu den Placebos richtig liegen, zunächst ein Beitrag zu den neuesten wissenschaftlichen Erkenntnissen aus der Placebo-Forschung:

- Der Turiner Hirnforscher Fabrizio Benedetti wies mit einem einfachen Experiment Erstaunliches nach: Unsere Vorstellungskraft kann unser Schmerzempfinden beeinflussen.
Im Experiment erhält eine Versuchsperson schmerzhafte Stromstöße. Der Proband erhält die Information, dass ihm bei grünem Licht ein schmerzlinderndes Mittel verabreicht wird, bei rotem Licht nicht. Tatsächlich werden ihm in keinem Fall Schmerzmittel gegeben. Damit sich die Versuchsperson an das Schema gewöhnen kann, wird der Strom am Anfang in unterschiedlichen Stärken aktiviert. Später wird immer der gleiche Stromstoß gegeben, auch bei Grün. Das Ergebnis: Der Proband sagt, dass er keinen Schmerz spüre. Nur die Vorstellung davon, ein Schmerzmittel zu bekommen, unterdrückt das Schmerzempfinden.
Durch das Experiment ließ sich ein interessantes Phänomen nachweisen, die Wechselwirkung zwischen unserem Geist und unseren körpereigenen Funktionen. Die Placebo-Forschung zeigt, dass bei einer Therapie mit Medikamenten die psychologischen Faktoren einen ganz erheblichen Einfluss auf die Wirkung haben.
Die körpereigenen Abwehrkräfte im Patienten werden also allein durch den reinen Glauben an die Heilung aktiviert. Diesen Effekt nutzt man, wenn Placebos gestaltet werden. So konnte nachgewiesen werden, dass weiße Pillen eine geringere Wirkung zeigen als bunte. Blaue Medikamente eignen sich auch ohne Wirkstoff hervorragend als Beruhigungsmittel. Rot hat eine belebende Wirkung und wirkt bei rheumatischen Erkrankungen oder Beschwerden im Herz-Kreislauf-Bereich. Kapseln erweisen sich als stärker im Vergleich zu Tabletten. Der Spitzenreiter unter den wirkungsfreien Mitteln ist die Spritze, denn sie kann gegen alle Beschwerden eingesetzt werden. Schon in dem Augenblick, in dem der Patient die Spritze sieht, werden Stoffe im Gehirn freigesetzt, die eine Schmerzlinderung bewirken.
Doch wirken die Placebos unter allen Umständen gleich gut?
Nimmt ein Patient ein Scheinmedikament, das auf einem Beipackzettel verschiedene Nebenwirkungen auflistet, so kann auch eine negative Wirkung eintreten, der sogenannte Nocebo-Effekt. Die reine Erwartung der Nebenwirkungen führt häufig dazu, dass der Patient diese unerwünschten Begleitphänomene auch tatsächlich spürt.
Dem kann nur entgegengewirkt werden, indem der Patient eindeutig über die Wirksamkeit des eingenommen Medikaments aufgeklärt wird. Die Wirkung des Placebos geht also immer mit dem Wissen über die zu erwartende Heilkraft des Medikaments einher. Für den erwünschten Placebo-Effekt ist das Arzt-Patienten-Gespräch ein entscheidender Faktor.
Fabrizio Benedetti bemerkt hierzu, dass diese Gespräche bereits Schmerzlinderung erzeugen und zu dauerhaften Veränderungen bei Gehirnaktivitäten führen können. Heute können wir also nicht nur sagen, dass die Kommunikation zwischen Arzt und Patient wichtig ist, sondern auch warum.

○ Schier unglaublich, wie weit der Placebo-Effekt reicht. Da fragen wir uns natürlich, wozu wir die Flut der herkömmlichen pharmazeutischen Präparate brauchen. Oder ob unser Gesundheitssystem nicht mehr auf Kommunikation und Interaktion zwischen Arzt und Patient als auf medikamentöse Behandlung setzen sollte. Für diese und weitere Fragen freue ich mich, unsere heutige Expertenrunde begrüßen zu können …

## Modul 4 Aufgabe 1b

Einen schönen guten Abend alle zusammen, ich freue mich, dass Sie trotz des lausigen Wetters den Weg hierher gefunden haben und dass ich den heutigen Abend mit meinem Beitrag eröffnen darf.
Ich möchte in meinem Referat über Mythen der Medizin sprechen. Gerade das Thema Gesundheit betrifft ja jeden Einzelnen von uns und vermutlich ist das auch ein Grund, warum es zu diesem Thema viele „Wahrheiten" und „Weisheiten" gibt, die weit verbreitet sind, sich aber – nimmt man sie genauer unter die Lupe – als Mythen entpuppen.
Den vielleicht verbreitetsten Mythos möchte ich gleich zu Beginn meines kleinen Vortrags aufdecken: Es ist der gängige Glaube, mit neuen Diagnosemethoden ließen sich Krankheiten präziser bestimmen als je zuvor.
Natürlich ist wahr, dass der Medizin immer genauere und ausgefeiltere Geräte zur Verfügung stehen, mit denen der menschliche Körper immer detaillierter dargestellt und „durchleuchtet" werden kann. Aber viele Mediziner wissen, dass für 90 Prozent aller Diagnosen eine ausführliche Krankenbefragung und die körperliche Untersuchung völlig ausreicht: Augen, Ohren, Nase, Mund und Hände sind immer noch das beste Handwerkszeug eines Arztes. Dennoch scheinen sowohl die Ärzte als auch die Patienten den modernen Geräten größeres Vertrauen zu schenken: Viele Ärzte schicken ihre Patienten erst einmal zum Röntgen oder zur Computer- und Kernspintomografie, bevor sie selbst Hand anlegen.
Aber dieses Vertrauen in die Technik ist nicht begründet, wie man schon seit einigen Jahren weiß: 1996 wurden an einigen deutschen Universitätskliniken die Fehldiagnosen ausgewertet und verglichen mit Fehldiagnosen aus den Jahren 1959, 1969, 1979 und 1989. In diesem Zeitraum hatten Hilfsmittel wie Ultraschall, CT und Kernspin Einzug in den medizinischen Alltag gehalten. Aber trotz des technischen Fortschritts ging die Zahl der Fehldiagnosen keineswegs zurück. Obduktionen ergaben, dass zwischen 1959 und 1989 der Anteil nicht oder falsch erkannter Krankheiten konstant bei etwa zehn Prozent lag.
Aber wir müssen ja nicht gleich die dramatischsten Fälle nehmen, betrachten wir einfach einmal das Beispiel Rückenschmerzen. Sie sind das Volksleiden Nummer eins.

Keine andere Krankheit verursacht mehr Arbeitsausfälle und Frühverrentungen. Doch in kaum einem Bereich der Medizin gibt es so große Unterschiede zwischen Befund und Befinden: In Röntgen-, CT- und Kernspinaufnahmen sieht man zwar bei den meisten Menschen starke Abnutzungserscheinungen – aber der Verschleiß sagt wenig darüber aus, ob jemand tatsächlich Rückenbeschwerden hat. In einer Untersuchung bekamen Radiologen und Orthopäden Hunderte Röntgenbilder und CT-Aufnahmen zu sehen. Etwa bei jedem dritten Fall erkannten die Mediziner krankhafte Prozesse, die eine Operation erforderlich scheinen ließen. – Was die Knochenexperten nicht wussten: Man hatte ihnen Aufnahmen von beschwerdefreien Sportstudenten vorgelegt. Umgekehrt gelten 90 Prozent aller Rückenschmerzen als „unspezifisch". Es lassen sich also keine Auslöser für die Schmerzen finden – auch nicht mit modernstem Gerät. Sie sehen also, modernste High-Tech hin oder her, der menschliche Körper und die Gesundheit sind nicht allein mit technischen Finessen zu erfassen.

Ein weiteres weit verbreitetes Missverständnis ist, dass die flächendeckende Versorgung mit Hightech-Medizin ein Segen für die Menschen sei.
Aha, werden Sie denken, warum denn nicht? Sehen wir uns das am Beispiel einer Stadt von der Größe Münchens und am Beispiel von Herzerkrankungen an. Eine Stadt wie München verfügt über etwa 30 Großpraxen, Kliniken und medizinische Zentren, die Patienten genauer auf Herzbeschwerden untersuchen können. Mithilfe von Herzkathetern färben Kardiologen Blutgefäße mit Kontrastmitteln und entdecken so mögliche Engstellen, die auf einen drohenden Infarkt hinweisen. Oft ist der Eingriff hilfreich, weil verengte Gefäße wieder geweitet werden. Die Zahl dieser Untersuchungen steigt jedoch rasant, in den USA werden heute etwa eine Million Patienten pro Jahr mit Herzkathetern versorgt, in Deutschland immerhin 200.000. Viel zu viele, bemängelt eine Untersuchung im „New England Journal of Medicine". Häufig hätten Patienten nämlich keinerlei Nutzen von dieser aufwendigen Prozedur.
Für die 1,3 Millionen Einwohner von München würden drei bis fünf Herzkatheter-Labore reichen. Doch keine Klinik und keine Großpraxis will auf die lukrative Untersuchung verzichten. Zu viele Patienten werden deshalb unnötig mit Herzkathetern traktiert. Andererseits haben die behandelnden Ärzte in diesen rund 30 Einrichtungen weniger Erfahrung mit dem Eingriff. Denn wenn sich 30 Kliniken die Arbeit teilen, die drei Kliniken bewältigen könnten, kann man nicht viel Erfahrung sammeln. Beides geht zulasten der Patienten. Das war nur ein Beispiel, aber ich denke, dieses eine Beispiel reicht, um deutlich zu machen, warum die Meinung „Hightech-Medizin ist ein Segen für die Menschen" nicht vorbehaltlos akzeptiert werden kann. Und hier sind wir auch gleich thematisch schon sehr nah am nächsten Mythos, den ich Ihnen nicht vorenthalten will:

Die Meinung, dank moderner Medizin würden wir so alt wie keine Generation vor uns.

Natürlich hat die Medizin enorme Erfolge vorzuweisen. Neue Operationstechniken, Herzschrittmacher, Transplantationen und andere Innovationen haben vielen Menschen geholfen oder sogar das Leben gerettet. Laut einer Berechnung hat die Medizin zwischen 1950 und 1990 die Lebenserwartung der Menschen in den westlichen Industrieländern um etwa drei Jahre verlängert. Allerdings gibt es Dutzende Studien, die genau diesen Zusammenhang vehement bestreiten. Realistisch sei der Anteil der Medizin daran, dass die Sterblichkeit an Herzinfarkt, Schlaganfall und Krebs zurückgegangen ist, allenfalls mit 15 bis 20 Prozent zu veranschlagen.
In Zeiten der Hightechmedizin gerät aus dem Blick, wie wichtig Lebensumstände, Ernährung und Selbstheilungskräfte für die Lebenserwartung sind. Hier geht es also auch ganz wesentlich um Faktoren, die wenig mit Medizin zu tun haben: Bessere Hygiene, die Kanalisation und nicht zuletzt die Erfindung der Kühlschränke und Gefriertruhen haben entscheidend dazu beigetragen, dass die Menschen heute seltener an Infektionen oder verdorbenen Lebensmitteln erkranken. Ja, und wer seltener erkrankt, der hat natürlich auch eine größere Chance, alt zu werden – vorausgesetzt natürlich, er wird nicht von einem Auto überfahren.

Lassen Sie mich nun zum letzten Mythos für den heutigen Abend kommen:
Ärzte wissen heute – im Gegensatz zu früher –, wie wichtig die Psyche des Patienten ist.
Tja, meine Damen und Herren, schön wäre es. Der ganzheitliche medizinische Ansatz ist zwar in aller Munde und Thema in vielen Zeitschriften und Fernseh- und Radiobeiträgen, aber praktiziert wird er dann doch eher selten. Bis zu 40 Prozent aller Patienten, die einen Hausarzt aufsuchen, leiden an somatoformen Störungen. Das bedeutet: Der Körper signalisiert Beschwerden, ohne dass eine Ursache zu erkennen wäre. Bei Fachärzten klagen, je nach medizinischer Disziplin, sogar bis zu 50 Prozent der Patienten über solche unerklärlichen Symptome. Wenn die Beschwerden der Patienten chronisch werden und sie deswegen immer wieder Ärzte aufsuchen, kommt es im Mittel erst nach fünf bis sechs Jahren zu einer psychosomatischen Abklärung und Behandlung. Das heißt, erst nach über fünf Jahren wird seitens der Medizin versucht, das Problem ganzheitlich zu lösen. Bis dahin laufen die Patienten von Arzt zu Arzt, um sich verschiedene Meinungen einzuholen – und das kostet Zeit, Nerven und natürlich auch Geld.
Dabei zeigte eine britische Studie, dass neun von zehn Patienten, die mit unerklärbaren Beschwerden in die Praxis kommen, Ärzten Hinweise auf ihre persönlichen Nöte gegeben hatten. Einige Patienten äußerten sogar, dass ihr Leiden vermutlich psychisch bedingt sei, sie sich gerade besonders ausgelaugt fühlten, aber keine schlüssige Erklärung für ihre Beschwerden hätten. Trotz dieser klaren Signale gingen mehr als drei Viertel der Ärzte aber nicht auf diese Gesprächsangebote ein, sondern schlugen das kleine ABC der Medizin vor – obwohl es kein Patient eingefordert hatte: Arzneimittel, Bildgebung (Röntgen,

Ultraschall etc.), Chirurgie. Viele dieser oft teuren medizinischen Maßnahmen könnten vermieden werden, würden die Ärzte ihre Patienten ganzheitlicher betrachten und ihre Äußerungen ernster nehmen.
So, das waren jetzt vier Mythen der Medizin, die ich Ihnen heute vorgestellt habe. Ich hoffe, ich habe Sie nicht gelangweilt. Abschließend ist es mir noch ein großes Anliegen, darauf hinzuweisen, dass ich durchaus ein Fan der modernen Medizin bin. Es wäre mir sehr unangenehm, wenn hier der Eindruck entstünde, ich hätte etwas dagegen oder gar gegen Ärzte. Dem (Das) ist ganz und gar nicht der Fall und ich bin – trotz allem – sehr froh zu wissen, welche technischen Möglichkeiten uns in Gesundheitsfragen zur Verfügung stehen.
Herzlichen Dank für Ihre Aufmerksamkeit und ich stehe Ihnen natürlich noch sehr gern für Fragen zur Verfügung.

## Kapitel 7

### Modul 2 Aufgabe 3a

○ Alle Jahre wieder führen wir sie, die Diskussion um jugendliche Kriminelle. Schlägereien in der U-Bahn werden zum Wahlkampfthema gemacht, dann schlagen die Schulen Alarm und berichten von Sachbeschädigungen oder Gewalt auf dem Schulhof und das Fernsehen bringt eine Reportage über mögliche und oft hilflose Erziehungsmaßnahmen für aufsässige Jugendliche, die nur allzu oft scheitern.
Auch das Bild, das uns Statistiken liefern, zeigt uns nur selten eine Abnahme jugendlicher Kriminalität. Dass Jugendkriminalität immer ein Problem sein wird, steht außer Frage.
Was kann man also tun, welche Maßnahmen kann man ergreifen, damit sie gar nicht erst entsteht? Wer spielt dabei eine Rolle, wer sollte Verantwortung übernehmen? Alles Fragen, zu denen ich Gäste in unser Studio eingeladen habe, die sich intensiv mit dem Thema „Jugendkriminalität" beschäftigen. Ich begrüße Frau Margarete Schneider, Strafrichterin aus Bremen, dann Herrn Ingo Möller, Polizist auf den Straßen von Berlin, auch aus Berlin Firad Tan, der als Streetworker täglich mit den Jugendlichen arbeitet, und Frau Ursula Radutz, Schulleiterin einer Grund- und Hauptschule in Frankfurt am Main.
Guten Abend, meine Damen und Herren, danke, dass Sie sich für unser Gespräch zur Verfügung gestellt haben. Am Anfang steht aber meist eine ganz grundlegende Frage. Nämlich die nach den Ursachen: Warum werden Kinder und Jugendliche kriminell? Jeder hat in jungen Jahren einmal über die Stränge geschlagen. Aber kriminell wurden deswegen die wenigsten. Wo ist der Unterschied? Herr Tan …

● Die Ursachen sind vielschichtig. Was wir sicher alle bemerken können, ist, dass der Respekt, die Achtung vor der älteren Generation bei vielen Jugendlichen abgenommen und die Gewaltbereitschaft zugenommen hat. Woran das liegt? Also … Ich gebe ihnen mal zwei Beispiele: … Szene im Mietshaus: Den Vater stört, dass der Nachbar im Garten grillt. Es qualmt und stinkt. Vater und seine Kinder sitzen auf dem Balkon. Erst brüllt der Vater dem Nachbarn lautstark Drohungen zu, dann geht er in den Garten, wirft erst den Grill und dann den Nachbarn um. Das Grillfest ist zu Ende, der Vater hat gewonnen, er wird nicht bestraft, die Kinder haben alles beobachtet und lernen. Zweites Beispiel: Ein Profi-Fußballer schlägt dem anderen ins Gesicht und wird nicht bestraft. Alle sehen das im Fernsehen und lernen. Sie lernen, dass sich Gewalt durchsetzt, die Regeln wohl nicht greifen und man auch seine eigenen Regeln schaffen kann. Dass Gewalt nicht geahndet, bestraft wird, ist also ein gesellschaftliches Problem, daran müssen wir arbei(ten) …

○ Na, da sind wir ja gleich beim Thema Strafen. Können Strafen helfen, weitere Straftaten zu verhindern? Frau Schneider, da sind Sie als Jugendrichterin gefragt …

□ Ja und nein … Wenn ein Jugendlicher direkt und unmittelbar nach seiner Tat bestraft wird, kann er lernen, dass seine Tat Folgen hat, und zwar ziemlich negative für ihn. In der Praxis passiert aber oft Folgendes: Ein circa 15-jähriger Jugendlicher begeht eine Straftat, wird erwischt und vor Gericht gestellt, weil er jetzt strafmündig ist. Er hat aber schon einiges auf dem Kerbholz. So kann es sein, dass er für die aktuelle Tat sowie für frühere Taten gleichzeitig belangt wird. Die Strafe fällt dann mit mehreren Jahren Jugendarrest recht hoch aus. Der Effekt ist aber keineswegs der gewünschte. Taten und Strafe stehen für ihn dann in keinem Verhältnis von Ursache und Wirkung, die Strafe ist somit relativ sinnlos. Ich denke, Taten müssen direkt, nachdem sie gegangen wurden, vor Gericht gebracht werden.

○ Das hört sich aber gar nicht mehr nach Kuschelpädagogik an …

□ Kuscheln ist sicher nicht Aufgabe der Justiz. Erzieherisch wirken aber schon.

○ Würden Sie härtere Strafen fordern?

□ Nein, wozu? Wir haben eine Vielzahl an Strafen: Es beginnt mit der Ermahnung, geht weiter mit Sozialdiensten, die Jugendliche ableisten müssen, Teilnahme an Anti-Gewalt-Seminaren bis natürlich zu Jugendarrest bis zu zehn Jahren. Die Möglichkeiten müssen nur konsequent angewendet werden und es muss Aufklärung stattfinden. Da müssen Jugendamt, Polizei und Justiz mit den Familien und auch den Schulen zusammenarbeiten.

○ Stichwort Polizei, Herr Möller, wie schätzen Sie die Strafen ein?

■ Strafen sind ausgesprochen wichtig. Sie sind eine Konsequenz, die aus dem eigenen Handeln folgen kann. Aber um Straftäter zu ermitteln, muss auch der richtige Rahmen geschaffen sein. Die Polizei hat manchmal nicht genug Personal, um ausreichend präsent zu sein. Hier muss unbedingt etwas getan werden. Sonst bleiben die Möglichkeiten der Justiz leider nur bürokratische Seifenblasen. Vor allem in den sozialen Brennpunkten der Städte muss mehr passieren.

● Naja, aber Polizeipräsenz ist doch noch keine Prävention. Da ist wieder einmal das Problem am falschen Ende angepackt. Bleiben wir bei den Ursachen. Problematische Jugendliche leben oft in sozialen Brennpunkten, richtig. Mit wenig Perspektiven und oft hoher Arbeitslosigkeit, auch richtig. Aber warum gibt es gerade an solchen Brennpunkten dann oft so gut wie keine Angebote, die Jugendliche nutzen können, um von der Straße wegzukommen? Jugendzentren gibt es zu wenige, Sportangebote sind rar, weil zu teuer, werden eher noch abgebaut als gefördert. Auch hier gäbe es reichlich Möglichkeiten zur Verbesserung ...

△ Also das ist jetzt einfach zu plakativ. Es gibt schon viele soziale Projekte in allen Städten. Und darunter sind einige sehr erfolgreich, was die Kinder- und Jugendarbeit zur Prävention von Jugendkriminalität angeht.

● Ja, Frau Radutz, das ist schon klar, aber welche laufen denn länger als drei Jahre? Wenn's dann auf einmal vorbei ist, dann gibt das erst richtig Frust.

○ Bleiben wir einmal gleich bei Ihnen, Frau Radutz. Welchen Handlungsbedarf sehen Sie denn bei den Schulen?

△ Was ich sehe und was mich betroffen macht, ist vor allem der Werteverlust, den ich immer wieder feststellen kann. Man muss etwas tun, lange bevor man überhaupt ans Strafen denkt. Es gibt zum Beispiel zunehmend Kinder, die einfach nicht zur Schule gehen, für die Bildung und Wissen kaum eine Bedeutung haben. Schon Kinder in der Grundschule schwänzen den Unterricht. Die Statistiken stammen zwar aus anderen Großstädten, das gibt es aber auch bei uns in Frankfurt. Um das zu verhindern, setzen wir sehr auf die Eltern und führen intensive Gespräche mit ihnen. Was wir feststellen ist, dass manche Eltern sich völlig überfordert fühlen und dringend Unterstützung brauchen. Da kann dann eine konsequent durchgeführte Erziehungsberatung wirklich weiterhelfen. Und dann gibt es Eltern, ja, wie soll ich das sagen, ...

○ Denen ist es egal?

△ Naja, egal ... aber die kommen mit sich selbst nicht klar. Eltern haben ja aber eben nicht nur Rechte, sondern auch Pflichten, z.B. dafür zu sorgen, dass das Kind zur Schule geht.

○ Kann man denn die Eltern bestrafen? Sie zwingen, ihre Pflicht zu erfüllen, Frau Schneider?

□ Sicher gibt es da Möglichkeiten. Entweder mit einer Geldstrafe bis zu 2.500 Euro oder ersatzweise Gefängnis.

○ Und das kommt vor?

□ Geldstrafen kommen durchaus vor.

■ Also ich würde jetzt doch noch einmal gern etwas zu den Ursachen sagen, bevor hier weiter über Reparaturmaßnahmen gesprochen wird ...

○ Zu den Ursachen, ja gut, Herr Möller ...

■ Ich denke auch, dass Familien Unterstützung brauchen. Das sollte in die Richtung gehen, dass Kinder sich als Teil unserer Gesellschaft fühlen und nicht als Außenseiter. Warum sollte der Außenseiter die Normen einer Gesellschaft respektieren, zu der er nicht gehört?

● Wieso nicht gehört? Die Jugendlichen sind ein Teil ...

■ Nun lassen Sie mich doch erst mal ausreden. Es sollte mehr Situationen geben, die Kindern und Jugendlichen zeigen, dass es sich lohnt, Teil unserer Gesellschaft zu sein. Schon ganz früh sollte mit Lob und Aufmunterung und Regeln konsequent gearbeitet werden. Das fängt im Elternhaus an, geht aber auch in der Schule weiter ...
Und noch etwas: Viele Jugendliche wünschen sich Regeln. Bei unseren Präventionsveranstaltungen mit Jugendlichen laden wir auch oft solche ein, die z.B. schon in einem geschlossenen Jugendheim waren. Und einige sagen, dass ihnen das geholfen hat. Sie mussten sich an klare Regeln halten, hatten feste Aufgaben und einen geregelten Tag. Fast alle haben dort ihr Verhalten und ihre Noten verbessert.

● Also, ob das die Lösung ist ... Das ist ja kurz vor Gefängnis ...

■ Nein, halt, das ist kein Plädoyer für die geschlossenen Heime, nein, wirklich nicht ... Wir sollten nur daraus lernen, dass für Kinder und Jugendliche Regeln wichtig sind. Und das kann nicht heißen: „Mach, was du willst, Hauptsache, ich habe meine Ruhe ..." Nicht für Eltern, nicht für Lehrer, nicht für uns Polizisten.

△ Also, da muss ich jetzt aber mal eine Lanze für die Schulen brechen. Jugendliche verbringen sehr viel Zeit in der Schule. Und Schulen engagieren sich sehr, gerade in sozialen Brennpunkten. Sie bieten AGs an, Veranstaltungen für die Eltern ... Aber die Schule kann auch nicht alle Probleme lösen. Es wäre z.B. eine große Hilfe, wenn wir mit Sozialarbeitern stärker zusammenarbeiten könnten. Mehr staatliche Hilfen hätten hier einen guten Effekt.

○ Das können sicher alle von sich sagen, oder, Frau Schneider? (...)

△ Es wäre z.B. eine große Hilfe, wenn wir mit Sozialarbeitern stärker zusammenarbeiten könnten. Mehr staatliche Hilfen hätten hier einen guten Effekt.

○ Das können sicher alle von sich sagen, oder, Frau Schneider?

□ Sicher alle, die wir in der Kriminalprävention arbeiten, können von jeder staatlichen Unterstützung profitieren. Aber es gäbe meines Erachtens noch einen Bereich, der allen zugute käme ... Das wäre nämlich eine realistische Berichterstattung in den Medien. Ich will keine

Straftat beschönigen, aber keine Straftat hat es verdient, dass sie so viel Aufmerksamkeit bekommt. Denn das ist, was auch viele suchen: Anerkennung durch Aufmerksamkeit. Neulich habe ich über einen jugendlichen Ersttäter, der als Mutprobe eine ältere Frau beraubt, die Schlagzeile gelesen: „Brutaler Raubüberfall mit 14 – Wohin soll das führen?" Zwei Tage später arrangiert die Presse ein Treffen mit Täter und Opfer, der Junge entschuldigt sich unter Tränen. Happy End. So ist nicht das Leben und so ist auch nicht das Gesetz.

● Das gilt aber nicht nur für die Presse. Auch Serien im Fernsehen über Erziehungscamps wollen uns doch tatsächlich weismachen: „Alles nicht so schlimm. Gib den Kids nur die richtigen Regeln und Aufgaben, dann wird das schon wieder." Also, ich glaube nicht wirklich daran, dass das richtige Korsett aus Regeln die gewünschte Wirkung erzielt. Deshalb bin ich auch bei dem, was Sie sagten, Herr Möller, skeptisch. Wer bestimmt denn, was die richtigen Regeln sind?

○ Naja, also spätestens das Gesetz, auch für Jugendliche. Ich denke, wir konnten zahlreiche Antworten zu unseren Ausgangsfragen finden. Nicht alle Diskutierenden waren einer Meinung hinsichtlich der Maßnahmen zur Vermeidung und Verringerung von Jugendkriminalität, aber es kam einhellig zum Ausdruck, dass viel getan wird, aber auch weiterhin viel zu tun bleibt. Für den Staat, aber auch für die Jugendlichen selbst, ihre Familien, ihre Lehrer. Ich danke meinen Gästen im Studio für die anregende Diskussion. Viele Informationen zum Thema finden Sie wie immer auf unserer Homepage unter www ...

## Modul 4 Aufgabe 3

### Abschnitt 1

○ Petersen fühlte sich elend, seine Hände schwitzten, der Mund war trocken und die Knie weich. Nervosität und auch Angst hatten sich in den letzten Minuten bei ihm eingeschlichen, bevor er allen Mut zusammennahm und in das Vorzimmer vom Chef eintrat.

● Morgen ... Ich möchte zu Herrn Fossner. Petersen mein Name, vom Sicherheitsdienst.

○ Mit abschätzigem Blick musterte ihn die Sekretärin.

□ Das passt gerade ganz schlecht. Herr Fossner hat im Moment überhaupt keine Zeit.

● Es ist aber wirklich dringend. Es geht um was Privates.

○ Die Sekretärin seufzte unter ihrer roten Lockenmähne und wies Petersen einen Besucherstuhl neben der Sitzgruppe zu. Endlose Minuten ... Dann wurde er zum Chef vorgelassen. Der wippte lässig in seinem weißen Ledersessel. Fossner in voller Lebensgröße, ein Schrank von einem Mann, früher Boxtrainer, heute Boss von 1.000 Mitarbeitern. Die Firma war aber nicht sein Verdienst, es war das Geld seiner Frau, das seine Geschäfte möglich machte.

■ Was gibt es denn so Dringendes, dass Sie nicht ein andermal wiederkommen können? Aber kurz bitte, ich hab meine Zeit nicht gestohlen.

● Ja ... Mein Name ist Freddy Petersen. ... Ähm, ich bin vorbestraft. Vor zwei Jahren bin ich aus der Haft entlassen worden und hier in der Firma habe ich eine neue Chance bekommen, beim Sicherheitsdienst.

■ Ja, ist ja gut und schön – und weiter?

● Also, ich mache Nachtdienst. Leider, ich weiß auch nicht, wie das passieren konnte, bin ich neulich bei der Arbeit eingeschlafen. Ganz kurz nur, aber jetzt will mich der Personalchef entlassen.

■ Und? Warum erzählen Sie mir das alles?

● Bitte, Herr Fossner. Das wird nie wieder vorkommen. Ich brauche die Arbeit. Ich bekomme doch nichts anderes mehr mit meiner Vorstrafenliste. Das ist meine einzige Chance.

■ Heulen Sie mir nicht die Ohren voll. Ich bin doch kein Sozialverein und für so Jammerlappen wie Sie ist hier sowieso kein Platz.

○ Petersen zuckte zusammen. Fossner hatte es nicht anders gewollt. Er nahm seinen Mut zusammen, drückte das Kreuz durch, saß jetzt aufrecht mit schmalen Augen und vorgestrecktem Kinn.

● Tut mir leid, dass ich dann davon Gebrauch machen muss. Aber wenn Sie mich rauswerfen, werde ich der Presse einen Tipp geben, der sie brennend interessieren dürfte. Dann wird alle Welt erfahren, was für krumme Dinger hier in der Firma laufen. Ich weiß nämlich von Ihren Schmuggelgeschäften.

■ Ach, Sie bluffen doch nur.

● Da täuschen Sie sich gewaltig, Herr Fossner. Ich habe die gefälschten Lieferpapiere und die gelieferten Waren der letzten Wochen gecheckt, die Beweise kopiert und sicher deponiert. Das dürfte nicht nur Journalisten interessieren. Fossner ... Sie schmuggeln Waren in ganz großem Stil. Wenn das rauskommt, können Sie den Laden hier dicht machen. Entweder ich behalte meinen Job oder ich gehe damit an die Presse.

○ Fossner wurde blass – polizeiliche Ermittlungen wären sein Ruin. Und selbst wenn die Polizei nicht auftauchte, so wusste er wie jeder andere in der Firma, dass mit seiner Frau nicht zu spaßen war. Sollte ihr auch nur ein Verdacht zu Ohren kommen, so würde sie Fossner kurzerhand vor die Tür setzen. Schließlich war es ihr Geld, das hier auf dem Spiel stand. Von ihrem guten Ruf einmal ganz abgesehen. Fossner würde also die Firma verlieren und all den Luxus, den das Vermögen seiner Frau ihm bot.

### Abschnitt 2

○ Tagsüber auf Vorrat für die Nachtschicht zu schlafen war für Petersen nie ein Problem gewesen, aber heute bekam er kein Auge zu. Seit Stunden wälzte er sich hin

und her und ihm wurde immer klarer, dass er wieder einmal alles falsch gemacht hatte.
Es war der absolute Wahnsinn, diesen skrupellosen Fossner so unter Druck zu setzen. Er wusste doch, was über ihn erzählt wurde. Der ging, ohne mit der Wimper zu zucken, über Leichen.

● Oh Gott, ich bin so ein Idiot. Jetzt bin ich ein ständiges Risiko für ihn. Er wird mich gnadenlos ausschalten.

○ Petersen hatte wegen verschiedener kleinerer Betrugsgeschichten eine Haftstrafe verbüßt. Er war dumm genug gewesen, sich damals erwischen zu lassen, gewalttätig war er nicht. Aber er hatte genügend Fantasie, um sich ausmalen zu können, was passieren würde.
Nächtliches Eindringen auf das Firmengelände. Eindeutige Sache: Der Sicherheitsmann vom Nachtdienst überrascht den Eindringling. Es kommt zu einem Handgemenge, bei dem der Wachmann unglücklicherweise das Zeitliche segnet. Ja, es ist ganz einfach, Petersen ohne großes Aufsehen und viele Fragen loszuwerden. Wer würde schon ahnen, dass es sich um einen Mord handelte und der Chef selbst der Auftraggeber war?
In äußerster Anspannung verbrachte Petersen seinen nächsten Nachtdienst. Jedes Geräusch auf dem weitläufigen Firmengelände ließ ihn zusammenzucken ...
Aber nichts geschah. Und als der Morgen graute, wusste er, was zu tun war.

Abschnitt 3

○ Er brauchte Zeit, bis er seine Situation und die diversen und obskuren Schmuggelgeschäfte seines Chefs in den ihm zur Verfügung stehenden Worten aufgeschrieben hatte. Zusammen mit den Kopien aus dem Versteck in der Tiefkühltruhe steckte er seine Erklärung in einen großen Umschlag, klebte ihn zu und machte sich auf den Weg. Hinter der alten Post traf er wie verabredet seinen Freund Bodo Jahnke, einen ehemaligen Mithäftling. Sie hatten zusammen eine Zelle geteilt, Petersen vertraute ihm blind und übergab ihm den Umschlag mit knappen Anweisungen. Jahnke nickte und ließ den Umschlag im Auto verschwinden. Dann gingen sie gemeinsam ein Stück durch den trüben Novemberregen bis zu dem kleinen Café am Bahnhof. An einem Ecktisch konnten sie dort ungestört die Details besprechen. Fassungslos hörte Jahnke zu. Dann verdüsterte sich seine Miene.

△ Meine Güte, Freddy, du bist so gut wie tot. Ist dir das klar?

● Aber meinst du wirklich, er würde so weit gehen?

△ Ich kenne Fossner ziemlich gut. Der fackelt nicht lange. Mir schwant Böses, gestern hab ich ihn im Blauen Pagagei, du weißt schon, die Kneipe im Westend, gesehen, zusammen mit Andy Holzmann.

● Mit wem?

△ Mann ... Holzmann ... Kennst du doch ... Im Knast nannten sie ihn die Eisenkralle. Saß wegen schwerer Körperverletzung. Stand auch schon mal unter Mordverdacht, aber beweisen konnten die ihm nichts.

○ Petersen wurde flau in der Magengegend. Natürlich erinnerte er sich an Holzmann. Er hatte ihn schon lange nicht mehr gesehen. Aber er wusste, was das für ein Typ war. Holzmann galt als extrem gewalttätig. Er hatte früher sein eigenes Boxstudio, in dem Fossner Trainer war. Fossner und Holzmann. Zwei Kumpel wie Pech und Schwefel.
Holzmann hatte wegen der vielen Vorstrafen dann irgendwann seine Lizenz verloren. Jetzt, hieß es, ließ er sich für gutes Geld fürs „Grobe" anwerben.

Abschnitt 4

○ Während sie redeten, hatte sich das Lokal langsam gefüllt. Jahnke stand auf und ging auf die Toilette. Petersen holte sich noch eine Cola von der Theke, bevor er wieder an seinen Tisch zurückkehrte. Eben hatte sich ein Mann auf den dritten Stuhl an ihrem Tisch gesetzt und sein Getränk, ebenfalls eine Cola, vor sich auf dem Tisch abgestellt.

▲ Hier ist doch noch frei?

○ Petersen nickte. Er brachte kein Wort heraus. Es war Holzmann! Da wurde Petersen von hinten angestoßen und wandte den Kopf. Jahnke stand hinter ihm.

△ Hallo, Andy, lange nicht gesehen. Kennst du mich noch?

▲ Klar, Knastis vergesse ich nie.

△ Was treibst du denn so?

▲ Alles Mögliche. Geschäfte eben, mal hier, mal da.

● Die beiden redeten über belangloses Zeug. Petersen versuchte, seine Fassung wiederzufinden, seine Hände zitterten, der kalte Schweiß stand ihm auf der Stirn.
Fragen schossen ihm durch Kopf: Was wollte Holzmann? War er in Fossners Auftrag hier? Sollte er ihn, Petersen, beseitigen?
Petersen hätte fast seine Cola verschüttet. Abgesichert war er, die Infos hatte sein Freund Jahnke. Nun musste er veranlassen, dass Fossner seinen Killer zurückpfiff.

Abschnitt 5

○ Petersen stand wortlos auf, ging vor die Tür und kramte sein Handy aus der Tasche. Hektisch wählte er Fossners Nummer. Jahnke war ihm inzwischen gefolgt.

● Jetzt geh doch endlich dran!

■ Hallo?

● Hier Petersen. Herr Fossner, falls Sie mit dem Gedanken spielen, mich aus dem Weg zu räumen, vergessen Sie's. Ich habe mich abgesichert. Wenn mir was passiert, landet ein sehr aufschlussreiches Schreiben bei der Polizei.

○ Fossner wurde immer nervöser. Wieder und wieder versuchte er, Holzmann zu erreichen.

■ Geh doch endlich ran. Nun mach schon.

○ Niemand meldete sich. Fossner wusste, wie Holzmann vorgehen wollte. Sie hatten alles bei ihrem Treffen gestern im Blauen Papagei besprochen. Fossner hatte Holzmann bereits eine hohe Summe als Vorschuss gezahlt.
Der Plan war doch eigentlich so perfekt gewesen: Holzmann wollte ein langsam wirkendes Gift verwenden, das man nicht schmeckte und das im Körper nicht nachweisbar war. Dieses Gift sollte Petersen zum Schweigen bringen.

△ Sieh mal. Was ist denn da los?

○ Petersen blickte zum Eingang des Cafés, in dem man kurz Holzmann sehen konnte. Er hatte nur wenige Schritte gemacht, dann taumelte er und brach schließlich zusammen. Jetzt lag er wie tot in der Tür, umringt von Leuten, die versuchten, ihm zu helfen.

△ Der sieht nicht gut aus, der Holzmann. Hab ich mir's doch gedacht.

○ Petersen konnte nicht folgen und schaute Jahnke nur ungläubig an.

△ War es also doch richtig, seine Cola gegen deine Cola zu vertauschen. ... Habt ihr beide nicht gemerkt, was?

## Kapitel 8

### Modul 2 Aufgabe 2

○ Guten Abend, meine Damen und Herren. Ich freue mich, Sie hier im psychologischen Seminar begrüßen zu können. Heute zu einem Thema, das sicher auch in Zukunft noch für sehr kontroverse Diskussionen sorgen wird.
Glaubten Pädagogen über lange Zeit an die Gleichheit der Geschlechter, so belehrt uns die Hirnforschung eines Besseren. Sie belegt mit Studien, dass es die Chromosomen sind, die über unsere Art des Denkens bestimmen.
Erläutern wird Ihnen diese Erkenntnis heute Abend Frau Professor Corinna Schetz aus Konstanz, die, wie Sie sicher wissen, umfassend zu diesem Thema forscht und publiziert. Bitte, Frau Professor Schetz ...

● Danke schön ... Vielleicht erinnern Sie sich, meine Damen und Herren ... Es gab eine Zeit, da hieß es, man müsse den kleinen Jungen bloß Puppen und den kleinen Mädchen Autos schenken, und schon wären sie überwunden, die leidigen Geschlechterrollen.
Sozialisation war alles, Biologie oder Veranlagung galten bestenfalls als schlechte Ausreden.
Diese blauäugigen Zeiten emanzipatorischer Ideologie haben wir hinter uns gelassen.
Frauen sind nicht wie Männer, das belegt inzwischen ein ganzer Berg von Forschungsliteratur aus 30 Jahren. Viele haben über Unterschiede im Sozialverhalten von kleinen Kindern geforscht und kamen allesamt zu dem Schluss, dass Mädchen weit sozialer veranlagt sind als Jungen.
Das Y-Chromosom ist der Schlüssel zur Männlichkeit: Es setzt die Produktion von Androgenen im Fötus in Gang. Im weiblichen Fötus ohne Y-Chromosom werden die Androgene nicht aktiviert. Die Umwelt, sagt der Biologe David Page, verstärke oder bestätige nur, was ohnehin angelegt sei.

Der Augenschein gibt ihm Recht:
Mädchen spielen eher im Haus oder in dessen Nähe, meistens in Gruppen von zwei, drei Freundinnen. Ihre Beziehungen sind eng und vertratscht. Jungen entfernen sich weiter vom Haus, spielen in größeren Gruppen, ihre Freundschaften sind selten so intim und drehen sich meist um gleiche Interessen wie Fußball oder die PlayStation. Mädchen tun regelmäßiger, was man ihnen sagt, und geraten dadurch seltener in Gefahr als Jungen. Mädchen suchen den Konsens, wollen beliebt sein, stimmen mit dem anderen gern überein. Sie wollen mit Worten überzeugen, nicht wie die Jungen ihr Ziel mit Aggression erreichen.
Doch die Aggression der Jungen scheint eben nicht in erster Linie böser Wille, sondern Teil ihres genetischen Rüstzeugs zu sein. Schon im Mutterbauch werden sie im dritten Monat von bis zu achtmal größeren Mengen Testosteron überschwemmt als die Mädchen. Dabei weisen Versuche nach, dass das Hormon nicht nur Einfluss auf den Körper, sondern auch auf den Geist hat.
Mädchen sprechen mit ihrem Spielzeug, Jungen nehmen es auseinander. Mädchen lernen früher sprechen, lesen besser und mehr, können sich besser konzentrieren (zwanzig Minuten, Buben bloß fünf) und leiden seltener unter Legasthenie. Jungen hingegen können einen Körper in ihrer Vorstellung drehen. Sie können schon als Zweijährige dreidimensionale Puzzles zusammenbauen und haben eine bessere Hand-Augen-Koordination. Das sind die statistischen Durchschnittswerte: Natürlich gibt es auch sprachlich begabte Knaben und Mädchen mit einem fabelhaften Ortssinn.

Der Vorteil der Mädchen bei Sprachtests ist groß, in der höheren Mathematik allerdings geht dieser Vorteil verloren. Warum? Mädchen fehlt offenbar das räumliche Vorstellungsvermögen der Jungen. Diese benutzen die visuellere rechte Gehirnhälfte, um mathematische Probleme zu lösen. Die verbreitete und nicht nur legendäre Parkunfähigkeit unter Frauen ist diesem Unterschied geschuldet. Er sieht die Lücke und kann sich bildlich vorstellen, wie der Wagen in die Lücke passt. Sie muss das Parken in Worte fassen: Wie lang ist mein Auto, wie groß ist die Lücke? Freilich sind verbale Strategien zur Lösung räumlicher Probleme nicht besonders effektiv.
Die Jungen haben auch einen besseren Ortssinn, aber Mädchen finden einen Weg besser, den sie zum zweiten Mal zurücklegen, weil sie das räumliche Problem in ein verbales verändert haben – „rechts hinter dem Spielplatz, links hinter der Gärtnerei". Diese Unterschiede sind auch bei Schimpansen und Ratten festgestellt worden, Männchen finden ihren Weg leichter durchs Labyrinth, Weibchen aber prägen sich die Wegmarken ein.

Hirnforscher wie Katherine Hoyenga erklären die unterschiedlichen Begabungen so: Frauen haben eine stärkere Vernetzung zwischen beiden Hirnhälften, Männer haben eine stärkere Verbindung innerhalb jeder Hälfte. Das weibliche Hirn sieht mehr, hört mehr, kommuniziert schneller, schafft schneller Querverweise.
Die Sprachbereiche im weiblichen Hirn sind größer als jene bei den Männern. Sein Hirn kann ganz eng fokussieren – daher wohl auch der männliche „Tunnelblick". Sie hat sozusagen Flutlicht, er ein Spotlight. Ein Mathematikexperiment mit begabten Kindern zwischen zehn und zwölf Jahren an der Universität von Iowa 1990 brachte Erstaunliches an den Tag: Die meisten Jungen und Mädchen benutzten beide Gehirnhälften, um die Mathematikaufgaben zu lösen, die hoch begabten Jungen indes hatten die linke Seite komplett ausgeschaltet und benutzten nur die rechte Seite.
Das bedeutet, dass die begabtesten Mathematiker mit weniger mehr erreichen. Michael O'Boyle, der Psychologe, der diese Experimente durchführte, erklärt das so: Der Denkvorgang der Jungen ist effizienter. Die Mädchen stecken zwar mehr Hirn, also beide Hälften, aber nicht so konzentrierte Aktivität in die Aufgabe. Dasselbe beobachtete O'Boyle bei Kindern, die dreidimensionale Puzzles meistern sollten. Die Jungen aktivierten nur ihre eine Gehirnhälfte, die Mädchen beide, doch die Jungen kamen zu besseren Ergebnissen.
Frauen haben sich in großer Zahl in der Jurisprudenz, der Medizin, der Psychologie, den Sozialwissenschaften eingerichtet, nicht aber in Ingenieurwissenschaften, Mathematik und den Naturwissenschaften. Und wenn sie doch gelegentlich in die Naturwissenschaften gehen, dann wählen sie eher Fächer mit einer sozialeren Komponente als ausgerechnet Teilchenphysik – sie entscheiden sich etwa für Biologie, Ernährungswissenschaft oder Umweltmedizin.

Schaut man auch heute z.B. in die philologischen oder pädagogischen Studiengänge oder in soziale und pflegerische Berufe, so sind hier die Männer unterrepräsentiert. Kindergärtner oder Grundschullehrer bleiben eher eine Ausnahmeerscheinung. Die schlechte Bezahlung von typisch weiblichen Berufen macht diese dazu auch noch wenig attraktiv. Aber auch Initiativen wie der „Girls' Day", der Mädchen für naturwissenschaftliche und technische Berufe interessieren soll, haben deren Motivation nicht steil ansteigen lassen. Selbst wenn diese Berufe deutlich besser bezahlt sind als Frisörin oder Verkäuferin, von einem ausgewogenen Verhältnis bei der Berufswahl kann keine Rede sein.
Wozu auch?
Die Forschung deutet auf bestimmte Grundveranlagungen bei Jungen und Mädchen hin. Ausnahmen wird es dazu immer geben. Um herauszufinden, welche Talente und Vorlieben ein Kind hat, können wir ihm weiter viele Angebote beim Spielen und Lernen machen, ihm die Vielfalt zeigen. Die Wahl trifft es dann schon ganz von allein. ... Dankeschön.

## Modul 3 Aufgabe 2a

○ Liebe Hörerinnen und Hörer, ich begrüße Sie recht herzlich zu einer weiteren Sendung unserer Elternsprechstunde. Wie immer haben wir von Ihnen viele Zuschriften erhalten, die wir hier unmöglich alle besprechen können. Wir haben aber einen interessanten Fall ausgewählt, den wir Ihnen gern vorstellen möchten. Dazu habe ich mir ins Studio einen Gast eingeladen. Ich begrüße ganz herzlich Herrn Prof. Boldmann vom Lehrstuhl für Pädagogische Psychologie der Humboldt Universität Berlin. Herzlich willkommen, Herr Professor Boldmann.

● Guten Tag, Frau Mainowski.

○ Und hier, liebe Hörerinnen und Hörer, unser heutiger Fall:

□ *Eigentlich haben die Eltern ihren Sohn immer für ein ganz normales Kind gehalten. Als Jonas, heute 10, mit sieben Monaten erste Worte spricht, denken sie sich nicht viel dabei. Zwar beginnen die meisten Kinder damit erst nach etwa einem Jahr, doch das Ehepaar aus Hamburg meint, dass Jonas „einfach nur etwas schneller ist". Allerdings kann die Familie „nirgendwo hingehen, ohne aufzufallen", erinnert sich die Mutter. Als sie Schuhe für den Einjährigen kaufen will, fragt die Verkäuferin, ob der Junge, der noch im Krabbelalter zu sein scheint, nicht mit Socken auskomme. „Ich kann laufen", erwidert Jonas. „Ich brauche Schuhe." Die verdutzte Frau hält den sprachbegabten Knirps daraufhin für kleinwüchsig und vorlaut. Richtige Probleme aber gibt es erst, als Jonas eingeschult werden soll. „Da gehe ich nicht hin", sagt er nach dem ersten Tag: Die Lehrerin entspreche zu sehr „dem Klischee einer Grundschullehrerin". Die Eltern schicken ihn daraufhin in eine Montessori-Schule, wo die Jahrgangsstufen im gemeinsamen Klassenverband unterrichtet werden. Auch auf dieser Schule fühlt sich Jonas nicht wohl und kommt mit der Lehrerin nicht zurecht. In der 3. Klasse klagt er über schwere Bauchschmerzen – psychosomatische Beschwerden, wie sich herausstellt, verursacht von den Problemen in der Schule. Nach der Grundschule lassen die Eltern ihren Sohn auf das Gymnasium gehen. Die Schmerzen verschwinden, doch stellen sich andere Probleme ein: Dem Mathematiklehrer fällt auf, dass das Kind mit den Rechenaufgaben immer sehr schnell fertig ist. Alle Aufgaben sind richtig gelöst, nur die Zwischenschritte fehlen. Da es für Zwischenschritte aber in Klassenarbeiten Punkte gibt, werden Jonas Punkte abgezogen und er erhält oft nur die die Note ausreichend oder sogar schlechter. Die Klassenlehrerin beklagt sich, Jonas sei unkonzentriert und nicht bei der Sache. Daher hagelt es in weiteren Fächern schlechte Noten. Nun sorgen sich die Eltern: Was ist los mit ihrem Sohn? Schafft er das Gymnasium nicht?*

○ Tja, was denken Sie, Herr Professor Boldmann, was ist los mit Jonas?

● Nun, so wie die Situation beschrieben wurde, dürfte Jonas zu jenen Kindern gehören, die über eine außergewöhnliche intellektuelle Begabung verfügen.

○ Sie vermuten, Jonas ist besonders begabt? Aber Jonas bekommt in Mathematik und anderen Fächern schlechte Noten? Er hat Probleme in der Schule. Er kann nicht zu den besonders Begabten gehören. Da muss Ihre Diagnose falsch sein.

● Sie könnten durchaus recht haben, wenn man daran denkt, dass wir hier nur über Jonas sprechen und nicht mit ihm. Aber in dem Fall von Jonas sprechen einige Dinge dafür, dass er doch hochbegabt sein könnte.

○ Welche Dinge sind das denn?

● Nun, zunächst einmal spricht für meine Vermutung, dass sich eine Hochbegabung fast immer schon im Vorschulalter zeigt. Solche Hinweise im Vorschulalter sind z.B., dass sich Kinder selbst das Lesen beibringen, ohne durch ältere Geschwister dazu motiviert bzw. von den Eltern gefördert zu werden. Auch ein eigeninitiativer Schrifterwerb ist ein solcher Indikator für eine besondere Begabung. Darüber hinaus lässt auch eine besonders differenzierte sprachliche Ausdrucksweise in sehr frühem Alter auf eine Begabung schließen. So wie im Fall von Jonas. Jonas scheint auch schneller und besser als seine Altersgenossen Probleme lösen zu können, die neue Wege des Denkens erfordern. So wie im Fach Mathematik.

○ Das mag ja sein, aber was ist dann mit seinen schlechten Noten?

● Diese Frage möchte ich mit einem zweiten Argument beantworten: Es ist wissenschaftlich erwiesen, dass einem überdurchschnittlich intelligenten Kind nicht automatisch und durchgängig Erfolg garantiert ist. So wie im Beispiel von Jonas. Seine Noten sind durchwachsen, in Mathematik manchmal sogar schlecht. Solch schwache Leistungen sind bei hochintelligenten Schülern keine Seltenheit: Ohne gezielte Förderung haben sie oft Probleme, sich für den Unterricht zu motivieren. Stattdessen tun sie sich auf Gebieten hervor, die weniger häufig mit Hochbegabung in Verbindung gebracht werden. Ich kenne z.B. einen 14-Jährigen, der seine Arbeit im Kunstunterricht mit aufwendigen Multimedia-Präsentationen dokumentiert, eine Schülerzeitung aufbaut und Kurzgeschichten bei Literaturwettbewerben einreicht.

○ Aber kann man eine solche Hochbegabung nicht irgendwie wissenschaftlich nachweisen?

● Eine Hochbegabung wird über die Intelligenzleistung nachgewiesen. Die kann man mit entsprechenden Intelligenztests messen. Liegt der Intelligenzquotient (IQ) über 130, gilt man als hochbegabt. Dieser Wert wurde willkürlich festgelegt, ist aber allgemein akzeptiert. Der Durchschnitts-IQ liegt übrigens bei 100.

○ Einige Eltern werden sich jetzt sicherlich fragen, ob es noch andere Anhaltspunkte gibt, die auf eine Hochbegabung schließen lassen. Denn einen Intelligenztest hat man nicht immer zur Hand.

● Das ist ganz schwierig, denn Eltern haben beim eigenen Kind kein objektives Auge und das sollen sie auch nicht. Auch Lehrern fällt die Abgrenzung schwer: Ist das Kind hochbegabt oder wächst es einfach in einem sehr bildungsnahen Elternhaus auf? Eltern und Erzieher sollten aber aufmerksam werden, wenn sie merken: Ein Kind reagiert schneller als andere, es fasst Dinge schneller auf, findet kreativere Lösungsansätze. Verhält sich ein Kind nicht altersnormgerecht, hat es Interessen, die weit über die in seinem Alter üblichen Interessen hinausgehen, kann das ein Zeichen für Hochbegabung sein. Es könnte sich aber auch um einen Entwicklungsfortschritt handeln, der sich in ein, zwei Jahren wieder relativiert.

○ Und was sollten Eltern tun, wenn sie solche Anzeichen bemerken?

● Sie sollten sich telefonisch oder per E-Mail an eine Beratungsstelle wenden und sagen: Es könnte sein, dass unser Jonathan oder unsere Luise hochbegabt ist, aber wir wissen es nicht. Es gibt dann ein Telefonat und in jedem dritten Fall ein persönliches Gespräch mit den Eltern. Wenn die Eltern es wünschen, kann der schulpsychologische Dienst dann einen IQ-Test machen. Dann können die Kinder entsprechend ihren Fähigkeiten gefördert werden.

○ Zunächst einmal vielen Dank, Herr Prof. Boldmann. Wenn Sie, liebe Hörerinnen und Hörer, noch weitere Fragen an Herrn Prof. Boldmann zu unserem Thema „Hochbegabung" haben, rufen Sie uns an unter 030/454545. Herr Professor Boldmann wird gern Ihre Fragen beantworten.

## Modul 4 Aufgabe 3c

○ Ende der 60er-Jahre begann es in deutschen Kinderzimmern zu rumoren. Viele junge Eltern wendeten sich zunehmend von den Konventionen ab und neuen, alternativen Lebenskonzepten zu. Unter den Studenten entstand die „68er"-Bewegung und stellte die gesellschaftlichen Regeln in Frage. Dies war auch die Geburtsstunde der antiautoritären Erziehung. Nun sind wir über 40 Jahre weiter und auch heute führen wir wieder heftige Debatten zum Thema „Erziehung". Es ist nicht mehr vom unterdrückten, sondern vom tyrannischen Kind die Rede, das trotzt und schreit, selten Grenzen akzeptiert und seine Eltern fest im Griff hat. Ist die antiautoritäre Erziehung schuld? Diese Frage und andere möchte ich mit den Kinderpsychologen Herrn Dr. Bernhard Meierfeld aus Rostock und Frau Dr. Simone Pohl aus Magdeburg klären, die heute bei uns im Studio sind. Guten Abend.

● Guten Abend.

□ Hallo.

○ Wer ist also schuld an den tyrannischen Kleinen, die viele beklagen? Herr Dr. Meierfeld … ich spreche Sie einmal gezielt an. Sie vertreten ja eher die Sicht der antiautoritären Richtung, also einer zwangfreien Erziehung.

● Naja, also ... Kinder sollen sich meines Erachtens ohne Unterdrückung zu selbstbewussten, kreativen, gemeinschafts- und konfliktfähigen Personen oder vielmehr Persönlichkeiten entwickeln. In traditionellen Systemen ist dies natürlich nicht einfach. Unser herkömmliches Schulsystem z.B. ... mit 45-Minuten-Unterrichtsstunden, mit ständigen Themenwechseln und leistungsorientiertem Notensystem ist kaum in der Lage, die Selbstentfaltung der Kinder voranzutreiben, und übt viel Zwang aus. Dagegen lehnen sich Kinder oft auf, aber tyrannisch würde ich sie nicht nennen.

○ Zwangfreie Erziehung. Können Sie sich da anschließen, Frau Dr. Pohl?

□ Das käme darauf an, was wir unter Zwang verstehen. Wenn wir damit Regeln und Grenzen meinen, dann kann ich nicht zustimmen. Ich erlebe in meiner Praxis täglich Fälle von Kindern, denen jegliche Orientierung fehlt. Da sie sie von ihrem Umfeld, meist den Eltern, nicht in frühen Jahren erhalten haben, schaffen sie sich ihr eigenes Ordnungssystem. Damit ecken sie oft an, sie werden auffällig, bekommen Schwierigkeiten, unter denen sie leiden.

● Wenn ich da mal kurz einhaken darf ... Zwangfrei bedeutet nicht zügellos. Was Sie beschreiben, ist eine Laissez-faire-Haltung der Eltern. Die Kinder machen, was sie wollen, ohne ein wirkliches Ziel zu haben. Das kann nicht gut gehen.

○ Zurück zur Ausgangsfrage. Die Diskussion um problematische Kinder. Wo liegen die Ursachen aus Ihrer Sicht?

□ Wenn wir Kinder als Tyrannen empfinden, dann doch, weil sie alles tun, um ihre Interessen durchzusetzen oder die anderer Leute zu boykottieren. Sie müssen lernen, wann sie eine Entscheidung treffen dürfen und wann nicht. Kinder können sicher äußern, was ihnen schmeckt oder was sie gern unternehmen möchten. Viele andere Entscheidungen sind aber eine Überforderung. Oft werden aber bereits Kleinkinder wie gleichwertige erwachsene Partner behandelt.

● Also ... Entschuldigung, wenn ich unterbreche. Aber ich stehe schon auf dem Standpunkt, dass die Wünsche und Bedürfnisse eines Kindes den gleichen Wert haben wie die eines Erwachsenen. Hier haben wir es mit einer typisch erwachsenen Sicht zu tun, die mir immer wieder begegnet. In unserer hektischen Zeit kann ein Kind kaum noch seinem Bedürfnis nach kindlichem Spiel, nach Toben und Lautsein nachgehen. Viele Kinder kommen zu wenig an die frische Luft, werden vorm Fernseher ruhig gestellt. Sie müssen vor allem eins: funktionieren.

○ Bedeutet das, dass wir die Ursachen für auffällige Kinder in der Veränderung der Gesellschaft suchen müssen: z.B. im zunehmenden Druck auf die Erwachsenen, der auch auf die Kinder weitergegeben wird?

□ Ja, teilweise. Sie, Herr Meierfeld, haben gerade so ein typisches Extrem beschrieben. Ähnlich häufig ist aber auch das andere Extrem: Das Kind, meist das Einzelkind, bildet das Zentrum der Familie, ist der Spiegel für elterlichen Erfolg. Die Eltern achten ängstlich darauf, dass es dem Kind auch an nichts fehlt, dass die Stimmung stets harmonisch bleibt. Beiden Extremen ist gemeinsam, dass sie Konflikten aus dem Weg gehen und wenig konsequent sind. Die einen können sich den Konflikt z.B. kurz vor Arbeitsbeginn nicht leisten, sind müde oder gestresst, den anderen fehlt das Selbstvertrauen, sie sehen Dissonanzen als persönliches Versagen, haben Angst vor dem Liebesentzug.

○ Aber in beiden Fällen geht es doch nur noch sekundär um das Kind. Sind die Eltern das Kernproblem?

□ Viele Eltern müssten an sich selbst arbeiten. Sie müssen den Konflikt eingehen können, aber auch zeigen, wie man einen Konflikt mit Geduld und Zuneigung lösen kann. Das bedeutet, dass man das Gespräch und die Nähe zum Kind suchen sollte.

○ Der Schlüssel liegt also in der Kommunikation, Herr Dr. Meierfeld? Und auch in der Zeit?

● Beides sind sehr wichtige Faktoren. Nur wer sich Zeit für sein Kind nimmt, der kann mit ihm etwas erleben, etwas von ihm erfahren. Das Kind kann sich mitteilen und hat das Gefühl, wahrgenommen und geliebt zu werden. Nicht nur als Teil der Familie, sondern als gleichberechtigter Mensch.

□ Gleichberechtigt ... ein gutes Stichwort. Denn auch die Eltern haben hier Rechte, die sie umsetzen möchten. Und natürlich Pflichten gegenüber dem Kind, es z.B. vor Gefahren zu schützen, ihm zu zeigen, welches Verhalten wann angemessen ist und wann nicht, um nicht ausgegrenzt zu werden ...

● Naja, wer bestimmt denn, wann ein Verhalten angemessen ist? Die Eltern? Wir Psychologen? Die Medien?

□ Zumindest bemerken wir, wenn ein Verhalten auffällig ist. Und dann steht das betroffene Kind oft schon vor einem Problem, das gemeinsam mit den Eltern gelöst werden muss.

○ Auffälliges Verhalten wird aber auch zunehmend von Lehrern in der Schule oder von Ausbildern in den Betrieben beklagt.

● Da sprechen Sie natürlich ein weites Feld an. Dass Schule im traditionellen Sinne nicht unbedingt der kreativen Entfaltung von Kindern dient, habe ich ja schon angesprochen. Kinder möchten sich lieber bewegen als still sitzen, sie haben ihren eigenen Lernrhythmus, der nicht nach dem Stundenplan funktioniert. Viele private und alternative Schulen folgen dieser Erkenntnis. Es gibt mehr Spielphasen, Gruppenarbeit, Lesezeit, ...

□ Da möchte ich aber einmal klarstellen, dass diese Konzepte auch in der konventionellen Schule bereits

Einzug gehalten haben. Die Lehrerausbildung beinhaltet alle modernen Unterrichtsprinzipien, die auch angewendet werden. Aber zurück zum Kernthema: Es geht hier um auffällige, oft aggressive, laute Schüler, die keine zehn Minuten still sitzen können, sich nicht in Gruppen integrieren, Konzentrationsschwächen zeigen und Lernstoff nur schwer aufnehmen. Stellen Sie sich diese Kinder später einmal im Berufsleben vor.

○ Da möchte ich kurz ein Zitat einwerfen. Der Psychologe Michael Winterhoff sagte in einem Interview mit der Süddeutschen Zeitung: „Unsere Gesellschaft wird bald aus noch mehr Menschen bestehen, die nicht arbeitsfähig sind. Diese werden sehr viel staatliche Gelder verschlingen und von den anderen als ‚faule Socken' bezeichnet werden. Allerdings werden diese Menschen tatsächlich nicht arbeiten gehen können, weil ihnen dazu die Psyche fehlt."

● Das sind natürlich Szenarien, die in der Gesellschaft Ängste freisetzen und die Probleme nicht lösen. Winterhoff ist ja ein Vertreter des autoritären Erziehungsstils, in dem die Erwachsenen das Sagen haben und die Entscheidungen treffen. Kindgerechte Pädagogik sieht für mich anders aus.

○ Welchen Vorschlag hätten Sie für die Schüler, wie sie Frau Dr. Pohl schildert?

● Da gibt es natürlich keine Patentlösung. Klar ist aber, dass die Schulen und auch die Politik reagieren müssen. Kleinere Klassen würden überhaupt erst einmal ermöglichen, mit den Schülern ins Gespräch zu kommen und Unterrichtsmethoden anzuwenden, die mit 30 Kindern in der Klasse gar nicht möglich sind.

□ Da kann ich nur zustimmen. Kinder können lernen, dass sie Erfolg haben, wenn sie eine Sache zu Ende bringen. Und der Erfolg macht Spaß. Sie können lernen, dass man im Team oft schneller und kreativer Aufgaben lösen kann als allein usw. Aber dazu müssen die Klassen kleiner werden und die Eltern müssen in die Schularbeit integriert werden. Den Kindern muss in der Schule und zu Hause geholfen werden.

○ Und mit diesem Konsens endet unser heutiger Beitrag. Ich danke meinen Gästen für die lebhafte Diskussion. Liebe Hörerinnen und Hörer, wie immer haben wir einige Situationen zum Thema in unseren Blog gestellt mit der Frage: Wie würden Sie reagieren? Wir freuen uns auf Ihre Antworten und Reaktionen.

## Kapitel 9

### Modul 2 Aufgabe 2a

In der Vorstellung vieler Menschen stellen die Dreharbeiten zu einem Film eine fantastische wie glamouröse Arbeit dar. Die Realität sieht aber ganz anders aus. Dreharbeiten sind meistens das pure Chaos. Selten läuft auch nur ein einziger Drehtag ohne Panne ab.
Bei Außendrehs macht das Wetter die meisten Schwierigkeiten. Das Team muss gegen Regen oder Sturm, brennende Hitze oder klirrende Kälte kämpfen. Erfahrene Filmemacher rechnen aber mit wettertechnischen Schwierigkeiten und sind auf derartige Komplikationen vorbereitet.
Manchmal müssen innerhalb weniger Stunden Drehpläne komplett umgestellt werden, denn jeder verlorene Drehtag würde ein Heidengeld kosten. Es gibt aber auch Faktoren, die weitreichendere Folgen haben als ein schlichter Wetterumschwung. Die Krankheit eines Hauptdarstellers oder Unfälle bei gefährlichen Szenen können Dreharbeiten für mehrere Wochen lahmlegen.
Der Filmklassiker „African Queen" von John Houston war hinter den Kulissen eine Aneinanderreihung von Katastrophen: Die gesamte Crew erkrankte an Malaria, das Boot „African Queen" sank und es dauerte eine knappe Woche, bis es geborgen werden konnte, und schließlich mussten die Dreharbeiten wegen einer Ameisenplage von Belgisch-Kongo nach Uganda verlegt werden.
Bei Dreharbeiten im Studio sind die Störfaktoren wesentlich geringer, deswegen werden Studiodrehs von vielen Regisseuren und Produzenten bevorzugt. Hier braucht keiner zu befürchten, dass man von neugierigen Touristen belästigt wird. Und der Hauptdarsteller wird auch nicht von der Polizei verhaftet, wie es Tom Cruise bei den Dreharbeiten zu „Mission: Impossible" in Prag passiert ist.
Aber auch Dreharbeiten im Studio gehen so gut wie nie ohne Pannen über die Bühne. Ein sehr großer Faktor bei Dreharbeiten ist stets die menschliche Komponente. Hauptgrund für die Anspannung des Nervenkostüms sind neben dem hohen Druck vor allem die extrem langen Wartezeiten bei Dreharbeiten. Jedes Mitglied des Teams wartet am Drehort nur auf seinen Einsatz – und das teilweise stundenlang. Langeweile ist ein ständiger Begleiter der Dreharbeiten. Gepaart mit dem immensen Arbeitspensum, das jeden Tag bewältigt werden muss, entstehen so aus den kleinsten Kleinigkeiten riesige Konflikte.
Über die Streitigkeiten der großen Stars mit ihren Regisseuren könnte man ganze Bücher füllen. Einen der bekanntesten Streits der Filmgeschichte zettelte Marilyn Monroe an während der Dreharbeiten zu „Manche mögen's heiß". Die Schauspielerin hatte zu dieser Zeit massive Alkoholprobleme und kriegte vor der Kamera kaum einen Satz raus. In Interviews stänkerte sie gegen ihren Regisseur Billy Wilder. Dieser habe sie bei den Dreharbeiten so gestresst, dass sie eine Fehlgeburt erlitten habe, klagte die Schauspielerin. Auf Wunsch der Produzenten setzte Billy Wilder die Dreharbeiten mit Marilyn Monroe zwar trotz allem fort, er arbeitete aber nie wieder mit ihr zusammen.
Das größte Problem, das ein Filmprojekt aber heimsuchen kann, ist der Tod eines Hauptdarstellers. Regisseure, Kameraleute, Produzenten – alle gelten als ersetzbar, so makaber das auch klingen mag. Den Hauptdarsteller allerdings auszutauschen, ist bei laufenden Dreharbeiten natürlich nicht ganz so einfach. Die zwei wohl berühmtesten Todesfälle der Filmwelt sind James Dean und Brandon Lee. James Dean kam während der Dreharbeiten zu „Giganten" bei einem Autounfall ums Leben. Die noch nicht fertiggestellten Szenen wurden kurzerhand umge-

schrieben und mit einem Double besetzt, was bei den Fans allerdings nicht besonders gut ankam.
Brandon Lee kam bei den Dreharbeiten zu „The Crow" ums Leben. Ein Filmrevolver war statt mit Platzpatronen mit echten Kugeln geladen. Also musste auch Brandon Lee durch ein Double ersetzt werden, allerdings wurde sein Doppelgänger per Computertechnik verändert, damit der Zuschauer den Unterschied nicht bemerkte. Meistens wird sich diese makabre Mühe aber gar nicht erst gemacht, die Dreharbeiten werden bei Todesfällen schlicht und einfach abgebrochen.
Bei fast jedem Dreh gibt es ein zweites komplettes Team, das sogenannte Second-Unit-Team. Dieses Second-Unit-Team ist zuständig fürs Grobe, also Explosionen, Massenszenen mit Statisten oder die Umsetzung von Stunts. Viele Regisseure haben ihr Handwerk als Second-Unit-Regisseur gelernt.
Da Effekte im heutigen Kino immer wichtiger werden, wird die Arbeit des Second-Unit-Teams immer wichtiger. Um Stunts und Effekte echt aussehen zu lassen, lassen sich die Regisseure immer haarsträubendere Ideen einfallen. Regisseur James Cameron sagte einmal in einem Interview, es sei die spannendste Aufgabe für ihn, sich immer größere und unglaublichere Effekte einfallen zu lassen. Er wolle auf der Leinwand etwas erzeugen, das er selbst noch nie so gesehen habe. Das scheinbar Unmögliche sei dabei die größte Herausforderung.
Aber Effekte sind nicht nur in aktuellen Blockbusterfilmen ein Thema, seit jeher arbeitet man in Hollywood mit aufwendigen Spezialeffekten. Von Anfang an waren Filmemacher versucht, den Zuschauer mit verblüffenden Bildern in ihre ganz eigene Traumwelt zu entführen.
Einer der Pioniere des Effektkinos war der Architekt und Maler Eugen Schüfftan. Schüfftan entwickelte bereits Anfang der 20er-Jahre einen Spiegeltrick. Diese einfache Idee ermöglichte es, Schauspieler nahezu lebensecht in kleinen Modellbauten agieren zu lassen. Der Spiegel war in eine Richtung lichtdurchlässig, die Größe des Schauspielers war durch die Entfernung zur spiegelnden Fläche exakt bestimmbar. Diese Spiegeltechnik kam besonders bei Fritz Langs Klassiker „Metropolis" zum Einsatz. Hier wurden ganze Heerscharen von Statisten in verkleinerte Modelle der futuristischen Stadt hineingespiegelt.
Schon bald reichten den Filmemachern die Möglichkeiten des Spiegeltricks aber nicht mehr, zu schnell stießen sie an die Grenzen des Möglichen. Schon im Jahr 1933 waren die Filmemacher vor die Aufgabe gestellt, Claude Rains in der Rolle des Unsichtbaren Stück für Stück verschwinden zu lassen. John Fulton wurde für die Special Effects eingekauft. Fulton hatte in seinen früheren Filmen mit Modellen und Rückprojektionen gearbeitet. Für den Unsichtbaren ließ er sich einen Trick einfallen, der bis heute benutzt wird, wenn auch in abgewandelter und verbesserter Form.
John Fulton entwickelte die frühe Form eines sogenannten Matte-Tricks. Das Verfahren funktioniert folgendermaßen: Der Schauspieler agiert vor einer schwarzen Wand. Als Unsichtbarer trug Claude Rains unter seinen Bandagen schwarze Masken auf allen Hautstellen. Wenn sich der Unsichtbare also die weißen Bandagen vom Kopf abwickelt, steht er mit schwarzer Maske vor einem schwarzen Hintergrund. Beim Kopieren des Films wird die komplette Schwarzfläche durch einen anderen Hintergrund ersetzt. Dadurch wird Claude Rains im gesamten Film quasi unsichtbar.

## Modul 4 Aufgabe 4a

Haben Sie auch zu wenig Platz bei sich zu Hause? Dann fangen Sie doch einfach mal an, Ihre Bücher zu verkaufen. Die brauchen Sie nämlich nicht mehr, schließlich kommt heute das E-Book auf den Markt. Unmittelbar vor der Leipziger Buchmesse, die morgen beginnt, erscheint das elektronische Buch von der in der Literaturszene bislang eher wenig bekannten Firma Sony. Das E-Book kostet 300 Euro, was für ein Buch eher teuer ist, dafür aber kann man darauf 160 Romane und Sachbücher speichern, die man übers Internet erwirbt. Das Ende von Papier und Druckerschwärze. Das Buch der Bücher sozusagen. Doch bevor Sie jetzt Ihre Regale leer räumen, warten Sie erst mal ab, was Wolfram Schrag bei Fachleuten über E-Books in Erfahrung gebracht hat:
Es sind nicht mehr als 12m$^2$, die Klaus Siblewski als Büro zur Verfügung hat, und diese sind bis unter die Decke vollgestellt mit Büchern und Manuskripten. Siblewski ist Lektor beim Luchterhand Verlag in München und saugt Literatur berufsmäßig auf, wie er sagt. Bei dieser Tätigkeit verlässt er sich immer öfter auf ein E-Book.
„Die Vereinfachung besteht tatsächlich darin, dass man Manuskripte leichter lesen kann. Eigentlich kann man sie nicht leichter lesen, sondern was man tatsächlich leichter tun kann mit dem E-Book, ist, Manuskripte leichter transportieren." Ein E-Book ist etwa so groß wie ein Taschenbuch und wiegt rund 300 Gramm. In der Hand hält man fast ausschließlich einen Bildschirm. Für Siblewski ist wichtig, dass das Schriftbild gestochen klar und kontrastreich ist und nicht blendet. Das gelingt mit der sogenannten E-Ink, also einer elektronischen Tinte. Das heißt, die Schrift leuchtet von selbst, sagt Fabian von Keudell, Redakteur bei der Computerfachzeitschrift Chip.
„Ist ein neues Verfahren, mit dem es dargestellt wird, und ist eben auch zum Beispiel im grellen Sonnenlicht gut lesbar. Das ist eine gute Sache. Ansonsten wenn man daheim, abends am Nachttisch das Ganze noch lesen möchte, braucht man eher noch eine Lampe dazu. Ist also eigentlich wirklich wie beim richtigen Buch."
Seit zehn Jahren experimentieren Hersteller mit den elektronischen Lesegeräten. Heute sind sie lesefreundlich und gehen sparsam mit der Energie um, da der Bildschirm nicht von innen beleuchtet ist. Angeblich kann man 6.800 Seiten lesen, bis der Akku schlapp macht. Wenn nur das Blättern nicht wäre! Mithilfe einer Taste kann man sich die nächste Seite anzeigen lassen. Doch das dauert entschieden zu lang. „Es erhöht vielleicht die Spannung, wenn man grad an einer guten Stelle ist, aber ansonsten nervt das eher, weil man möchte nicht sieben, acht Sekunden warten, bis es dann weitergeht, bis man weiterlesen kann."

Mit dem Sony Reader PRS 505 wird erstmals ein solches Gerät in Deutschland auf dem Markt käuflich angeboten. Dazu hat der japanische Hersteller die Buchhandelskette Thalia und den Großhändler Libri ins Boot geholt. Über diese Quellen kann sich der Leser seine elektronischen Bücher auf das Gerät laden. Diese sind etwas preiswerter als in der Buchhandlung. Der Versandhändler Amazon bietet sein Lesegerät Kindle in der zweiten Generation an, allerdings bislang nur in den USA.
Alle diese Geräte haben natürlich noch andere Hilfsmittel, die bei einer wissenschaftlichen Arbeit auf Interesse stoßen. „Man kann also sein Lesezeichen, seine Eselsohren elektronisch hinzufügen, was sehr praktisch ist, weil das Buch geht ja nicht kaputt. Das ist sehr gut. Man kann sofort an die Stelle wieder hinspringen."
Fabian von Keudell von der Zeitschrift Chip und Klaus Siblewski von Luchterhand sind sich einig: Im Wissenschaftsbereich, unter Studenten und Dozenten wird das E-Book ein wichtiges Handwerkszeug. „Ich glaube, im Bereich der Germanistik, neuere Wege in der Forschung zum Sturm und Drang, wird sicherlich niemand mehr unbedingt ein dickes Kompendium für 98 Euro sich zulegen, sondern wird tatsächlich mit seinem E-Book die Dinge bestellen und dann lesen, die er tatsächlich für seine Arbeit benötigen wird."
Und der Normalleser? Knapp 300 Euro sind kein Schnäppchen. Man sollte sich den Kauf gut überlegen. Die Krimisammlung für den Urlaub alleine lohnt noch nicht die Anschaffungskosten, und in der Hand hat man 300 Gramm Aluminium, auf die man aufpassen muss wie auf das Handy oder den Laptop.
„Das Gerät ist im Augenblick zu teuer dafür, dass es, glaube ich, so großen Einfluss auf den Markt hat. Im Augenblick kaufen die Leute lieber ein Buch und es ist auch ganz toll, wenn man einfach mal etwas zum Anfassen hat. Das gehört ein bisschen zu der Lesementalität dazu. Wenn ich ein spannendes Buch hab, dann möchte ich das umblättern, dann möchte ich es mal weglegen, und das funktioniert mit dem elektronischen Buch einfach noch nicht."
Der Reader ist eben eine Ergänzung zum gedruckten Buch – mehr auch nicht!

## Kapitel 10

### Modul 2 Aufgabe 2

○ *„So war es, ich habe es selbst erlebt!" Diese Annahme ist oft trügerisch: Auf unser Gedächtnis ist nicht immer Verlass. Oft glauben wir uns an Dinge zu erinnern, die wir nie erlebt haben.* Zu diesem interessanten Thema haben wir heute den Neurowissenschaftler Herrn Prof. Hans Joachim Jakobsen zu Gast. Er untersucht am kulturwissenschaftlichen Institut Essen „falsche" Erinnerungen. Guten Morgen, Herr Professor Jakobsen.

● Guten Morgen, Frau Schneider.

○ Herr Professor Jakobsen, was genau sind falsche Erinnerungen?

● Nun, als falsche Erinnerungen oder Pseudoerinnerungen werden Gedächtnisinhalte bezeichnet, die nicht einem vergangenen tatsächlich erlebten Geschehen entsprechen und dennoch als tatsächlich so erlebt empfunden werden. Falsche Erinnerungen können entweder rein fiktiv sein oder aber in wesentlichen Punkten vom tatsächlichen Geschehen abweichen.

○ Das klingt ziemlich theoretisch. Könnten Sie uns vielleicht ein Beispiel nennen?

● Also wenn wir etwas Eindrucksvolles im Fernsehen oder in der Zeitung lesen, erscheinen die dadurch hervorgerufenen inneren Bilder manchmal so real, dass wir meinen, das Geschehen selbst erlebt zu haben. Plötzlich weiß man nicht mehr, woher die Erinnerung kommt. In einem Experiment wurden Probanden Fotos vorgelegt, auf denen sie jeweils als Kind in einem Heißluftballon zu sehen waren. Bei den Bildern handelte es sich allerdings um Montagen, also Fälschungen. In Wahrheit waren die Versuchspersonen nie mit einem Heißluftballon gefahren. Dennoch glaubte die Hälfte der Probanden später, das auf dem Foto Festgehaltene wirklich erlebt zu haben. Sie konnten sich genau an die aufregende Ballonfahrt erinnern, das Ereignis sogar detailliert beschreiben. Das Experiment zeigt: Allein der Glaube, etwas Bestimmtes erlebt zu haben, bedeutet noch lange nicht, dass dies auch wirklich geschehen ist.

○ Das heißt, unser Gedächtnis spielt uns Streiche, es täuscht uns?

● Was völlig normal ist. Falsche Erinnerungen entstehen nicht absichtlich. Von der Fülle an Informationen, die täglich auf uns einströmt, kann sich unser Gehirn nur einen Bruchteil dauerhaft merken. So entstehen Wissenslücken. Kommen neue Informationen hinzu, die zum bereits vorhandenen Wissen passen, ordnet sie das Gedächtnis dort automatisch ein. So kommt es, dass man bei länger zurückliegenden Ereignissen oft nicht mehr weiß, ob man von ihnen nur gelesen oder gehört oder sie tatsächlich selbst erlebt hat.

○ Sie sagten, unser Gehirn merkt sich einerseits nur einen Bruchteil. Andererseits aber stürmen ständig unendlich viele Informationen auf uns ein. Welche dieser Informationen merken wir uns denn?

● Es gibt eine Art Filter, welche Erlebnisse im Langzeitgedächtnis landen und welche nicht. Dieser Filter sind unsere Gefühle. Nur das, was einmal einen emotionalen Eindruck hinterlassen hat und dadurch als bedeutsam eingestuft wurde, wird gespeichert.

○ Aber im Beispiel des Heißluftballons hatten die Versuchspersonen Details doch regelrecht erfunden?

● Natürlich kann auch die jeweilige Situation, in der das Wissen abgerufen wird, das Wissen selbst verändern. Viele Leute schmücken – beispielsweise auf einer Party – eine Geschichte aus ihrer Jugend ein wenig aus, um ihr Gegenüber zu beeindrucken. Erzählen sie diese Story wieder und wieder, schmücken sie sie weiter und weiter aus und glauben irgendwann selbst, dass sich alles so zugetragen hat, wie sie es erzählen.

○ Nun zeigt dieses Experiment aber auch, dass es durchaus möglich ist, die Erinnerungen anderer Menschen zu manipulieren.

● Sie haben recht. Mit einfachen Mitteln wie Fotos, Filmen oder glaubhaften Erzählungen kann man nahezu jedem falsche Erinnerungen einpflanzen. Dies funktioniert aber nur begrenzt. Die neuen Informationen müssen in einen bereits vorhandenen Kontext passen, damit das Gehirn Verknüpfungen erstellen kann. Meist sind es nämlich Details, an die wir uns nicht mehr erinnern können; eine zentrale Idee oder ein grober Eindruck bleiben. Wir als Wissenschaftler hoffen, dass wir mit diesen Erkenntnissen in Zukunft besser gegen psychische Erkrankungen oder Demenzerkrankungen vorgehen können.

○ Könnten Sie das noch etwas genauer erklären?

● Unser Gedächtnis behält angenehme Eindrücke eher in Erinnerung, wohingegen negative leichter verblassen. Ein sehr wirkungsvoller Mechanismus, auf den in Psychotherapien zurückgegriffen wird: Der Patient lernt, die eigene Vergangenheit mit mehr positiven Attributen zu besetzen, indem er sich an schöne Erlebnisse erinnert. Negative Erinnerungen werden dann leichter vergessen. So können wir uns die Strategien unseres Gehirns ganz bewusst zunutze machen.

○ Sind diese angenehmen Erinnerungen auch die Begründung dafür, dass sich ältere Menschen so gut an ihre Kindheit erinnern, aktuelle Informationen aber relativ schnell vergessen?

● Das, was zum ersten Mal passiert, hinterlässt den stärksten Eindruck. Wenn man ältere Menschen fragt, woran sie sich erinnern, dann nennen sie in der Regel Ereignisse, die sich zwischen dem 15. und 25. Lebensjahr zugetragen haben. In diese Zeit fallen wichtige Entscheidungen. Das Verhältnis zu den Eltern ändert sich, man lernt einen Partner kennen, gründet eine Familie, startet in den Beruf. All das wird oft abgerufen und wieder eingespeist und festigt sich somit im Gedächtnis. Daran, wie man einen seiner vielen Freunde kennengelernt hat, wird man sich später gegebenenfalls weniger gut erinnern können. Die Experten sagen dazu: last in, first out, was so viel heißt wie: Was zuletzt ins Gehirn eingespeist wurde, ist zuerst wieder weg.

○ Kommen wir zurück zu den falschen Erinnerungen. Stellen sie für die Historiker, die ja zum Teil auf Erinnerungen angewiesen sind, nicht ein Problem dar?

● Gerade Historiker kennen dieses Problem. Bei Berichten von Zeitzeugen können sie oftmals nur schwer unterscheiden, ob der Betreffende etwas wirklich erlebt hat oder vielleicht mit Schilderungen aus Medien oder Erzählungen anderer durcheinanderbringt. Wobei die Befragten nicht selten dazu tendieren, dunkle Stellen der eigenen Vergangenheit zu vertuschen – manchmal ganz unbewusst.

○ Und was ist mit Zeugenaussagen vor Gericht? Diese basieren doch auch immer auf Erinnerungen?

● Besonders problematisch sind falsche Erinnerungen, wenn es um Zeugenaussagen geht. Immer wieder werden Fälle bekannt, in denen Verbrechensopfer bei Gegenüberstellungen Unschuldige als Täter identifiziert haben. Die Betroffenen sehen einen Menschen, der dem Täter ähnlich sieht – und sind sich plötzlich sicher, dass er es war. Ihr Gehirn hat einige Basisinformationen gespeichert, zum Beispiel: Der Täter war groß, dunkelhaarig und hatte einen Bart. Bei einer Gegenüberstellung werden diese originalen, oftmals jedoch schwammigen Erinnerungen mit neuen Informationen vermischt. Das Gedächtnis setzt sie wie Puzzleteile zu einem vollständigen Bild zusammen, das mit der Wahrheit oft nur noch wenig zu tun hat.

○ Dürften dann Aussagen vor Gericht nicht so eine große Bedeutung haben?

● Man sollte sich lieber auf objektive Tatsachen verlassen, von der Bremsspur bis zum Fingerabdruck. Dem widerspricht wiederum unser menschliches Selbstverständnis. Wir sind es gewohnt, anderen Menschen eher zu glauben als irgendwelchen genauen oder ungenauen Messdaten.

○ Vielen Dank, Herr Professor Jakobsen, für dieses interessante Gespräch. Wenn Sie, liebe Hörerinnen und Hörer, Fragen an Prof. Jakobsen haben, dann können Sie ihn in unserer Telefonsprechstunde erreichen unter 089/454545 …

## Modul 3 Aufgabe 1

○ Ja, hallo?

● Hallo, Barbara, ich bin's, Ute.

○ Hallo, wie geht's?

● Ja, ganz gut, danke. Du, ich muss dir unbedingt was erzählen, mir ist gestern was ganz Komisches passiert.

○ Echt, was denn?

● Ich hab dir doch neulich von unserem neuen Kollegen in der Arbeit erzählt. Erinnerst du dich?

○ Ja, klar. Du warst ja recht begeistert … und? Lass mich raten, ihr habt euch getroffen?

● Na ja, ja, eigentlich schon, aber dann auch wieder nein!

○ Hä? Also was jetzt, erzähl schon. Habt ihr euch nun getroffen oder nicht?

● Ja, pass auf. Bei dem schönen Wetter war ich am Fluss radeln. Hinter dem Wehr bin ich in ein Café gegangen – du weißt schon, das mit den schönen alten Kastanienbäumen.

○ Ja, klar, kenne ich, und da wirst du ihn dann getroffen haben, oder?

● Ja – das hast du gut gesagt, ich habe ihn getroffen.

○ Wie, du hast ihn getroffen – er wird dich doch wohl auch gesehen haben?

● Ja, gesehen schon, aber er hat mich, glaube ich, nicht erkannt.

○ Ja, habt ihr denn nicht miteinander geredet?

● Doch, natürlich. Ich habe ihn sofort angesprochen und ihn gefragt, was er hier macht, ob er oft herkommt und so weiter.

○ Ja, und er?

● Er hat brav geantwortet, aber ich glaube, er hat überhaupt nicht kapiert, wer ich bin, da bin ich mir sicher, er war zwar sehr nett, aber irgendwie nicht so herzlich und locker wie in der Arbeit.

○ Na, der wird wohl auf jemanden gewartet haben – wahrscheinlich wollte er dich schnell loswerden …

● Das habe ich auch gedacht, aber er war es, der mich in ein Gespräch über meine Hobbys verwickelt hat und mich über meinen Beruf ausfragen wollte. Ich habe zuerst gedacht, der macht Witze, und habe ihm deshalb irgendeinen Blödsinn erzählt. Aber irgendwann habe ich dann gemerkt, dass er mich wirklich nicht erkannt hat. Kannst du dir das vorstellen? Ich bin dann recht bald ziemlich genervt gefahren.

○ Das ist ja echt komisch. Ich hab's: Er könnte einen Zwillingsbruder haben.

● Nein, das wüsste ich. Er hat nur eine Schwester.

○ Komisch – er muss wohl einen schlechten Tag gehabt haben, oder?

● Ich weiß nicht – ich verstehe das nicht. So einen schlechten Tag kann man doch gar nicht haben, ich meine, wir arbeiten jetzt seit fünf Wochen jeden Tag zusammen! Was soll ich denn morgen zu ihm sagen, wenn ich ihn wiedersehe?

○ Ach, der wird sich inzwischen schon erinnert haben, wen er da getroffen hat. Das dürfte ihm alles recht peinlich sein. Du wirst sehen, der spricht dich bestimmt darauf an und entschuldigt sich bei dir.

● Meinst du? Und wenn nicht?

○ Ach, das wird schon so sein, mach dir mal keine Sorgen. Und wenn nicht, dann frag ihn doch einfach, was er am Wochenende gemacht hat. Dann wird ihm schon irgendwann ein Licht aufgehen.

● Also ich glaube inzwischen gar nix mehr – naja, ich werd's dir berichten!

○ Mach das – ich bin echt gespannt!

## Modul 3 Aufgabe 2a

- Der wird wohl auf jemanden gewartet haben – wahrscheinlich wollte er dich schnell loswerden …
- Er könnte einen Zwillingsbruder haben.
- Er muss wohl einen schlechten Tag gehabt haben.
- Er wird sich inzwischen schon erinnert haben.
- Das dürfte ihm alles recht peinlich sein.
- Dann wird ihm schon irgendwann ein Licht aufgehen.

## Modul 3 Aufgabe 2b

Er wird warten. – Er wird wohl gewartet haben.

Ihm wird ein Licht aufgehen. – Ihm wird ein Licht aufgegangen sein.

## Modul 4 Aufgabe 4a

Tage wie dieser
kommen nie wieder.
Tage wie dieser
sollten nie vergessen geh'n.

Du drehst dich um
und siehst sie wieder.
Du drehst dich um und siehst in deinem Kopf die alten Bilder.
Spürst du noch immer nichts?

Du siehst das Licht irgendwo am Ende.
Der Augenblick ist jetzt und fließt wie Sand durch deine Hände.
Doch du hältst dich,
doch du hältst dich an ihm fest.

Tage wie dieser …

Du sprichst nicht mehr
und siehst sie wieder.
Zerstückelt und zerstochen singen sie leise ihre Lieder.
Sprichst du noch immer nicht?

Sie haben gesagt, es würde Regen geben,
doch wir sitzen hier seit Stunden, trinken Wein
und sind einfach nur am Leben.
Bis unsre Welt zerbricht, es dunkel ist.

Tage wie dieser …

Und alles was uns bleibt
ist ein neuer Morgen.
Du weißt,
was das heißt.

Und alles was uns bleibt …

Tage wie dieser …

## Kapitel 1: Alltägliches

### Modul 1 Die Zeit läuft

etwas bewahrheitet sich ____________
der Geistesblitz ____________
sich etwas gönnen ____________
etwas unter einen Hut bekommen ____________
die Misere ____________
das Paradox(on) ____________
prognostizieren ____________
reif sein für etwas ____________
Schritt halten mit ____________
etwas überwinden ____________
in etwas versunken sein ____________
die Zeitnot ____________
die Zeit rennt ____________
die Zeit vergeht ____________
mit der Zeit gehen ____________

### Modul 2 Vereine heute

einen Ausgleich haben zu ____________
beitreten ____________
etwas bewirken ____________
sich engagieren ____________
etwas erreichen ____________
die Mitgliedschaft ____________
Mitglied sein ____________
sich mitreißen lassen ____________
der/die Vorsitzende ____________
die Vereinsmeierei ____________

### Modul 3 Chaos im Wohnzimmer

aufmerksam machen auf ____________
einen/den Durchblick haben ____________
der Eindruck, -"e ____________
der Hersteller, - ____________
der Konsument, -en ____________
die Marktforschung ____________
die Vereinfachung ____________
aus Versehen ____________

### Modul 4 Alle zusammen

j-n ausnutzen ____________
der Behördengang ____________
die Bereicherung ____________
einbinden in (bindet ein, band ein, hat eingebunden) ____________
die Einschränkung, -en ____________
etwas initiieren ____________
die Lebensqualität ____________
die Nachbarschaftshilfe ____________
profitieren von ____________

### Wörter, die für mich wichtig sind:

____________ ____________ ____________ ____________
____________ ____________ ____________ ____________
____________ ____________ ____________ ____________
____________ ____________ ____________ ____________
____________ ____________ ____________ ____________
____________ ____________ ____________ ____________
____________ ____________ ____________ ____________

# Wortschatz

## Kapitel 2: An die Arbeit!

### Modul 1 Ein bunter Lebenslauf

aufschlussreich ______
auf Biegen und Brechen ______
etwas schlüssig darlegen ______
die Laufbahn, -en ______
die Mobilität, -en ______
plausibel ______
etwas revidieren ______
etwas umgehen (umgeht, umging, hat umgangen) ______
bei … ist Vorsicht geboten ______
verunsichert ______
zielstrebig ______

### Modul 2 Probieren geht über Studieren?

angesehen sein ______
der Bescheid, -e ______
die Branche, -n ______
kaufmännisch ______
der Notendurchschnitt, -e ______
etwas ist überlaufen ______
voraussichtlich ______
die Vorlage von ______
die Warteliste, -n ______
die Zulassung, -en ______

### Modul 3 Multitasking

ablenken ______
etwas auf einmal tun ______
etwas ausbügeln ______
der Beweis, -e ______
etwas nicht gewachsen sein ______
die Kapazität, -en ______
mit etwas klarkommen ______
der Reiz, -e ______
der Reihe nach ______
die Ressource, -n ______
scheitern ______
verschwenden ______
die Wahrnehmung, -en ______
zuständig sein für ______

### Modul 4 Soft Skills

die Belastbarkeit ______
das Durchsetzungsvermögen ______
die Eigeninitiative, -n ______
lehrreich ______
die Priorität, -en ______
der Stellenwert, -e ______
die Schlüsselqualifikation, -en ______
innovativ ______

### Wörter, die für mich wichtig sind:

| | | | |
|---|---|---|---|
| ______ | ______ | ______ | ______ |
| ______ | ______ | ______ | ______ |
| ______ | ______ | ______ | ______ |
| ______ | ______ | ______ | ______ |
| ______ | ______ | ______ | ______ |
| ______ | ______ | ______ | ______ |

## Kapitel 3: Hast du Worte?

### Modul 1 Immer erreichbar

abschalten ______
anderweitig ______
der Anspruch, -"e ______
die Botschaft, -en ______
eingehen auf (geht ein, ging ein, ist eingegangen) ______
enorm ______
erreichbar ______
gelegentlich ______
die Pflicht, -en ______
etwas schätzen ______
etwas verarbeiten ______
die Vereinbarkeit ______
der Zugriff, -e ______

### Modul 2 Gib Contra!

der Angriff, -e ______
ausgrenzen ______
die Attacke, -n ______
gemein ______
gleichgültig ______
j-n erniedrigen ______
kontern ______
Paroli bieten ______
die Provokation, -en ______
subtil ______
übertreiben (übertreibt, übertrieb, hat übertrieben) ______
etwas unterschätzen ______

### Modul 3 Sprachen lernen

die Abweichung, -en ______
die Aneignung ______
bemerkenswert ______
die Didaktik ______
die Disziplin, -en ______
der Erwerb ______
der Forschungsgegenstand, -"e ______
der Garant, -en ______
das Phänomen, -e ______
das Repertoire ______
das Sprachvermögen ______
die Steuerung ______

### Modul 4 Sag mal was!

etwas anklingen lassen ______
das Gehör ______
im Grunde genommen ______
herunterladen ______
imponieren ______
minderbemittelt ______
profitieren ______
umfangreich ______
unüberschaubar ______
das Stigma ______
verblüffen ______
die Verrohung ______
der Wahlkreis, -e ______
sich zurechtfinden (findet zurecht, fand zurecht, hat zurechtgefunden) ______

### Wörter, die für mich wichtig sind:

______ ______ ______ ______

# Wortschatz

## Kapitel 4: Wirtschaftsgipfel

### Modul 1 Vom Kohlenpott

der Absatzmarkt, -"e ______
der Abschwung ______
die Ausdehnung, -en ______
das Aushängeschild, -er ______
das Ballungsgebiet, -e ______
die Bevölkerungszahl, -en ______
der Dienstleistungssektor ______
der Grundstoff, -e ______
die Legende, -n ______
die Sage, -n ______
der Standort, -e ______
die Trümmerlandschaft, -en ______
die Verkehrsanbindung ______
das Wirtschaftswunder, - ______

### Modul 2 Mit gutem Gewissen?

den Blick verstellen ______
durchsetzen ______
das Gewissen ______
eine Firma betreiben ______
den Kern treffen ______
die Maßnahme ______
ins offene Messer laufen lassen ______
rechtschaffen ______
überführen ______
die Verjährung ______
die Verpflichtung, -en ______
wehren ______

### Modul 3 Die Welt ist ein Dorf

ausnutzen ______
Gewinn erwirtschaften ______
die Gewerkschaft, -en ______
die Globalisierung ______
die feindliche Übernahme, -n ______
der Kursverlust, -e ______
einer Verantwortung nachkommen ______
die Wettbewerbsfähigkeit ______
die Wirtschaftsmacht ______
zustande kommen ______

### Modul 4 Gründerfieber

das Alleinstellungsmerkmal, -e ______
der Andrang ______
der Auftragnehmer, - ______
sich ergänzen ______
die Firmengründung, -en ______
die Gelegenheit ergreifen ______
das Geschäftsmodell, -e ______
der Handwerker, - ______
auf die faule Haut legen ______
der Kooperationspartner, - ______
die Marktsituation ______
sich selbstständig machen ______
die Vermarktung ______

### Wörter, die für mich wichtig sind:

______ ______ ______ ______
______ ______ ______ ______
______ ______ ______ ______

## Kapitel 5: Ziele

### Modul 1 Ab morgen!

automatisieren ______
das Bedürfnis, -se ______
bewältigen ______
sich einstellen ______
der Frust ______
der Genuss, -"e ______
das Gesundheitsverhalten ______
das Gewissen ______
die Kapitulation, -en ______
scheitern ______
verkünden ______
der Vorsatz, -"e ______
überfordern ______
etwas zurückführen auf ______

### Modul 2 Der Weg ist das Ziel

anerkennen (erkennt an, erkannte an, hat erkannt) ______
das Detail, -s ______
das Profil, -e ______
realisieren ______
sich spezialisieren ______
der Teilschritt, -e ______
sich trauen ______
umsetzen ______
vorankommen (kommt voran, kam voran, ist vorangekommen) ______
der Zufall, -"e ______

### Modul 3 Jeder kennt jeden

der Anschluss, -"e ______
branchenübergreifend ______
Kontakte knüpfen ______
das Netzwerk, -e ______
profitieren ______
sich registrieren ______

### Modul 4 Freiwillig

betreuen ______
das Ehrenamt, -"er ______
ehrenamtlich ______
das Engagement ______
freiwillig ______
Gewinn ziehen aus ______
sich engagieren ______
sich einsetzen für ______
das Lebensmotto, -s ______
das Pflegeheim, -e ______
die Selbstverwirklichung ______
sich lösen von ______
solidarisch ______
der Verband, -"e ______

### Wörter, die für mich wichtig sind

# Wortschatz

## Kapitel 6: Gesund und munter

### Modul 1 Zu Risiken und Nebenwirkungen

die Einbildung ______
das Hausmittel, - ______
die Heilkraft, -"e ______
das Phänomen, -e ______
pharmazeutisch ______
das Placebo, -s ______
das Scheinmedikament, -e ______
spüren ______
die Therapie, -n ______
die Wirksamkeit ______

### Modul 2 Gesünder leben

die Auslese ______
einweisen (weist ein, wies ein, hat eingewiesen) ______
das Essverhalten ______
das Gen, -e ______
das Geschlecht, -er ______
das Gesundheitssystem, -e ______
die Hausarztpraxis, -praxen ______
hinwegsehen über (sieht hinweg, sah hinweg, hat hinweggesehen) ______
die Lebenserwartung ______
die Notaufnahme ______
die Pubertät ______
vernachlässigen ______
die Todesursache, -n ______

### Modul 3 Wenn es juckt und kribbelt

die Abwehr ______
die Allergie, -n ______
auslösen ______
der Erreger, - ______
der Heuschnupfen ______
das Immunsystem ______
jucken ______
die Körperreaktion, -en ______
der Staub ______
das Symptom, -e ______
die Überempfindlichkeit ______

### Modul 4 Mythen der Medizin

der Arbeitsausfall, -"e ______
der Auslöser, - ______
bemängeln ______
die Diagnose, -n ______
der Eingriff, -e ______
der Fortschritt, -e ______
das Gesundheitswesen ______
die Infektion, -en ______
das Labor, -e ______
die Lebenserwartung ______
der Mythos, Mythen ______
signalisieren ______

### Wörter, die für mich wichtig sind

______ ______ ______ ______
______ ______ ______ ______
______ ______ ______ ______

# Kapitel 7: Recht so!

## Modul 1 Dumm gelaufen

das Abhandenkommen ____________
j-n anklagen ____________
j-m etwas bescheren ____________
der Einbrecher, - ____________
etwas erbeuten ____________
die Fahndung ____________
j-n fassen/festnehmen (nimmt fest, nahm fest, hat festgenommen) ____________
j-n in ein Gespräch verwickeln ____________
sich zu helfen wissen ____________
etwas knacken ____________
die sturmfreie Bude ____________
tollpatschig/ungeschickt ____________
das Urteil, -e ____________

## Modul 2 Strafe muss sein?!

der (Jugend)arrest ____________
die Aussichtslosigkeit ____________
(eine Strafe) zur Bewährung aussetzen ____________
im Einsatz sein ____________
j-n vor Gericht stellen ____________
der Heranwachsende, -n ____________
die Mutprobe, -n ____________
die Strafmündigkeit ____________
die Straftat, -en ____________
etwas unterschätzen ____________
das Vergehen, - ____________
die Verwarnung, -en ____________

## Modul 3 Alltag im Knast

die Entlassung ____________
der Freigang, -"e ____________
das Gefängnis, -se ____________
der Häftling, -e ____________
die Justizvollzugsanstalt ____________
die Rückfallquote, -n ____________
die Sicherheitsvorkehrung, -en ____________
üblicherweise ____________
der offene/geschlossene Vollzug ____________
der Wiederholungstäter, - ____________
die (Einzel)zelle, -n ____________

## Modul 4 Kriminell

die bürgerliche Gesellschaft ____________
ermitteln ____________
gegenläufig ____________
korrupt ____________
j-n laufen lassen (ließ laufen, hat laufen gelassen) ____________
schmunzeln ____________
schrullig ____________
unbehelligt bleiben ____________
das Verhör, -e ____________

## Wörter, die für mich wichtig sind:

____________ ____________ ____________ ____________
____________ ____________ ____________ ____________

## Kapitel 8: Du bist, was du bist

### Modul 1 Interessantes aus der Psychologie

die Abstammung ____________
die Beobachtung, -en ____________
der/die Betroffene, -n ____________
einen Beweis erbringen (erbrachte, hat erbracht) ____________
blind ____________
erben ____________
ergründen ____________
von Geburt an ____________
j-m etwas vom Gesicht ablesen ____________
j-n für etwas verantwortlich machen ____________
verblüffend ____________
das Überbleibsel, - ____________
übersehen (übersieht, übersah, hat übersehen) ____________

### Modul 2 Von Anfang an anders?

das Chromosom, -en ____________
das Gen, -e ____________
die Geschlechterrolle, -n ____________
geschlechtsspezifisch ____________
eine kontroverse Diskussion ____________
veranlagt sein ____________
die Veranlagung, -en ____________
der Verhaltensunterschied, -e ____________
der Ortssinn ____________

### Modul 3 Voll auf Zack!

außergewöhnlich ____________
die Begabung, -en ____________
(psychosomatische) Beschwerden ____________
hochbegabt ____________
etwas ist mit j-m los ____________
das Vorschulalter ____________

### Modul 4 Alles nicht so einfach

der Ausraster, - ____________
autoritäre/antiautoritäre Erziehung ____________
j-n enttarnen ____________
erleichtert sein ____________
der Haussegen (hängt schief) ____________
die Hilflosigkeit ____________
etwas leid sein ____________
der Mechanismus, Mechanismen ____________
aus der Reihe tanzen ____________
der Schreikrampf, -"e ____________
überfordert sein ____________

### Wörter, die für mich wichtig sind:

____________ ____________ ____________ ____________
____________ ____________ ____________ ____________
____________ ____________ ____________ ____________
____________ ____________ ____________ ____________
____________ ____________ ____________ ____________
____________ ____________ ____________ ____________

## Kapitel 9: Die schöne Welt der Künste

### Modul 1 Kreativ

ablenken ______
einfallsreich ______
der rote Faden ______
etwas freien Lauf lassen ______
durch den Kopf schießen ______
einer Tätigkeit nachgehen ______
die landläufige Meinung ______
sich in etwas verbeißen ______

### Modul 2 Film ab!

das Drehbuch, -"er ______
die Dreharbeiten ______
der Effekt, -e ______
das Exposé ______
der/die Filmemacher/-in ______
die Regie ______
die Requisite, -n ______
das Set, -s ______
der Spannungsbogen, -" ______
der Ton, -"e ______
der Trick, -s ______

### Modul 3 Ein Leben für die Kunst

abverlangen ______
aushalten (hält aus, hielt aus, hat ausgehalten) ______
der Durchbruch ______
das Durchhaltevermögen ______
sich entmutigen lassen ______
das Funkeln in den Augen ______
ein gängiges Los ______
am Horizont winken ______
über Kontakte verfügen ______
unterschätzen ______

### Modul 4 Leseratten

aushalten (hält aus, hielt aus, hat ausgehalten) ______
auslassen (lässt aus, ließ aus, hat ausgelassen) ______
an etwas Anteil haben ______
das E-Book, -s ______
etw. nicht erwarten können ______
die Inspiration, -en ______
etw. lässt j-n nicht los ______
das Medium, Medien ______
die Neuheit, -en ______
unvermeidlich ______
zu etwas verhelfen ______
ein Wunder geschieht ______
zensieren ______

### Wörter, die für mich wichtig sind:

______ ______ ______ ______
______ ______ ______ ______
______ ______ ______ ______
______ ______ ______ ______
______ ______ ______ ______
______ ______ ______ ______

# Wortschatz

## Kapitel 10: Du bist, was du bist

### Modul 1 Erinnern und Vergessen

| | | | |
|---|---|---|---|
| das Bewusstsein | ______ | der Reiz, -e | ______ |
| entschlüsseln | ______ | verblassen | ______ |
| das Faktenwissen | ______ | die Zelle, -n | ______ |
| das Kurzzeitgedächtnis | ______ | zur Verfügung stehen | ______ |
| das Langzeitgedächtnis | ______ | zuständig sein für | ______ |

### Modul 2 Falsche Erinnerungen

| | | | |
|---|---|---|---|
| abweichen (weicht ab, wich ab, ist abgewichen) | ______ | erleben | ______ |
| abrufen (ruft ab, rief ab, hat abgerufen) | ______ | der Filter, - | ______ |
| auf etw. ist (kein) Verlass | ______ | der Gedächtnisinhalt, -e | ______ |
| die Demenz | ______ | manipulieren | ______ |
| einströmen | ______ | tendieren | ______ |
| | | die Verknüpfung, -en | ______ |
| | | vertuschen | ______ |

### Modul 3 Kennen wir uns …?

| | | | |
|---|---|---|---|
| ahnen | ______ | sich mit etwas schwer tun | ______ |
| auseinanderhalten | ______ | (voneinander) unterscheiden | ______ |
| die Ausgrenzung | ______ | verbreitet sein | ______ |
| beeinträchtigt sein | ______ | j-m vergeben | ______ |
| j-n erkennen | ______ | j-n verwundern | ______ |

### Modul 4 Weißt du noch …?

| | | | |
|---|---|---|---|
| abfällig | ______ | schüchtern | ______ |
| die Anschaffung, -en | ______ | das Stammpublikum | ______ |
| gedrängt | ______ | der Tatendrang | ______ |
| das Geschehen | ______ | j-n zu Tränen rühren | ______ |
| heruntergewirtschaftet | ______ | verzehren | ______ |
| (hochfliegende) Pläne schmieden | ______ | j-n zusammenführen | ______ |

### Wörter, die für mich wichtig sind:

| | | | |
|---|---|---|---|
| ______ | ______ | ______ | ______ |
| ______ | ______ | ______ | ______ |
| ______ | ______ | ______ | ______ |
| ______ | ______ | ______ | ______ |
| ______ | ______ | ______ | ______ |

## Wichtige Nomen-Verb-Verbindungen

| Nomen-Verb-Verbindung | Bedeutung | Beispiel |
|---|---|---|
| sich in Acht nehmen vor | aufpassen, vorsichtig sein | Wir sollten uns davor in Acht nehmen, dass Umweltthemen zu sehr auf die leichte Schulter genommen werden. |
| Angst machen | sich ängstigen vor | Der Klimawandel macht mir Angst. |
| in Anspruch nehmen | (be)nutzen, beanspruchen | Wir sollten öffentliche Verkehrsmittel stärker in Anspruch nehmen. |
| einen Antrag stellen auf | beantragen | Familie Müller hat einen Antrag auf finanzielle Förderung für ihre Solaranlage gestellt. |
| in Aufregung versetzen | (sich) aufregen, nervös machen | Diese Prognose versetzt viele Menschen in Aufregung. |
| zum Ausdruck bringen | etw. äußern, ausdrücken | Die Beschäftigung mit Themen, die die Umwelt betreffen, bringt die Sorge vieler Menschen um die Zukunft zum Ausdruck. |
| zur Auswahl stehen | angeboten werden | Heute stehen viele energiesparende Geräte zur Auswahl. |
| Beachtung finden | beachtet werden | Alternative Energieformen finden momentan große Beachtung. |
| einen Beitrag leisten | etw. beitragen | Jeder kann einen Beitrag zum Energiesparen leisten. |
| einen Beruf ausüben | arbeiten (als), beruflich machen | Dr. Weißhaupt übt seinen Beruf als Energieberater schon seit 20 Jahren aus. |
| Bescheid geben/sagen | informieren | Können Sie mir bitte Bescheid geben/sagen, wann die Solaranlage bei uns installiert wird? |
| Bescheid wissen | informiert sein | Über erneuerbare Energien weiß ich immer noch zu wenig Bescheid. |
| Bezug nehmen auf | sich beziehen auf | Mit meinem Leserbrief nehme ich Bezug auf Ihren Artikel „Umweltschutz in der Region". |
| zu Ende bringen | beenden/abschließen | Wir müssen wichtige Forschungsvorhaben im Bereich Energie zu Ende bringen. |
| einen Entschluss fassen | beschließen, sich entschließen | Einige Länder haben endlich den Entschluss gefasst, Treibhausgase deutlich zu reduzieren. |
| einen Fehler begehen | etw. Falsches tun | Ich beging einen großen Fehler, als ich beim Hauskauf nicht auf die Energiekosten achtete. |
| zur Folge haben | folgen aus etw., bewirken | Die Entwicklung der letzten Jahre hat zur Folge, dass alternative Energien stärker gefördert werden. |
| in Frage kommen | relevant/akzeptabel sein | Es kommt nicht in Frage, dass man nicht mehr verwendbare Medikamente im Hausmüll entsorgt. |
| außer Frage stehen | (zweifellos) richtig sein, nicht bezweifelt werden | Es steht außer Frage, dass neue Technologien teuer sind. |
| eine Frage stellen | fragen | Heute werden den Politikern deutlich mehr Fragen zu Umweltthemen gestellt. |
| in Frage stellen | bezweifeln, anzweifeln | Dass die Industrie genug Geld für den Klimaschutz investiert, möchte ich doch in Frage stellen. |
| sich Gedanken machen über | nachdenken | Jeder Einzelne sollte sich darüber Gedanken machen, wie er Energie sparen kann. |
| ein Gespräch führen | (be)sprechen | Es müssen international mehr Gespräche zum Umweltschutz geführt werden. |

# Nomen-Verb-Verbindungen

| Nomen-Verb-Verbindung | Bedeutung | Beispiel |
|---|---|---|
| Interesse wecken an/für | sich interessieren für | Das Interesse an der Umwelt sollte bei Kindern schon früh geweckt werden. |
| in Kauf nehmen | (Nachteiliges) akzeptieren | Wer Wind als Energiequelle nutzt, muss in Kauf nehmen, dass er nicht immer weht. |
| zur Kenntnis nehmen | bemerken, wahrnehmen | Wir müssen zur Kenntnis nehmen, dass mit Erdöl und Erdgas in großen Mengen bald Schluss sein wird. |
| die Kosten tragen | bezahlen | Am Ende müssen wir alle die Kosten für die Umweltschäden tragen. |
| Kritik üben an | kritisieren | An der derzeitigen Energiepolitik wurde zu Recht schon viel Kritik geübt. |
| in der Lage sein | können / fähig sein | Wir sind alle in der Lage, etwas für den Klimaschutz zu tun. |
| auf den Markt bringen | etw. (zum ersten Mal) verkaufen | Immer mehr energiesparende Geräte werden auf den Markt gebracht. |
| sich Mühe geben | sich bemühen | Viele Menschen geben sich Mühe, die Umwelt zu schützen. |
| eine Rolle spielen | wichtig/relevant sein | Raps- oder Sonnenblumenöl spielen außerdem bei der Gewinnung von Bio-Diesel eine wichtige Rolle. |
| Rücksicht nehmen auf | rücksichtsvoll sein | Wir müssen stärker Rücksicht auf die Natur nehmen. |
| Ruhe bewahren | ruhig bleiben | Um die Umweltprobleme lösen zu können, müssen wir Ruhe bewahren und Ideen gezielt umsetzen. |
| Schluss machen mit | beenden | Mit der alltäglichen Energieverschwendung müssen wir endlich Schluss machen. |
| in Schutz nehmen | (be)schützen, verteidigen | Die Regierung darf die Industrie nicht ständig in Schutz nehmen. |
| Sorge tragen für | sorgen für | Die Politiker müssen Sorge für den Klimaschutz tragen. |
| aufs Spiel setzen | riskieren | Wir dürfen unsere Zukunft nicht aufs Spiel setzen. |
| zur Sprache bringen | ansprechen | Umweltthemen sollten häufiger zur Sprache gebracht werden. |
| auf dem Standpunkt stehen | meinen | Ich stehe auf dem Standpunkt, dass erneuerbare Energien mehr gefördert werden müssen. |
| Untersuchungen anstellen | untersuchen | Viele Experten haben Untersuchungen zum Klimawandel angestellt. |
| Verantwortung tragen für | verantwortlich sein | Heute trägt der Mensch die Verantwortung für die Klimaveränderungen. |
| in Verlegenheit bringen | verlegen machen | Unsere Kinder werden uns in Verlegenheit bringen, wenn wir ihnen unser Handeln erklären müssen. |
| zur Verfügung stehen | vorhanden sein, für j-n da sein | Im Prinzip stehen alternative Energien unbegrenzt zur Verfügung. |
| Verständnis aufbringen für | verstehen | In 100 Jahren wird niemand Verständnis für unseren heutigen Umgang mit Ressourcen aufbringen. |
| aus dem Weg gehen | vermeiden, ausweichen | Der Manager ging den Fragen der Journalisten nach dem Umweltschutz dauernd aus dem Weg. |
| Zweifel haben | bezweifeln | Experten haben Zweifel, ob wir mit erneuerbaren Energien unseren Strombedarf decken können. |
| außer Zweifel stehen | nicht bezweifelt werden | Es steht außer Zweifel, dass der Treibhauseffekt minimiert werden kann. |

## Wichtige Verben, Adjektive und Substantive mit Präpositionen

| **Verben mit Präpositionen mit entsprechenden Substantiven und Adjektiven** | | | |
|---|---|---|---|
| **Verb** | **Substantiv** | **Adjektiv** | **Präposition + Kasus** |
| abhängen | die Abhängigkeit | abhängig | von + D |
| achten | | | auf + A |
| ändern | die Änderung | | an + D |
| anfangen | der Anfang | | mit + D |
| sich ängstigen | die Angst | | vor + D |
| ankommen | | | auf + A |
| anpassen | die Anpassung | angepasst | an + A |
| antworten | die Antwort | | auf + A |
| sich ärgern | der Ärger | ärgerlich | über + A |
| aufhören | | | mit + D |
| aufpassen | | | auf + A |
| sich aufregen | die Aufregung | aufgeregt | über + A |
| ausdrücken | | | mit + D |
| sich austauschen | der Austausch | | mit + D / über + A |
| sich bedanken | | | für + A / bei + D |
| sich begeistern | die Begeisterung | | für + A |
| beitragen | der Beitrag | | zu + D |
| berichten | der Bericht | | über + A / von + D |
| sich beschäftigen | die Beschäftigung | beschäftigt | mit + D |
| sich beschweren | die Beschwerde | | über + A / bei + D |
| bestehen | | | aus + D |
| sich bewerben | die Bewerbung | | um + A / bei + D |
| sich beziehen | der Bezug | | auf + A |
| bitten | die Bitte | | um + A |
| danken | der Dank | dankbar | für + A |
| denken | der Gedanke | | an + A |
| diskutieren | die Diskussion | | über + A / mit + D |
| sich eignen | die Eignung | geeignet | für + A / zu + D |
| eingehen | | | auf + A |
| einladen | die Einladung | | zu + D |
| sich engagieren | das Engagement | engagiert | für + A |
| sich entscheiden | die Entscheidung | | für + A / gegen + A |
| sich entschließen | der Entschluss / die Entschlossenheit | entschlossen | zu + D |
| sich entschuldigen | die Entschuldigung | | für + A / bei + D |
| sich erholen | die Erholung | erholt | von + D |
| sich erinnern | die Erinnerung | | an + A |
| sich erkundigen | die Erkundigung | | bei + D / nach + D |

| Verben mit Präpositionen mit entsprechenden Substantiven und Adjektiven | | | |
|---|---|---|---|
| **Verb** | **Substantiv** | **Adjektiv** | **Präposition + Kasus** |
| erwarten | | | von + D |
| erzählen | die Erzählung | | von + D |
| fragen | die Frage | | nach + D |
| sich freuen | die Freude | | auf + A |
| sich freuen | die Freude | erfreut | über + A |
| führen | | | zu + D |
| gehören | | | zu + D |
| sich gewöhnen | die Gewöhnung | gewöhnt | an + A |
| glauben | der Glaube | | an + A |
| gratulieren | die Gratulation | | zu + D |
| halten | | | an + A |
| (sich) halten | | | für + A |
| handeln | | | von + D |
| sich handeln | | | um + A |
| helfen | die Hilfe | behilflich | bei + D |
| hinweisen | der Hinweis | | auf + A |
| hoffen | die Hoffnung | | auf + A |
| sich informieren | die Information | informiert | über + A / bei + D |
| sich interessieren | das Interesse | | für + A |
| investieren | die Investition | | in + A |
| kämpfen | der Kampf | | für + A / gegen + A |
| sich konzentrieren | die Konzentration | konzentriert | auf + A |
| sich kümmern | | | um + A |
| lachen | | | über + A |
| leiden | | | an + D / unter + D |
| liegen | | | an + D |
| nachdenken | | | über + A |
| protestieren | der Protest | | gegen + A |
| reagieren | die Reaktion | | auf + A |
| reden | | | über + A / mit + D / von + D |
| reden | die Rede | | von + D / über + A |
| schmecken | der Geschmack | | nach + D |
| siegen | der Sieg | | über + A |
| sorgen | | | für + A |
| sich sorgen | die Sorge | besorgt | um + A |
| sich spezialisieren | die Spezialisierung | spezialisiert | auf + A |
| sprechen | das Gespräch | | über + A / mit + D / von + D |

| Verben mit Präpositionen mit entsprechenden Substantiven und Adjektiven | | | |
|---|---|---|---|
| **Verb** | **Substantiv** | **Adjektiv** | **Präposition + Kasus** |
| stehen | | | für + A |
| (sich) streiten | der Streit | | über + A / um + A / mit + D |
| suchen | die Suche | | nach + D |
| teilnehmen | die Teilnahme | | an + D |
| tendieren | die Tendenz | | zu + D |
| sich treffen | das Treffen | | mit + D |
| sich trennen | die Trennung | getrennt | von + D |
| (sich) überzeugen | | überzeugt | von + D |
| sich unterhalten | die Unterhaltung | | über + A / mit + D |
| sich unterscheiden | die Unterscheidung | unterscheidbar | nach + D, von + D |
| sich verabreden | die Verabredung | verabredet | mit + D |
| sich verabschieden | die Verabschiedung | | von + D |
| verbinden | die Verbindung | verbunden | mit + D |
| vergleichen | der Vergleich | vergleichbar | mit + D |
| sich verlassen | | | auf + A |
| sich verlieben | die Verliebtheit | verliebt | in + A |
| verstehen | | | von + D |
| sich verstehen | | | mit + D |
| vertrauen | das Vertrauen | | auf + A |
| verzichten | der Verzicht | | auf + A |
| sich vorbereiten | die Vorbereitung | vorbereitet | auf + A |
| warnen | die Warnung | | vor + D |
| warten | | | auf + A |
| werben | die Werbung | | für + A |
| wirken | die Wirkung | | auf + A |
| sich wundern | die Verwunderung | verwundert | über + A |
| zählen | | | zu + D |
| zweifeln | der Zweifel | verzweifelt | an + D |

| Adjektive mit Präpositionen mit entsprechenden Substantiven | | |
|---|---|---|
| **Adjektiv** | **Substantiv** | **Präposition** |
| angewiesen | | auf + A |
| anwesend | die Anwesenheit | bei + D |
| befreundet | die Freundschaft | mit + D |
| begeistert | | von + D |
| bekannt | | für + A |
| bekannt | die Bekanntschaft | mit + D |

| Adjektive mit Präpositionen mit entsprechenden Substantiven | | |
|---|---|---|
| **Adjektiv** | **Substantiv** | **Präposition** |
| beliebt | die Beliebtheit | bei + D |
| bereit | die Bereitschaft | zu + D |
| berühmt | die Berühmtheit | für + A |
| blass | | vor + D |
| böse | | auf + A / zu + D |
| charakteristisch | | für + A |
| eifersüchtig | die Eifersucht | auf + A |
| einverstanden | das Einverständnis | mit + D |
| empört | die Empörung | über + A |
| erfahren | die Erfahrung | in + D |
| erstaunt | das Erstaunen | über + A |
| fähig | die Fähigkeit | zu + D |
| gespannt | | auf + A |
| gleichgültig | die Gleichgültigkeit | gegenüber + D |
| glücklich | | über + A |
| lieb | die Liebe | zu + D |
| misstrauisch | das Misstrauen | gegenüber + D |
| neidisch | der Neid | auf + A |
| neugierig | die Neugier(de) | auf + A |
| notwendig | die Notwendigkeit | für + A |
| nützlich | der Nutzen | für + A |
| offen | die Offenheit | für + A |
| reich | der Reichtum | an + D |
| schädlich | die Schädlichkeit | für + A |
| schuld | die Schuld | an + D |
| sicher | die Sicherheit | vor + D |
| stolz | der Stolz | auf + A |
| traurig | die Trauer | über + A |
| typisch | | für + A |
| verpflichtet | die Verpflichtung | zu + D |
| verrückt | | nach + D |
| verschieden | | von + D |
| verwandt | die Verwandtschaft | mit + D |
| wütend | die Wut | auf + A / über + A |
| zufrieden | die Zufriedenheit | mit + D |
| zuständig | die Zuständigkeit | für + A |

## Wichtige unregelmäßige Verben

| Infinitiv | Präsens | Präteritum | Perfekt |
|---|---|---|---|
| backen | backt/bäckt | backte | hat gebacken |
| befehlen | befiehlt | befahl | hat befohlen |
| sich befinden | befindet | befand | hat befunden |
| beginnen | beginnt | begann | hat begonnen |
| begreifen | begreift | begriff | hat begriffen |
| behalten | behält | behielt | hat behalten |
| bekommen | bekommt | bekam | hat bekommen |
| beraten | berät | beriet | hat beraten |
| bergen | birgt | barg | hat geborgen |
| beschließen | beschließt | beschloss | hat beschlossen |
| besprechen | bespricht | besprach | hat besprochen |
| bestehen | besteht | bestand | hat bestanden |
| betragen | beträgt | betrug | hat betragen |
| betreten | betritt | betrat | hat betreten |
| betrügen | betrügt | betrog | hat betrogen |
| sich bewerben | bewirbt | bewarb | hat beworben |
| bieten | bietet | bot | hat geboten |
| bitten | bittet | bat | hat gebeten |
| bleiben | bleibt | blieb | ist geblieben |
| braten | brät/bratet | briet | hat gebraten |
| brechen | bricht | brach | hat gebrochen |
| brennen | brennt | brannte | hat gebrannt |
| bringen | bringt | brachte | hat gebracht |
| denken | denkt | dachte | hat gedacht |
| dürfen | darf | durfte | hat gedurft |
| empfangen | empfängt | empfing | hat empfangen |
| empfehlen | empfiehlt | empfahl | hat empfohlen |
| empfinden | empfindet | empfand | hat empfunden |
| entlassen | entlässt | entließ | hat entlassen |
| entscheiden | entscheidet | entschied | hat entschieden |
| sich entschließen | entschließt | entschloss | hat entschlossen |
| entstehen | entsteht | entstand | ist entstanden |

# Unregelmäßige Verben

| Infinitiv | Präsens | Präteritum | Perfekt |
|---|---|---|---|
| erbleichen | erbleicht | erblich | ist erblichen |
| erfahren | erfährt | erfuhr | hat erfahren |
| erfinden | erfindet | erfand | hat erfunden |
| erschrecken | erschrickt | erschrak | ist erschrocken |
| ertragen | erträgt | ertrug | hat ertragen |
| erwägen | erwägt | erwog | hat erwogen |
| erziehen | erzieht | erzog | hat erzogen |
| essen | isst | aß | hat gegessen |
| fahren | fährt | fuhr | ist gefahren |
| fallen | fällt | fiel | ist gefallen |
| fangen | fängt | fing | hat gefangen |
| finden | findet | fand | hat gefunden |
| fliegen | fliegt | flog | ist geflogen |
| fliehen | flieht | floh | ist geflohen |
| fließen | fließt | floss | ist geflossen |
| frieren | friert | fror | hat gefroren |
| geben | gibt | gab | hat gegeben |
| gedeihen | gedeiht | gedieh | ist gediehen |
| gefallen | gefällt | gefiel | hat gefallen |
| gehen | geht | ging | ist gegangen |
| gelingen | (etwas) gelingt | gelang | ist gelungen |
| gelten | gilt | galt | hat gegolten |
| genesen | genest | genas | ist genesen |
| genießen | genießt | genoss | hat genossen |
| geraten | gerät | geriet | ist geraten |
| geschehen | geschieht | geschah | ist geschehen |
| gewinnen | gewinnt | gewann | hat gewonnen |
| gleichen | gleicht | glich | hat geglichen |
| greifen | greift | griff | hat gegriffen |
| haben | hat | hatte | hat gehabt |
| halten | hält | hielt | hat gehalten |
| hängen | hängt | hing | hat gehangen |
| heben | hebt | hob | hat gehoben |

| Infinitiv | Präsens | Präteritum | Perfekt |
|---|---|---|---|
| heißen | heißt | hieß | hat geheißen |
| helfen | hilft | half | hat geholfen |
| kennen | kennt | kannte | hat gekannt |
| klingen | klingt | klang | hat geklungen |
| kommen | kommt | kam | ist gekommen |
| können | kann | konnte | hat gekonnt |
| laden | lädt | lud | hat geladen |
| lassen | lässt | ließ | hat gelassen |
| laufen | läuft | lief | ist gelaufen |
| leiden | leidet | litt | hat gelitten |
| leihen | leiht | lieh | hat geliehen |
| lesen | liest | las | hat gelesen |
| liegen | liegt | lag | hat gelegen |
| lügen | lügt | log | hat gelogen |
| meiden | meidet | mied | hat gemieden |
| messen | misst | maß | hat gemessen |
| misslingen | misslingt | misslang | ist misslungen |
| mögen | mag | mochte | hat gemocht |
| müssen | muss | musste | hat gemusst |
| nehmen | nimmt | nahm | hat genommen |
| nennen | nennt | nannte | hat genannt |
| raten | rät | riet | hat geraten |
| reißen | reißt | riss | hat gerissen |
| reiten | reitet | ritt | ist geritten |
| rennen | rennt | rannte | ist gerannt |
| riechen | riecht | roch | hat gerochen |
| rufen | ruft | rief | hat gerufen |
| scheinen | scheint | schien | hat geschienen |
| schieben | schiebt | schob | hat geschoben |
| schießen | schießt | schoss | hat geschossen |
| schlafen | schläft | schlief | hat geschlafen |
| schlagen | schlägt | schlug | hat geschlagen |
| schleichen | schleicht | schlich | ist geschlichen |

## Unregelmäßige Verben

| Infinitiv | Präsens | Präteritum | Perfekt |
|---|---|---|---|
| schließen | schließt | schloss | hat geschlossen |
| schneiden | schneidet | schnitt | hat geschnitten |
| schieben | schiebt | schob | hat geschoben |
| schreiben | schreibt | schrieb | hat geschrieben |
| schreien | schreit | schrie | hat geschrien |
| schweigen | schweigt | schwieg | hat geschwiegen |
| schwimmen | schwimmt | schwamm | hat/ist geschwommen |
| schwören | schwört | schwor | hat geschworen |
| sehen | sieht | sah | hat gesehen |
| sein | ist | war | ist gewesen |
| senden | sendet | sandte/sendete | hat gesandt/gesendet |
| singen | singt | sang | hat gesungen |
| sinken | sinkt | sank | ist gesunken |
| sitzen | sitzt | saß | hat gesessen |
| sprechen | spricht | sprach | hat gesprochen |
| springen | springt | sprang | ist gesprungen |
| stehen | steht | stand | hat gestanden |
| stehlen | stiehlt | stahl | hat gestohlen |
| steigen | steigt | stieg | ist gestiegen |
| sterben | stirbt | starb | ist gestorben |
| stoßen | stößt | stieß | hat gestoßen |
| streichen | streicht | strich | hat gestrichen |
| streiten | streitet | stritt | hat gestritten |
| tragen | trägt | trug | hat getragen |
| treffen | trifft | traf | hat getroffen |
| treiben | treibt | trieb | hat getrieben |
| treten | tritt | trat | hat/ist getreten |
| trinken | trinkt | trank | hat getrunken |
| tun | tut | tat | hat getan |
| unterhalten | unterhält | unterhielt | hat unterhalten |
| unterscheiden | unterscheidet | unterschied | hat unterschieden |
| verbieten | verbietet | verbat | hat verboten |
| verbinden | verbindet | verband | hat verbunden |

| Infinitiv | Präsens | Präteritum | Perfekt |
|---|---|---|---|
| verderben | verdirbt | verdarb | hat verdorben |
| vergessen | vergisst | vergaß | hat vergessen |
| vergleichen | vergleicht | verglich | hat verglichen |
| verlassen | verlässt | verließ | hat verlassen |
| verlieren | verliert | verlor | hat verloren |
| vermeiden | vermeiden | vermied | hat vermieden |
| verzeihen | verzeiht | verzieh | hat verziehen |
| verschwinden | verschwindet | verschwand | ist verschwunden |
| wachsen | wächst | wuchs | ist gewachsen |
| waschen | wäscht | wusch | hat gewaschen |
| weichen | weicht | wich | ist gewichen |
| werben | wirbt | warb | hat geworben |
| werden | wird | wurde | ist geworden |
| werfen | wirft | warf | hat geworfen |
| wiegen | wiegt | wog | hat gewogen |
| wissen | weiß | wusste | hat gewusst |
| wollen | will | wollte | hat gewollt |
| ziehen | zieht | zog | hat gezogen |

# Quellenverzeichnis

**Bilder**

S. 7 Elenathewise - Fotolia.com
S. 11 li. Charlotte Mörtl, re. picture-alliance
S. 20 Adam Gregor – Fotolia.com
S. 24 Hannes Hepp / zefa/Corbis
S. 26 Sabine Wenkums
S. 28 János Gehring – Fotolia.com
S. 31 Langenscheidt Bildarchiv
S. 36 ddp
S. 38–39 Stern: Grace-Winter_pixelio.de, Motorrad: shutterstock.com, Blume: Rainer-Sturm_pixelio.de, Muschel: Stephanie-Hofschlaeger_pixelio.de
S. 40 picture-alliance / Globus Infografik
S. 42 Banken: Michael-Hirschka_pixelio.de, Börse: picture-alliance, Messe: Langenscheidt Bildarchiv, Hafen: Cordula Schurig, Opel: picture-alliance
S. 45 picture-alliance
S. 46 Maximilianpark Hamm GmbH, Fotograf Marc Wohlrab
S. 47 akg-images
S. 49 Thomas Leiss - Fotolia.com
S. 51, 55, 57 Sabine Wenkums
S. 56 li. Sabine Wenkums, re. Sibylle Freitag
S. 62 Burkhard Mohr
S. 67 aqua med reise- und tauchmedizin
S. 68 Tracy Martinez - Fotolia.com
S. 70 Nestlé Studie 2009 / IFD Allensbach
S. 71 Sibylle Freitag
S. 72 Joscha Sauer / Bulls Press
S. 73 Dieter Mayr
S. 81, 85 picture-alliance
S. 88 Volker Klüpfel / Michael Kobr: Milchgeld, © 2004 Piper Verlag GmbH, München
S. 92 picture-alliance
S. 99/100 Dieter Mayr
S. 106 Kameramann: actionpress, Maske + Bühnenbau: laif; Kostümbildnerin: shutterstock.com
S. 110 Stefan Zweig: Ullstein Bild, Cover „Schachnovelle": Fischer Verlag
S. 103 o. Dieter Mayr (C. Link), akg-images (Dürrenmatt), u. shutterstock.com (Mozart)
S. 112 iStockphoto
S. 117 Shutterstock

**Texte**

S. 22 Universität Duisburg-Essen
S. 34 „Permanente Überlastung" von Andreas Henry, WiWo Nr. 14, 2.4.07 © Handelsblatt GmbH. Alle Rechte vorbehalten.
S. 35 Matthias Pöhm, www.poehm.com
S. 59 Wie viel sind meine Ziele wert? von Wacki Bauer, 17.10.05, www.philognosie.net/index.php/tip/tipview/536/
S. 76 Pia Heinemann, Die fünf größten Irrtümer der Medizin, aus "Berliner Morgenpost", 27.12.07. Axel Springer AG
S. 87/88 Volker Klüpfel / Michael Kobr: Milchgeld, © 2004 Piper Verlag GmbH, München
S. 99/100 www.kindererziehung.com
S. 112 www.austropapier.at
S. 120 Textanfang aus "Hurra, ich ticke nicht richtig!" von Reto U. Schneider, NZZ Folio 04/2008. Ganzer Text unter www.nzzfolio.ch
S. 121/122 Bundeszentrale für politische Bildung (50er-Jahre)

**Transkripte**

Kapitel 1, Modul 2: Nach: Uni & Job / SZ-Beilage vom 20.10.07 (1–6)
Kapitel 3, Auftakt: Dieter Nuhr: „Ich bin's nuhr", Track 25 „Mutter", 2004, WortArt, Köln, ISBN 3-7857-1454-8
Kapitel 4, Modul 3: SWR3
Kapitel 5, Modul 4: NDR Info, Nicole Ahles (1); Eva Storrer (2); Sofie Donges (Nummer gegen Kummer e.V. Tel: 0800/111 0 333) (3)
Kapitel 6, Modul 4: Nach: Werner Bartens: Machen Sie sich bitte frei. Entnommen aus dem SZ-Magazin Nr. 10/2008
Kapitel 8, Modul 2: Nach: Christine Brinck: Anders von Anfang an; Die Zeit, 03.03.2005
Kapitel 9, Modul 2: Radio X – Redaktion Xinemascope, Frankfurt
Kapitel 9, Modul 4: Wolfram Schrag / Produktion des Bayerischen Rundfunks
Kapitel 10, Modul 4: EMI MUSIC PUBLISHING Germany GmbH Co. KG, Hamburg / Musik und Text: Simon Triebel